高职教育创新系列教材

管理学实务

主　编　张　妍

副主编　王晓聪

中国财富出版社

图书在版编目（CIP）数据

管理学实务／张妍主编．—北京：中国财富出版社，2018.2
（高职教育创新系列教材）
ISBN 978－7－5047－6611－3

Ⅰ.①管…　Ⅱ.①张…　Ⅲ.①管理学—高等职业教育—教材　Ⅳ.①C93

中国版本图书馆CIP数据核字（2018）第043302号

策划编辑　寇俊玲　　责任编辑　赵　翠
责任印制　石　雷　　责任校对　杨小静　　责任发行　王新业

出版发行　中国财富出版社
社　　址　北京市丰台区南四环西路188号5区20楼　　邮政编码　100070
电　　话　010－52227588转2048/2028（发行部）　　010－52227588转321（总编室）
　　　　　010－68589540（读者服务部）　　010－52227588转305（质检部）
网　　址　http：//www.cfpress.com.cn
经　　销　新华书店
印　　刷　中国农业出版社印刷厂
书　　号　ISBN 978－7－5047－6611－3/C·0218
开　　本　787mm×1092mm　1/16　　版　　次　2018年4月第1版
印　　张　21.5　　印　　次　2018年4月第1次印刷
字　　数　471千字　　定　　价　49.00元

前　言

管理自古有之，管理无处不在。管理学是一门系统研究管理活动的基本理论、基本规律和基本方法的科学，是经济、管理等相关专业的一门重要的专业基础课程。目前，世界经济正在飞速发展，整个人类社会面临世界经济一体化、信息化的挑战。作为社会管理活动的理论概括和总结并反过来指导实践活动的管理科学，其发展正受着时代的挑战与洗礼，管理革命和管理创新正在各国广泛开展着。与此相适应，管理学课程的内容和教材的编写也在不断创新和改革，以求适应时代变革的要求。

高职高专教育的人才培养目标与本科教育有着较大的不同，它是以市场为导向，注重实践能力的培养和技能的提升，实现与就业市场零距离的目标。培养一种集较高的专业知识水平与较强的实践操作技能于一身的，具有创新精神和创新能力的复合型人才。教学改革，教材先行。为体现高职高专教学的特点，增强教学内容的针对性和实用性，结合市场经济运作中的现实案例，编写了本教材。

本教材主要面向高职高专院校经济类、管理类及各相关专业学生，是为满足高职高专学生专业技能和综合素质需要而量身定做的，是一本具有突破性的管理类教材。本教材突出“以就业为导向，以技能为核心”的教育思想，采取了项目引领、任务驱动、行动导向、情景模拟、角色扮演等理论与实践一体化的编写方法，让学生在“学中做，做中学”，逐步提高专业技能水平和解决实际问题的能力。本教材的主要特点如下：

第一，以项目为载体，创新教学方法

本教材选取从事管理工作所涉及的典型职业活动和岗位活动，构建了管理基础认知、计划、组织、领导四大模块，每个模块由相应的项目组成，各项目根据岗位工作内容和学生学习需求划分不同的学习任务。教师在“以项目为驱动”的教学理念下，采用行动导向法、任务驱动法、情景扮演法等新颖的教学方法，避免灌输式的教学，让学生主动参与学习，掌握职业技能，提高专业知识。全书精心选取了紧贴管理职场工作的案例，引导学生分析案例、模拟职业情境、进行任务实训等，使学生在学习中做到知行合一，学以致用。

第二，教学内容与知识、技能相对接

本书根据管理岗位的工作要求，理论知识以够用为限度，以实用为标准，每一个项目、任务和案例都是紧紧围绕管理岗位的内容与要求来设计，有较强的针对性和实用性。通过管理智慧树，增强了学生对管理学课外知识的了解；通过选取管理中典型的个案，让学生用所学知识解决实际管理工作中的问题，体现了职业化的特征；在任务驱动下，学生开展自主探究式学习，再把所学到的知识运用到任务中去，强化技能的提升，注重知识与实践技能的相互促进。

第三，体例新颖，注重实用性和创新性相结合

本教材在体例安排上力求新颖，注重实用性与创新性相结合，突出理论与实践相结合，侧重能力和技能的训练和提高。本书任务框架主要包括：任务描述、任务领取、知识储备、管理智慧树、管理个案分析、任务实施、评价反馈、延伸阅读、巩固拓展九个部分。具体而言，每个任务以典型的管理中常见的案例为载体提出问题，引起学生兴趣和思考，进行案例讨论；然后，知识链接解决案例问题的相关知识点；再进行任务实施和演练；最后再由自我评价、小组评价和教师评价三位一体的评价体系，客观公平地对任务的实施效果进行评估。每个部分环环相扣，相互联系，形成一个目的明确、内容实用、层次分明且具有评价指标的管理学基础教学体例。

本教材主要由张妍任主编确定框架、编写大纲、负责全书的修改和统稿，王晓聪任副主编，同时还有来自各大职业院校的骨干教师团队参与编写工作。

本教材参考了大量文献，吸收了最新的课改教改成果，并摘引了相关网络资料。

由于时间和水平的限制，尽管我们做了不懈努力，书中难免存在错误或遗漏之处，恳请广大读者批评指正。

编　者

2017 年 12 月

目 录

模块一 管理基础认知

模块二 计 划

模块三 组 织

模块四　领　导

模块一　管理基础认知

项目一　走进管理

项目目标

1. 了解管理的内涵和职能
2. 识别管理者所扮演的角色
3. 解释实施管理工作所需要的技能
4. 认识企业的管理道德和社会责任
5. 初步了解管理的相关知识，并能解决企业实际工作中遇到的问题

项目子任务

任务1　多角度认识“管理”
任务2　认识管理者及其技能
任务3　认识管理道德与社会责任

项目引例

阿东明天就要参加中学毕业典礼了，怎么也得精神点把这一美好时光留在记忆之中，于是他高高兴兴上街买了条裤子，可惜裤子长了两寸。吃晚饭的时候，趁奶奶、妈妈和嫂子都在场，阿东把裤子长两寸的问题说了一下，饭桌上大家都没有反应。饭后大家都去忙自己的事情，这件事情就没有再被提起。妈妈睡得比较晚，临睡前想起阿东明天要穿的裤子还长两寸，于是就悄悄地一个人把裤子剪好叠好放回原处。

半夜里，狂风大作，噼啪的关窗声把嫂子惊醒，猛然想起小叔子裤子长两寸，自己辈分最小，怎么也得是自己去做，于是披衣起床将裤子处理好才又安然入睡。

老奶奶一大早醒来给小孙子做早饭，趁水未开的时候也想起孙子的裤子长两寸，马上快刀斩乱麻又改小了两寸。

最后，阿东只好穿着短四寸的裤子去参加毕业典礼了。

项目提要

以上例子可以看出，任何集体的活动都需要管理。管理学是一门理论性和实操性相结合的学科，企业能实现持续高速的发展离不开管理，管理融入公司的方方面面，对企业的生存和发展有着至关重要的作用。在对管理学进行深入学习之前，我们要首先对管理的基本知识进行了解。通过本项目的学习，能了解管理的内涵、管理职能、管理者的角色技能要求，以及企业的管理道德和社会责任。

任务1　多角度认识“管理”

任务描述

阿军与阿东是大学同学，是广州美术学院服装设计专业的毕业生。在校期间，两人利用课余时间参与多家公司的服装设计和品牌设计工作，积累了不少社会经验，专业水平也有比较大的提高。在临近毕业之际，他们认为只要专业技术过关，设计的服装得到消费者的青睐就能占领市场。于是，两人商量着打算合伙成立一家服装设计公司，主要设计以25~45岁都市白领为消费群体的服装。他们找到了一位资深老前辈请教成立公司的经验，老前辈语重心长地说了一句：“年轻人，要开公司，你们知道怎么管理公司吗？管理是一门科学和艺术，不懂管理的人是无法经营好一家公司的。”老前辈的一句话就像当头一棒，“什么是管理呢？服装公司不是懂设计就行了吗？”他们陷入了深深的思索……

问题一：请你为他们解释什么是管理？公司为什么需要管理？

问题二：请你为组建公司设计一份商业策划书。

任务领取

1. 以小组为单位完成任务，4~6人为一组，选出一名组长，负责安排组员工作，并进行监督。

2. 查阅资料或课本，了解管理的含义、职能等相关知识点。

3. 讨论确定商业策划书的内容（内容可包括公司名称、经营产品或服务、主要的目标市场及竞争情况、公司的市场经营策略、管理理念、财务计划等）。

4. 把组织公司的商业策划书编写在A3纸上。

5. 小组指派两名成员将成果在班上进行展示。

知识储备

一、管理的概念

管理一词中的“管”，就是管辖、主管，就是讲职务的隶属、权力的结构、责任的界限。管理一词中的“理”，就是治理、处理、调理，就是讲秩序井然、方法得当、效益明显。古今中外不少学者都尝试从不同角度和切入点对管理进行阐释，迄今为止，仍没有一个统一的定义，几种代表的定义有：

（1）安排说。泰勒认为：管理就是管理者使所有资源（人、财、物、时间、信息等），各得其所，各尽其用，追求最大的效益。泰勒把管理分为管理主体和客体，并以效益为管理追逐的目标。

（2）组织说。法约尔认为管理就是经由他人的努力和成就把事情办好。这个定义的重要意义在于，管理是一个组织他人的活动。这就要求管理者要认识人、使用人、调动人、组织人。

（3）协调说。这是孔茨的观点，他说管理的核心就在于协调。管理就是要认识、调节、处理好人与人、人与组织、部门与部门、局部目标与整体目标间的关系。协调不是一般的职能，而是贯穿整个管理过程的。这个学说的逻辑起点，就是着眼于管理中的各种关系。

（4）决策说。这是西蒙的观点，他认为管理就是决策。管理者总是面临着两难境地和多种方案的决策，从目标的制订、方案的选择、人员的配备，到组织的构建、资源的分配，都需要决策。决策中需要权衡利弊，承担风险。决策是管理者与被管理者最大区别之所在。

（5）目标说。管理就是管理者使所有的人趋向同一目标的活动。这一定义强调了目标在整个管理中极其重要的作用。

（6）有序说。管就是使管的对象在合理结构中有序地运作。管理就是使组织从无序到有序、低序到高序的过程。这一定义注重了管理的动态的过程。

（7）控制说。管理就是按系统的预定目标及数学模型进行有效控制的一种行为。这是以控制论思想对管理的一种概括，而且用控制论的基本理论建立了管理中的戴明环理论、目标管理理论等。

（8）整体说。这是从系统论的角度来解释管理，认为管理是促使系统整体产生放大效应，实现整体优化的一个过程。

（9）责任说。从政治角度出发，把管理定义为一定的人对一定的事完全负责。这一定义有极强的实用价值，它强调了管理中的权力和责任，用“责任”、道德可界定和约束的概念，把管事和管人这两个方面紧密地结合在一起。

管理的广泛性、复杂性、研究的侧重点、时代性等各种因素都导致了管理学家对其有不同的定义。综上所述，本书对管理的定义如下：所谓管理，就是管理者在特定的环境下，对组织所拥有的资源进行有效的计划、组织、领导和控制，以便达成既定的组织目标的社会实践活动。

管理的这一定义包括以下几方面内容：

①管理是一种有意识、有组织的群体性活动。

②管理是一个动态的协调过程。

③管理是在一定的环境和条件下进行的。

④管理的目的是为了实现特定的目标。

⑤管理的对象是组织所拥有的资源，包括人、财、物、信息、时间等方面。

⑥管理具有计划、组织、领导、控制等基本职能。

管理智慧树

《世界百科全书》对“管理”所做的解释是，“管理就是对工商企业、政府机关、人民团体以及其他组织的一切活动的指导。它的目的是要使每一行为或决策有助于实现既定的目标”。

二、管理的二重性

管理的二重性是指管理的自然属性和社会属性。管理的二重性是马克思主义关于管理问题的基本观点。马克思认为，凡是社会化大生产都必然存在管理，但对生产过程的管理存在二重性：一方面，管理是人类共同劳动的产物，具有同生产力和社会化大生产相联系的自然属性；另一方面，管理同生产关系、社会制度相联系，具有社会属性。

（一）管理的自然属性

管理是一种生产力，故管理的自然属性也称为管理的生产力属性。管理的自然属性指管理是一种不随个人意识和社会意识的变化而变化的客观存在。这种与社会生产力相联系的客观存在具体表现在：

（1）它是一种对人、财、物、信息等资源加以整合与协调的必不可少的过程。

（2）它是社会劳动的必然要求，资源的整合利用与人的分工协作都离不开管理。

（3）管理有着很多客观规律，管理活动只有尊重和利用这些规律才能取得成效。

（二）管理的社会属性

管理的社会属性指管理是一种只有在一定生产关系和社会制度中才能进行的社会活动，它与生产关系和社会制度相联系，既是一定社会制度的体现，又反映和维护一定的社会制度，其性质取决于社会制度的性质，不同的社会制度有不同的社会属性。因为任何管理活动都是在特定的社会生产关系下进行的，都必然地要体现一定社会生产关系的特定要求，为特定的社会生产关系服务，从而实现其调节和维护社会生产关系的职能，所以，管理的社会属性也叫作管理的生产关系属性。

（三）自然属性与社会属性之间的联系

管理的自然属性和社会属性是相互联系，相互制约的。一方面，管理的自然属性不可能孤立存在，它离不开其社会属性，它总是存在于一定的生产关系和社会制度中，否则，就成了没有形式的内容；而管理的社会属性也离不开其自然属性，否则，它就成了没有内容的形式。另一方面，二者又是相互制约的，管理的自然属性要求社会具有一定的生产关系和社会制度与其相适应，而管理的社会属性的不断变化必然使管理活动具有不同的性质。

三、管理的科学性和艺术性

（一）管理的科学性

美国管理学家孔茨说："医生如果不掌握科学，几乎跟巫医一样。高级管理人员如果不具备管理科学知识也只能是碰运气，凭直觉或者是老经验办事。"管理是一门科学，是由一系列的概念、原理和方法构成的科学体系，它反映了管理活动自身的特点和客观规律，只有按照管理活动本身所蕴含的客观规律办事，管理的目标才能实现。

（二）管理的艺术性

管理的艺术性是指灵活运用管理理论知识的技巧和诀窍。由于管理对象的复杂性和管理环境的多变性，决定了管理活动不可能有放之四海而皆准的固定不变模式，管理者应当结合所处环境创造性地运用所掌握的管理理论知识。不同的人对同样的管理方式、方法可能会产生截然不同的反应和行为，这决定了管理者只有根据具体的管理目的、管理环境与管理对象，创造性地运用管理理论知识与技能去解决所遇到的各种实际问题，管理才可能获得成功。

（三）科学性和艺术性之间的关系

管理是科学性与艺术性的统一。管理的科学性是管理艺术性的基础，管理需要科学的理论做指导，管理艺术性的发挥必然是在科学理论指导下的艺术性发挥。离开了管理的科学性，艺术性就会变成简单的感觉与经验，就不能成为真正的艺术，就很难实现有效的管理。管理的艺术性是管理科学性的升华，离开了管理的艺术性，科学性就会变成僵化的书本教条，也难以发挥其作用。管理者只有充分认识两者的关系，才能创造性地运用管理学的原理去解决不同问题，才能使组织得以长远地发展。

管理个案分析

W公司多年来人员流失严重，公司的人力资源部门调查得知，公司员工普遍抱怨公司的待遇比同行业低，福利也差，因而留不住优秀人才。同行业的BJ公司，一直以来以较高的福利待遇吸引了一大批人才，并且员工流失率较低，在业界广受好评。因此，W公司也效仿BJ公司，一开始就大幅度提高职工的福利待遇与奖金水平，职工确实感到比在别的公司干好得多，但奖金与福利的提升是有限的，时间一长，对职工的刺激性减少，激励效果不明显，不满的情绪又开始高涨。

【互动天地】同样的方法为什么在W公司不奏效呢？哪里存在问题？应该怎么做？

四、管理的有效性

管理的活动是否有效，直接的衡量结果是看组织的绩效，而组织的绩效主要表现在效率和效果两方面。效率是指投入与产出的比值。如企业经营中的设备利用率、工时利用率、劳动生产率、单位产品成本等。对于一定的资源投入，如果能获得更多的产出，就能获得较高的效率，反之，则效率低下。效果是指组织实现的正确的活动目标，即一项活动要达到的目的。具体衡量指标有销售收入、利润率、销售利润率、成本利润率、顾客满意度等。效率和效果是两个不同的概念，效率只是涉及活动的方式，它与资源利用相关，因而只有高低之分无好坏之别。效果则涉及活动的目标和结果，是有好坏之分的。

作为一名管理者既要关心组织的效率也要关心效果。如一个企业的生产效率比较高，但是如果生产的产品没有销路，这样效率越高反而会导致效果越差。因此，管理工作的目标是保证组织在正确目标的指导下高效率地运转。

管理个案分析

某美容养生公司刚成立，在开业之际，举行了现场微信互动活动，凡是在开业当天现场添加该公司的微信公众号即可以38元换购原价388元的全身护理一次。由于前期宣传力度较大，效果较好，开业当天很多慕名而来的顾客纷纷参加本次活动。开业当天，公司门前排起了长长的队伍，但是因为工作人员不够，美容师配备不足，导致现场场面混乱，大多数顾客等了几个小时才轮到，纷纷抱怨。

【互动天地】请从管理的有效性角度分析这一事件。

五、管理的基本职能

为了达到组织的目标，管理可以通过各种手段和措施开展管理活动，虽然具体表现形式不一样，但是基本都要遵循一定的规律，这些管理者所承担的本职工作称为管理职能。管理的基本职能应该包括计划、组织、领导、控制等方面。

1. 计划职能

计划就是指希望达到或者实现的目标，是管理活动的首要环节，也是整个管理活动的基础。企业的有效运转首先要有一个明确清晰的计划安排，在计划的指导下开展各项工作。每家企业每年都会根据当年的内外部环境和企业发展阶段制定相应的战略规划，每个部门也要因地制宜制订部门的具体实施计划。然而，俗话说“计划赶不上变化”，在管理活动中的计划也要随时随地因环境的变化迅速做出调整，才能与市场步调相一致。

2. 组织职能

组织就是为了某种特定的目标，经由分工合作、不同层次的权力和责任制度而构成的人的集合。为实现管理目标和计划，就必须设计和维持一种职务结构，在这一结构里，把为达到目标所必需的各种业务活动进行组合分类，把管理每一类业务活动所必需的职权授予主管一级的工作人员，并规定上下左右的协调关系。为有效实现目标，还必须不断对这个结构进行调整，保持企业持续不断的生命力。

3. 领导职能

领导就是指领导者依靠影响力，指挥、带领、引导和鼓励被领导者或追随者，实现组织目标的活动和艺术。卓越的领导者能充分调动组织内部的积极性，能及时解决组织存在的矛盾和面临的困境，能增强企业内部的凝聚力和向心力，能带领企业走向辉煌，是决定企业生死存亡的关键性因素。

4. 控制职能

控制是指为了保证组织按预定要求运转而进行的一系列工作。在管理活动中，由于各种各样不确定因素和人为因素的存在，计划在实施过程中有可能有失偏颇，这时为了确保按照原计划进行，必须依靠一系列的手段对实施活动进行控制，以达到预期的目的。

管理个案分析

古根公司是专门为各大专卖店、连锁店和酒店等提供装修设计与施工的大型装饰公司。古根公司一直以来本着“顾客就是根本”的经营管理理念，迅速占领了装修市场，并获得顾客的一致好评。古根公司要求定期外派主管以上级别的管理人员到所负责装修的店面进行跟踪反馈意见，检查工程的后期维护、物资的使用情况、顾客的满意度等，并把以上这些信息汇总到一个信息反馈表，交给相关部门处理。

【互动天地】古根公司以上的措施属于管理职能中的哪一类？为什么？

任务实施

一、明确组员分工

任务实施过程中要明确分工任务，组长要调动组员充分表达不同意见，形成职责清晰的任务分工表。

组员姓名	任务分工	主要方法	提交任务成果的方式

二、过程监督

把总任务完成的时间划分为不同工作阶段，请各组成员在任务实施过程中做好过程记录，组长负责监督，全组共同完成进度监督表。

工作阶段	时　间	进度描述	检查情况记录	改善措施以及建议

三、各组成员记录任务实施过程中的困难及收获

困难：________________

小组成员想到的解决方法：________________

____

本次活动的收获：________________

____

四、制订方案

在完成上述的准备工作后，小组成员共同商量确定商业策划书的内容并完成编写。

五、成果展示

每个小组在完成任务后，在班上进行小组成果展示。由教师确定每组两位同学上台讲述商业策划书的内容及亮点，其他小组认真聆听并适时提问。

六、评价反馈

各小组根据以下评价项目，结合各自在活动过程中的表现和实施情况进行自我评价与小组评价，教师对小组表现进行综合评价。

评价项目	评价标准	配分（分）	自我评价（20%）	小组评价（30%）	教师评价（50%）
知识准备完成情况	按完成比例给分	10			
管理的含义和策划书的编写	对管理含义的理解 5～10 分； 策划书的内容 5～10 分； 展示的亮点突出 10～20 分	30			
工作过程中所做贡献	贡献最大 30 分以上； 贡献较大 19～30 分； 贡献很少 1～18 分； 基本无贡献 0 分	40			

续 表

评价项目	评价标准	配分（分）	自我评价（20%）	小组评价（30%）	教师评价（50%）
团队合作责任意识	无团队意识扣7～10分； 无责任心扣7～10分	10			
现场遵守纪律、执行6S情况	违反课堂纪律扣7～10分； 着装不规范扣3～5分； 工作组台面不整齐、地面有垃圾的扣5～8分	20			
合 计					

延伸阅读

战略管理理论产生的背景：

20世纪70年代前后，世界进入科技、信息、经济全面飞速发展时期，同时竞争加剧，风险日增。为了谋求企业的长期生存发展，企业开始注重构建竞争优势。这样，在经历了长期规划、战略规划等阶段之后，形成了较为系统的战略管理理论。

企业再造理论产生的背景：

进入20世纪七八十年代，市场竞争日趋激烈。美国企业为挑战来自日本、欧洲的威胁而展开探索。1993年，美国麻省理工学院教授迈克尔·哈默（M. Hammer）博士与詹姆斯·钱皮（J. Champy）提出了企业再造理论。

“学习型组织”理论产生的背景：

20世纪90年代以来，伴随着知识经济的到来，信息与知识成为重要的战略资源，相应诞生了学习型组织理论。“学习型组织”理论是美国麻省理工学院教授彼得·圣吉在其著作《第五项修炼》中提出来的。“学习型组织”的基本思想认为：“未来真正出色的企业，将是能够设法使各阶层人员全心投入，并有能力不断学习的组织。”在学习型组织中，有五项新的技能正在逐渐汇集起来，这五项技能被他称为“五项修炼”。

巩固拓展

一、选择题（不定项选择）

1. 管理的首要职能是（　　）。

A. 计划　　B. 组织
C. 领导　　D. 控制

2.（　　）是指组织实现的正确的活动目标，即一项活动要达到的目的。

A. 效能　　B. 效率
C. 效果　　D. 绩效

3. 管理的二重性是指（　　）。

A. 自然属性　　B. 社会属性
C. 科学性　　D. 艺术性

二、分析题

典故“南辕北辙”是说一个要去南方楚国的人却驾着马车向北赶路的荒唐故事。它对管理有什么启示？

三、实训题

班级准备组织一次秋游活动，请你根据班上的实际情况，制订一份秋游活动计划，要求合情合理，切实可行。

任务2　认识管理者及其技能

任务描述

进行一次“我与优秀管理者面对面”的采访活动，走访一位成功的管理者，可以选择企业、医院、学校等组织，在走访调查前要先确定采访的提纲和具体分工，通过采访了解这位管理者的领导艺术、处事技巧、具备的优秀品质等。采访结束后，每组把采访得到的重要信息，如图片、文字材料、影音材料等制作成册，在班上进行共享交流。

任务领取

1. 以小组为单位完成任务，4～6人为一组，选出一名组长，负责安排组员工作，并进行监督。

2. 查阅资料或课本，了解管理者的含义分类、管理者的技能要求等相关知识点。

3. 小组讨论确定需要了解的信息，列出采访的问题提纲。

4. 小组内分配角色和落实任务，如采访小记者、摄影师、策划师、后期编辑、小助手等角色，每个角色需要准备的资料和材料，以及各自承担的任务要求。

5. 将采访的最终成果通过视频录像、画册或 PPT 等形式进行展示交流。

知识储备

一、管理者的概念及其分类

（一）管理者的概念

传统观念认为，管理者是运用职位、权力，对人进行统率和指挥的人。美国著名的管理学家彼得·德鲁克认为：在一个现代的组织里，每一个知识工作者如果能够意识到他们的职位和知识对组织有贡献的责任，因而能够实质性地影响该组织经营及达成成果的能力者即为管理者。

这里，我们把管理者定义为：在组织中承担某一职务，具有相应的权力和责任，为实现预定的目标，执行计划、组织、领导、控制等管理职能，对组织负有责任和影响力的人。比如学校的校长、工厂的厂长、公司的经理、医院的院长、酒店的领班等都属于管理者，他们都具有组织赋予的正式的合法的职务，在职权范围内能行使一定的权力，管理者是管理工作的主体，也是组织的命脉，管理者的工作绩效直接影响到组织的兴衰成败。

管理个案分析

小王中专毕业后到处去应聘找工作，但是很多企业都觉得小王学历低，缺少竞争力，每次在最后一轮面试中都会被淘汰，她非常苦恼和郁闷。最后，几经波折，她终于面试成功了，到了一间制衣厂做仓库管理员。刚接触这份工作时，小王有点疑惑，管理员听起来似乎是比较有分量的职位，怎么会让一个初出茅庐的小姑娘去做呢？带着疑惑她开始了新的工作历程。她每天都要对仓库的货物进行清点、盘算、物品摆放、整理……

【互动天地】仓库管理者也是企业管理者吗？两者有什么不同？

（二）管理者的分类

在一个组织中有着不同层次的管理者，因为在组织中所起的作用和地位不同，所拥有的权力和责任也有所区别。对于管理者的分类可以从管理层次和管理领域两方面进行划分。

1. 按管理层次划分

按照管理者在组织中所处的位置高低即管理层次可以分为高层管理者、中层管理者和基层管理者。

（1）高层管理者——“指挥官”。高层管理者是指对整个组织的管理负有全面责任的人，他们的主要职责是：制定组织的总目标、总战略，掌握组织的大政方针并评价整个组织的绩效。高层管理者在与组织外界的交往中，往往代表组织，并以“官方”的身份出现。比如，企业的总裁、学校的校长、医院的院长等。

（2）中层管理者——“中枢”。中层管理者通常是指处于高层管理者和基层管理者之间的一个或若干个中间层次的管理者。他们的主要职责是贯彻执行高层管理者所制定的重大决策、监督和协调基层管理者的工作。与高层管理者相比，中层管理者特别注意日常的管理工作。比如，学校的系主任、公司的部门经理、工厂的车间主任等。

（3）基层管理者——“监工”。基层管理者亦称第一线管理者，也就是组织中处于最低层次的管理者。他们的主要职责是：给下属作业人员分派具体工作任务、直接指挥和监督现场作业活动、保证各项任务的有效完成。比如，工厂车间的班组长、酒店的领班等。

具体划分如图 1－1 所示。

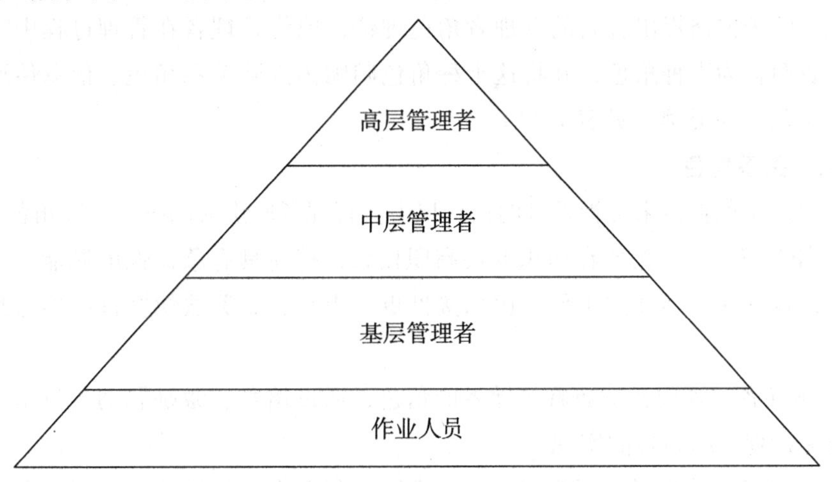

图 1－1　管理者的层次

2. 按管理领域划分

按管理领域划分可以分为综合管理者和职能管理者。

综合管理者是指负责整个组织或部门全部管理工作的管理人员。他们有权指挥和支配该组织或该部门的全部资源与职能活动。比如，医院的院长、工厂的厂长等。

职能管理者是指在组织内只负责某种职能的管理人员。他们只对组织中某一职能领域的工作目标负责，只在本职能或专业领域内行使职权。比如人力资源部经理、财务处主任等。

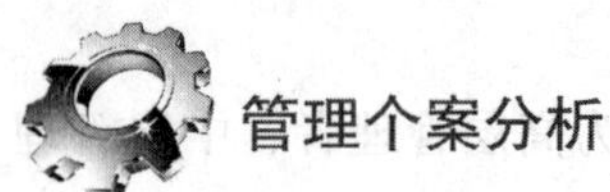

管理个案分析

名图公司成立于2010年，是由一个“80后”的年轻小伙子王旭创立的服装公司。公司成立之初，只有50名员工，主要是一线的生产制造服装的工人，还有几个服装设计师和若干名业务员。王旭虽然作为总经理，但是事必躬亲，经常亲临指导和指挥，站在生产第一线，与员工关系也融洽，员工也非常配合，都辛勤地工作。慢慢地公司发展壮大起来了，达到拥有500名员工的公司，尽管如此，王旭还是像以往那样站在第一线指挥。他自己越来越感到力不从心，公司的管理也越来越混乱，到底是哪里出了问题呢？

【互动天地】从管理者的层次来思考下王旭应该如何转变？

二、管理者的角色

管理者的角色是指组织中的管理者所需要做的一系列特定的工作。20世纪70年代，亨利·明茨伯格提出著名的管理者角色理论，他将管理者在管理过程中需要履行的特定职责简化为十种角色，并将这十种角色归纳为人际关系角色、信息传递角色和决策制定角色三种类型（见表1-1）。

1. 人际关系角色

人际关系角色直接来自管理者的正式权力。管理者所扮演的三种人际角色是：

（1）挂名首脑。作为所在组织的最高职权者，行使具有象征性的职能，代表组织参加一些法律性或社会性的工作。比如接见重要来宾、签署法律文件、参与某些庆典活动等。

（2）领导者。管理者扮演着领导者的角色，通过培养、激励和动员员工，使员工努力工作来确保组织目标的实现。

（3）联络者。管理者与组织内个人、小组一起工作、与外部利益相关者建立良好的关系所扮演的角色，在企业内部能协调上下左右关系，帮助组织形成良好的关系网络。

2. 信息传递角色

管理者负责确保和其一起工作的人具有足够的信息，从而能够顺利完成工作。整个组织的人依赖于管理结构和管理者以获取或传递必要的信息所扮演的三种角色是：

（1）监督者。持续关注内外环境的变化以获取对组织有用的信息，接触下属或从个人关系网获取信息，依据信息识别工作小组和组织潜在的机会与威胁。

（2）传播者。管理者要将获取的大量信息分配出去，传递给各部门和单位，确保组织内部人员能有效完成工作。

（3）发言人。管理者把信息传递给单位或组织以外的个人，让股东、消费者、政府等相关人员了解并感到满意。比如，财务经理向董事会汇报组织的财务状况、经理代表企业向媒体发布信息等。

3. 决策制订角色

在决策角色中，管理者通过处理信息得出结论，然后以此作为依据决定组织的发展方向等，所扮演的四种角色是：

（1）企业家。企业家是指管理者识别企业的潜在机会或威胁，在其职权范围内充当本组织变革的发起者和设计者，从而捕捉发展机会或消除威胁的角色。比如，总裁、总经理等角色。

（2）混乱驾驭者。当组织遇到各种威胁、冲突或矛盾时，要平衡各方利益，平息争端，保证组织沿着正常轨道运转。如控制员工罢工、员工集体食物中毒事件处理等。

（3）资源分配者。决定组织资源（财力、设备、时间、信息等）分配，做到人尽其才，物尽其用。

（4）谈判者。管理者需要花费大量时间对包括员工、供应商、客户和其他工作小组在内的人员和组织进行必要的谈判，以确保小组朝着组织目标迈进。比如，与供应商谈判、与客户交谈等。

表 1－1　管理者的角色

角　色	描　述	特征活动
人际关系		
1. 挂名首脑	象征性首脑，必须履行许多法律性或社会性的例行义务	迎接来访者；签署法律文件
2. 领导者	负责激励下属；负责人员配备、培训以及有关的职责	实际上从事所有的有下级参与的活动
3. 联络者	维护自行发展起来的外部关系和消息来源，从中得到帮助和信息	发感谢信；从事外部委员会的工作；从事其他有外部人员参加的活动
信息传递		
4. 监听者	寻求和获取各种内部和外部的信息，以便透彻地理解组织与环境	阅读期刊和报告；与有关人员保持私人接触
5. 传播者	将从外部人员和下级那里获取的信息传递给组织的其他成员	举行信息交流会；用打电话的方式转达信息
6. 发言人	向外界发布组织的计划、政策、行动、结果等	召开董事会；向群体发布信息

续 表

角 色	描 述	特征活动
决策制订		
7. 企业家	寻求组织和环境中的机会，制订"改进方案"以发起变革	组织战略制订和检查会议，以开发新项目
8. 混乱驾驭者	当组织面临重大的、意外的混乱时，负责采取纠正行动	组织应对混乱和危机的战略制订和检查会议
9. 资源分配者	负责分配组织的各种资源——制订和批准的有组织决策	调度、授权、开展预算活动，安排下级的工作
10. 谈判者	在主要的谈判中作为组织的代表	参加与工会的合同谈判

以上这十种管理者角色互相联系、密不可分，任何管理者都不能只专注于某种角色，应该综合协调几个角色的关系，才能在组织管理中做到运筹帷幄，游刃有余。

管理智慧树

《史记·淮阴侯列传》里有一段记载刘邦和韩信的对话。刘邦问韩信："像我这样的人，能领兵多少？"韩信说："陛下能领兵十万。"刘邦问："那你能领兵多少？"韩信答："多多益善。"刘邦不悦："既然如此，那你为何被我所擒？"韩信道："因为陛下虽不能领兵，却善于将将。"

三、管理者的基本技能

不论属于何种类型、处于什么层次的管理者，都需要具备一些管理技能。究竟需要具备哪些技能，管理学家们提出了许多说法，其中以美国学者罗伯特·卡茨提出的观点最具代表性。他认为管理者要具备三种技能：即技术技能、人际技能和概念技能。

1. 技术技能

技术技能是指使用某一专业领域内有关的工作程序、技术和知识完成组织任务的能力。对于管理者来说，虽然不一定要成为精通某一行业、某一领域的专家，但却不能是从事工作的门外汉，否则不能胜任管理工作。比如，生产车间主任要熟悉生产机器的运作、操作程序、工作流程等；财务经理要熟悉记账方法，预算和决算的编制方法；销售部经理要熟悉产品的性能功效、适宜的人群、销售技巧知识。

2. 人际技能

人际技能是指处理人际关系的能力。对一个组织的管理者来说，不可避免地要处理与上级、同级和下级的关系。因此，管理者要具有说服上级、团结同级、带动下级工作的能力。同时，还要能够协调组织与外界的关系，形成人际关系网。

3. 概念技能

概念技能是能够洞察组织及组织所处环境的复杂性，并能根据环境的变化迅速做出对某种客观事物的发展规律的抽象概括和思维能力。管理者在应对复杂的环境变化时，要能够认清组织的优势和劣势，准确地把握机会，迅速做出有利于组织发展的决策。因而，这种思维能力和决断能力十分重要。

以上三种技能是任何层次的管理者都要具备的。只是随着管理者管理层次的变化而各有侧重而已。一般来说，对高层管理者的技能要求是：概念技能最高，人际技能稍次，技术技能最低；对中层管理者的技能要求是：人际技能最高，概念技能居次，技术技能最低；对基层管理者的技术要求是：技术技能最高，人际技能居次，概念技能最低。这其中，人际技能对任何层次的管理者都很重要（见图 1 –2）。

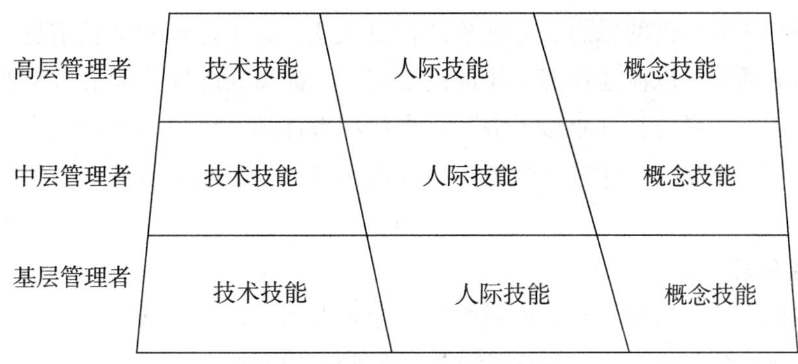

图 1 –2　管理者层次和管理技能

管理个案分析

陈敏是机械专业毕业的优秀博士生，毕业后去了某高校当教师，凭着扎实的理论功底和深厚的科研能力，几年间就获得教授职称，并在该专业领域享有盛名，是一位年轻有为、学科造诣高深的学术专家。她先后被提拔担任教研组长、系部主任等职位，且能比较出色地完成工作，后来，被学校提拔为副校长。但是陈敏任职后的工作业绩并不理想，常常在管理决策方面出问题，上级领导和基层的教师都意见纷纷。

【互动天地】为什么一位学术专家却当不好领导的角色呢？试从管理者技能的角度

分析原因。

四、管理者的素质

（一）基本素质

基本素质是指企业管理者必须具有的基本的要求和条件，是作为一名管理者的必备要求。

1. 政治素质

管理者是国家方针、政策的宣传者、贯彻者和实施者。要正确处理国家、企业和个人三者之间的利益关系。因此，管理者必须学习和掌握政策理论和国家的大政方针，提高自身的政治觉悟。在管理实践中，增强自身的政治素质，牢固树立全心全意为人民服务的思想，提高工作责任心，勤勤恳恳，无私奉献。

2. 思想素质

思想素质是指管理者不仅会处事和处人，而且还要善于思考。优秀的管理者应该具有把自己要实现的愿望，尤其是要达到的管理目标清晰地描绘出来的能力。管理者应能够清楚地表明自己的思想，有强烈的信息观念，善于运用和捕捉信息，注意提高信息的数量和质量，以促进管理工作的高质高效。提高观念性技能要求企业管理者要做到以下三点：一是要具备能够了解某一事物或事件的整体或全貌的能力；二是能够了解和掌握某一事物或事件对整个组织所起的作用；三是能够预见这一事物和事件的未来发展趋势。

3. 个性修养

管理者的个性是影响管理工作成败的一个重要因素，不可低估和轻视。一个成功的管理者必须自信、谦虚、心胸开阔和具有吃苦耐劳精神。

自信。管理者要相信自己，不断增强信心，坚信自己有能力把企业搞好。能够正确对待在管理企业过程中出现的一些暂时的困难和挫折，做到百折不挠，敢于应对各种困难和挑战，这样就能使自己永远立于不败之地。

谦虚。管理者所面对的管理对象的性格千差万别，受教育的程度有高有低。管理者必须以谦虚为本，虚心向管理对象学习，加强思想沟通。那种不做调查研究，只凭主观臆断，自以为是的做法会使自己脱离群众，难以在群众中树立威信。

心胸开阔。古人云：宰相肚里能撑船。管理者应心胸开阔，能容人、容事，不斤斤计较。为此，管理者要养成良好的品德，善待他人，尊重他人，要平等待人。这样才能使员工感受到公平，积极性才能充分被调动出来。

吃苦耐劳。管理的本质是服务。管理者必须做到服务认真、态度端正、礼貌待人、工作热情、周到。管理工作头绪多，事情繁杂，急事突如其来，加班加点是家常便饭，休息日也是工作日。因此，吃苦耐劳精神也是管理者所不可缺少的素质。

（二）专业素质

专业素质是指企业管理者实施企业管理行动和活动必备的素质，是企业管理者履行其职责的基本要求。

1. 知识和技术素质

专业知识是管理者知识结构中不可缺少的组成部分，尤其是科技管理者。只有懂专业的管理者，才能在管理过程中有的放矢，灵活机动，遵循事物发展规律，按客观规律办事，避免官僚主义。管理者应懂技术。作为一名现代的企业管理人员，不能把自己的水平和能力仅仅定位在满足于一般的宏观性的企业经营管理上。管理者懂技术，并不是要求作为管理者本身必须对本企业生产经营所涉及的各种技术样样精通，而是应该对企业的技术水平或某项关键核心技术有所掌握，并能不断加强技术管理。

2. 公关素质

管理者应当努力培养并具备公关素质，在企业与市场、企业与管理部门、企业与企业之间的接触和交流中，表现出良好的公关水平，增强企业形象的塑造，加深与外界的交往，促进企业效益的提高。对内部，管理者具有很好的公关素质，可以加强与其他管理者的沟通和联系，促进管理者之间的协调一致和默契配合；可以加强管理者和员工之间的心灵沟通，加深彼此的信任，便于管理者命令的执行。

3. 创新能力

创新是管理的灵魂。有创新，整个管理工作才充满生机和活力。创新贯穿计划、组织、领导和控制的管理职能中。企业管理者必须拥有良好的创新意识和创新能力，及时在工作中进行观念创新、管理创新和产品创新。管理者只有不断创新才能使组织在竞争中立于不败之地。

4. 领导能力

作为企业管理者，必须在管理活动中充分、正确地运用企业所赋予的权力，积极地影响下级的行动，推进目标的实现。能带领团队形成强大的凝聚力和向心力，共同为组织的前景而不懈努力。

5. 危机处理能力

企业管理者要善于对危机进行预测，建立危机预警机制，把危机所带来的危害减到最低。在危机出现后，必须勇敢大胆地承担起责任，冷静全面地分析判断整体态势，果断地采取应急措施，及时控制危机的蔓延，确保企业能顺利发展。

任务实施

一、明确组员分工

任务实施过程中要明确分工任务，组长要调动组员充分表达不同意见的积极性，形成职责清晰的任务分工表。

组员姓名	任务分工	主要方法	提交任务成果的方式

二、过程监督

把总任务完成的时间划分为不同工作阶段，请各组成员在任务实施过程中做好过程记录，组长负责监督，全组共同完成进度监督表。

工作阶段	时　间	进度描述	检查情况记录	改善措施以及建议

三、各组成员记录任务实施过程中的困难及收获

困难：____

小组成员想到的解决方法：____________________________

____

本次活动的收获：________________________________

____

四、制订方案

在完成上述的准备工作后，小组成员分别扮演不同角色进行实地采访。

五、成果展示

每个小组在完成任务后，在班上进行小组成果展示。每组将各自的采访过程和信息通过视频、画册或 PPT 的形式在班上进行汇报交流。

六、评价反馈

各小组根据以下评价项目，结合各自在活动过程中的表现和实施情况进行自我评价与小组评价，教师对小组表现进行综合评价。

评价项目	评价标准	配分（分）	自我评价（20%）	小组评价（30%）	教师评价（50%）
知识准备完成情况	按完成比例给分	10			
管理者相关内容和采访成果	对管理者含义和技能的理解 5～10 分； 采访前、中、后期的工作 5～10 分； 采访的成效 10～20 分	30			
工作过程中所做贡献	贡献最大 30 分以上； 贡献较大 19～30 分； 贡献很少 1～18 分； 基本无贡献 0 分	40			
团队合作责任意识	无团队意识扣 7～10 分； 无责任心扣 7～10 分	10			
现场遵守纪律、执行 6S 情况	违反课堂纪律扣 7～10 分； 着装不规范扣 3～5 分； 工作组台面不整齐、地面有垃圾的扣 5～8 分	20			
合　计					

延伸阅读

优秀的领导者：从5万英尺到50英尺

全球最具影响力的管理咨询师拉姆·查兰在《成功领导者的八项核心能力》中提到了一个“从5万英尺到50英尺”的概念。他是这样说的：

从5万英尺的概念思维的高度，到小虫子的微观视角……如果两方面都能做好：既能宏观思考概念，也能微观挖掘细节，我们对核心能力的使用会更出色。具有这种能力的领导者善于提出切中要害的探究式问题，发掘隐藏的关键假设，并能够将问题化繁为简。

你要想成为一个优秀的领导者，必须具备这两方面的能力，任何一个方面的缺失都会面临“能力结构”的缺失，成为一个有能力缺陷的领导者。

我们发现那些优秀的领导者都不会有“中庸”的表现，他们总是比别人有更多“极端”的表现。但他们绝不是极端型的领导，他们会在两个“极端”之间快速游动，也会在两个“极端”之间轻歌曼舞。你有时觉得看明白了，却跟不上他的节奏；有时你觉得跟上节奏了，却又看不明白了。这就是因为他既有极高明的专业思想，又有极高明的政治智慧，让他能够做到“从5万英尺到50英尺”。

史蒂夫·乔布斯对未来的预见性和现实的可控性都是非凡的，在他长期的职业生涯中取得了很多的成功，仅遭遇过很少的失败。很重要的一点就是他能够“从5万英尺到50英尺”。他一方面提出许多在他人看来无法实现的梦想，另一方面又能够准确地把握市场的需求，甚至能够思考每一款产品的每一个细节，把他的梦想变为现实。

当然，领导所处“位置”的不同，所需要的能力也是会有所偏重的。当你是高层领导的时候，你必须要有很好的“概念思维”，这个时候，保证正确的方向比什么都重要；当你是中层或基层领导的时候，你“挖掘细节”的能力要强，这个时候，需要的是把老板的想法转变成现实的能力。

从这一点来说，领导就是角色的艺术，你既要能演得了红脸的关公，又要能演得了白脸的曹操，还要能演得了黑脸的张飞。演不好，怎么办？演不好，就要虚心向他人学习，就要让他人有所表现。

巩固拓展

一、选择题（不定项选择）

1. 按照管理层次划分，管理者可以分为（　　）。

A. 高层管理者　　B. 中层管理者

C. 综合管理者　　D. 基层管理者

2. 管理者需要具备的基本技能包括（　　）。

A. 概念技能　　B. 技术技能

C. 人际技能　　D. 语言技能

3. 管理者的角色可以分为（　　）。

A. 领导力角色　　B. 信息传递角色

C. 人际关系角色　　D. 决策制定角色

二、分析题

俗话说"新官上任三把火"，你对这句话是怎么理解的？

三、实训题

周伟是某汽车生产车间的普通生产工人，一向做事勤勤恳恳，吃苦耐劳，深得领导的喜欢。因为工作表现突出，厂里提拔他为车间主任，但是从事了一段时间后，他的工作常常出问题，带领的车间员工工作散漫，工作效率低下，内部矛盾很多。周伟感到非常苦恼，是不是自己不适合这个岗位呢？他自己也做了检讨，并做了民意调查，发现主要原因是他不太善于与下属交流，经常工作安排不到位，任务布置下去，下属不知从何入手，他不但没有交代清楚，往往都是越俎代庖，亲自把工作完成。久而久之，员工感觉没有存在价值，也不愿意服从他的领导，变得越来越懒散。

请你以"假如我是周伟"为题，编写一份周伟今后的工作计划书，要求能针对目前存在的问题，寻找原因，探究解决问题的措施，能帮助他解决管理的困境。

任务3 认识管理道德与社会责任

任务描述

美国某知名运动品牌公司为了提高公司盈利水平，将运动鞋的生产分包给了发展中国家的生产商。遗憾的是，好几个分包商的工作条件非常恶劣，媒体已经介入关注，并对此事进行详细报道。媒体披露了某家越南分包商手下的年轻女工一周工作 6 天，每小时工资只有 20 美分，而且工作环境简陋，缺乏对有毒物质的防护，还指出越南的最低生活标准是 3 美元，除非加很长时间的班才能挣到这样的收入。部分学者专家认为他们这样做可能合法，有助于公司提高利润，但是剥削分包商的员工是有违道德的，因此，该公司被卷入消费者抗议和抵制的旋涡之中。

问题一：你认为该企业这样做存在什么问题？

问题二：企业在生产经营时还要考虑什么因素？

问题三：如果你是该企业的高层管理者你会采取什么措施挽回声誉？

任务领取

1. 以小组为单位完成任务，4～6 人为一组，选出一名组长，负责安排组员工作，并进行监督。

2. 查阅资料或课本，了解企业的管理道德、社会责任等相关知识点。

3. 小组根据所学知识分析讨论以上问题，并有效地解决该企业目前的问题。

4. 小组成员分工合作，共同研究策略，可以通过角色扮演、策划书材料、PPT 汇报等形式把采取的有效措施展示出来。

知识储备

企业作为经济发展的主体，其目标是实现利润最大化。但随着社会经济的发展，人们的环保意识、健康意识、维权意识等的增强，人们对企业的要求不仅仅停留在提供满意的商品和服务上，而且要考虑其对社会的长期利益和社会福利问题。企业要想获得长期的生存发展，不仅要遵守法律，同时还必须遵守一定的道德规范，承担相应的社会责任。因此，管理者要进行正确决策，必须考虑企业的社会责任和管理道德问题。

一、道德与管理道德

道德是人在求道中形成的内在体会及外显的品格。即人们认识“道”、遵循“道”，内得于己，外施于人，便称“德”。道德通常指用来明辨是非的规则或原则，它是社会用以调整人与人之间以及人与社会之间关系的行为准则和规范的总和。

管理道德又称为道德规范，是指规定管理行为是非的惯例或原则的总和。简言之就是人们判断已结案事情对与错的原则和信条。这些原则与信条是企业处理与他人和社会关系的指导，也是判断自己行为是否正确或恰当的基础标准。

管理智慧树

人的一生中最早的教育来自家庭教育，家庭对人的成长和价值观等形成起着重要作用。下面分别是一个犯人和一位成功人士经历的分苹果故事。

犯人说：小时候，有一天妈妈拿来几个苹果，大小不同，我非常想要那个又红又大的苹果。不料，弟弟抢先说出了我想说的话，妈妈听了，瞪了他一眼，责备他说："好孩子要学会把好东西让给别人，不能总想着自己。"于是，我灵机一动，立即说："妈妈我想要那个最小的，把最大的留给弟弟吧。"妈妈听了非常高兴，把那个又红又大的苹果奖励给了我。从此，我学会了说谎。

一位成功人士说：小时候，有一天妈妈拿出几个苹果，大小不同，我和弟弟们都争着要大的。妈妈把那个最红最大的苹果举在手中，对我们说："这个苹果最红最大最好吃，谁都想得到它。那么，让我们来做个比赛，我把门前的草坪分成三块，你们一人一块，负责修剪好，谁干得最快最好，谁就有权利得到它。"我们三人比赛除草，结果，我赢得了那个最大的苹果。我非常感谢母亲，她让我明白了有付出才有收获的道理。

（一）四种道德观念

1. 道德功利观

这种观点主张以行为结果即所获得的功利来判断人类行为是否道德，当某行为能给行为所及的大多数人带来最大利益，它便是道德的。反之，便是不道德的。功利观鼓励人们提高效率，符合多数人的利益最大化。这种道德观有一定的合理性，它争取了大多数人最大利益的获取，同时，利益的驱使，能鼓励劳动效率的提高和生产力的发展。但是也存在两个弊端：一个是在利益分配问题上，可能忽略了相关利益者的权利，导致分配不均；另一个是企业有时为了实现最大利益，采取的行为可能是不道德、不公平的，这样，就会损害他人或社会的利益。

比如，当企业运行处于淡季时，功利观的管理者认为解雇企业中20%的员工是正当的，因为这将增强企业的盈利能力，提高留下的80%员工的工作积极性，并使投资者获得最好的收益。

2. 道德权利观

这种道德观是以尊重和保护个人基本权利为评价标准的，包括隐私权、思想自由、言论自由、生命与安全以及法律规定的各种权利，这是保护人权的重要体现。例如，针对雇员揭发雇主的违法行为，有的人认为这是不道德的，雇员要忠于雇主。但道德权利观认为应该尊重和保护雇员的言论自由权，谴责雇员揭发雇主是不道德的行为。

权利观积极的一面维护了每个人的基本权利，并把它作为评判道德与否的标准，符合道德的本意，对随意侵犯他人权益的行为无疑有制约的作用。但它也有消极的一面，接受这种观点的管理者把对个人权利的保护看得比工作的完成更加重要，从而影响组织在生产过程中的生产效率的提高。同时，也受到社会经济发展程度的制约，过高的保障期望只会给社会经济发展带来负面影响。

3. 道德公正观

这种观点认为管理者在决策时公正公平地实施规则、公平地对待每个人、不偏不倚才符合道德原则。管理者通过在企业内部建立相对公平的规章制度，根据员工的技能、经验、绩效或职责等因素作为衡量标准，使员工努力工作并取得与努力程度相应的报酬。

例如，接受公正观的管理者可能会向新来的员工支付比最低工资水平高一些的工资，因为在他（她）看来，最低工资不足以维持该员工的基本生活。

这一道德观保护了那些可能缺少代表性或者无权的利益相关者（弱势群体）的利益，然而，它却不利于培养员工的风险意识和创新精神。

4. 社会契约道德观

这种观点主张把实证（是什么）和规范（应该是什么）这两种方法并入管理道德中，即要求决策人在决策时综合考虑实证和规范两方面的因素。这种道德观综合了两种“契约”：一种是经济参与人当中的一般社会契约，这种契约规定了做生意的程序；另一种是一个社区中特定数量的人当中的较特定的契约，这种契约规定了哪些行为是可接受的。

例如，美国公司在中国的雇员，与美国本国的同等技能、同等绩效或同等职责的员工相比，工资待遇差别有5～10倍之多，并且中国员工在失业、医疗、休假等方面的保障往往更少。但这些行为通常并不认为是不道德的，而被视为是正常，至少是可以理解和接受的。

社会契约道德观在一定程度上可以降低企业人力资源的成本，增加企业的利润，但是这种道德观也存在很大的局限性。因为契约是相关各方利益斗争的结果，与合理性无关；再者，如果将人格、道德、婚姻家庭等契约化，只会对经济和社会带来严重的不良后果。

（二）影响管理道德的因素

1. 道德发展阶段

研究表明，由于受个人利益、组织利益和社会责任等不同对待，道德水平经历了三个不同的发展阶段，管理者达到的阶段越高，就越不容易受个人利益、他人价值等影响，采取的行为更符合道德要求（见表1－2）。

表1－2　道德发展阶段

层　次	阶　段
前惯例层次 只受个人利益的影响。决策的依据是本人利益，这种利益是由不同行为方式带来的奖赏和惩罚决定的	1. 遵守规则以避免受到物质惩罚 2. 只在符合你的直接利益时才遵守规则

续　表

层　次	阶　段
惯例层次 受他人期望影响。包括对法律的遵守，对重要人物期望的反应，以及对他人期望的一般感觉	3. 做你周围的人所期望的事 4. 通过履行你允诺的义务来维持平常秩序
原则层次 受个人用来明辨是非的伦理准则的影响。这些准则可以与社会的规则或法律一致，也可以与社会的规则或法律不一致	5. 尊重他人的权利，置多数人的意见于不顾，支持不相关的价值观和权利 6. 遵守自己选择的伦理准则，即使这些准则违背了法律

2. 个人价值观

组织中的每个人一般都会有一套相对稳定的判断是非的价值准则，它们是关于正确与错误、善与恶、勤奋与懒惰、诚信与虚假等基本信条的认识。这些认识是个人在长期生活实践中发展起来的，也是教育与训练的结果。管理者通常也有不同的个人准则，它构成道德行为的个人特征。由于管理者的特殊地位，这些个人特征很可能转化为组织的道德理念与道德准则。

3. 自我强度和控制中心

个人的特征还受两个变量的影响：自我强度和控制中心。

自我强度用来衡量一个人的信念强度。管理者的自我强度对管理者的道德选择至关重要。一个人的自我强度越高，克服冲动并遵守其信念的可能性越大。这就是说，自我强度高的人一般都会深信自己的判断是正确的。因而，通常都能坚持去做自己认为正确的事。我们可以推断，对于自我强度高的管理者，其道德判断与道德行为会更加一致。

控制中心是管理者自我控制、自我决策的能力。控制中心分为内在和外在两个方面，具有内在控制中心的人相信他们掌握着自己的命运；而具有外在控制中心的人不相信自己，人生中发生什么事情听天由命，依赖环境的力量。控制中心作为个性特征对道德的影响表现为：具有内在控制中心的管理者比具有外在控制中心的管理者在道德判断与道德行为之间具有更大的一致性。

4. 组织结构

组织结构设计有助于形成管理者的道德行为。有些结构提供了强有力的指导；而另一些却只是给管理者制造困惑。所以，模糊性最小的结构设计有助于促进管理者的道德行为。正式的规则和制度、职务说明和明文规定的道德准则可以减少模糊性。此外，时间、竞争、成本和工作的压力越大，管理者就越有可能放弃他们的道德标准。比如，在仅仅以成果来评价管理者的绩效时，往往会增加人们为了达到目的不择手段的行为，违背道德伦理。

5. 组织文化

组织文化是企业在长期的经营活动中形成的并被企业员工普遍认同和遵守的价值观念、团体意识、工作作风、行为规范和思维方式等。组织文化的内容、性质和强弱程度对管理道德有明显的影响。一个企业若拥有健康、开放、进取，具有较高道德标准的组织文化，组织成员能普遍严以律己、宽以待人，就会极大地防止不道德行为的发生。

6. 问题严重性

影响管理者道德行为的最后一个因素是道德问题本身的强度，所谓问题强度是指该问题如果采取不道德的处理行为可能产生后果的严重程度。管理者如果比较在意道德评价，认为道德问题很重要，他就会自觉遵循道德规范和道德原则，并且会不断提高自身的道德水平；否则，就会我行我素。具体看来，道德问题强度取决于六个因素：

（1）危害的后果。某种道德行为对受害者的伤害有多大或对受益者的利益有多大？

（2）对邪恶的舆论。有多少人认为这种行为是邪恶的（或善良的）？

（3）后果的直接性。行为实际发生并造成实际伤害（或带来实际利益）的可能性有多大？

（4）危害的可能性。在该行为和其预期后果之间，时间间隔有多长？

（5）受害程度。你觉得行为的受害者（或受益者）离你（在社会、心理或物质上）有多近？

（6）效果的集中程度。道德行为对有关人员影响的集中程度如何？

综上所述，受伤害的人越多，越多人认为这种行为是不道德的，行为发生并造成实际伤害的可能性越高，行为的后果出现越早，观察者感到行为的受害者与自己挨得越近，问题强度就越大。

管理个案分析

MORTOR是一家颇受瞩目有发展前景的公司。公司的领导者很清楚地告诉员工，无论谁在商业行为方面违反了公司的道德标准之一（这些道德标准在全世界统一地实行），结果都是立刻被解雇。曾有一个例子是这样的：

在1950年那一年，MORTOR在全球的营业额只有20亿美元（现在的营业额是200亿美元）。公司竞标南美某国政府的一个1000万美元的订单，做一个微波通信系统。这一年的年末，MORTOR赢得了这个合同。可是这个时候，公司里负责这个项目的主管却说他不愿意做这笔生意，该项目的主管说，购买设备的人希望MORTOR公司能够把合同的金额改为1100万美元，并且提供更多的培训，这个主管认为多出来的100万美元很可能会流到一些将军的口袋之中。他不愿意跟这些从事不道德行为的人进行交易，他认为这样会有损公司正直的信誉，所以虽然放弃这个订单会令公司损失1000万美元，可是他还是愿意这样做。

【互动天地】MORTOR公司在管理上有什么独到之处？项目负责人为什么不愿意做这笔生意？是什么影响了他的行为？

（三）提高员工道德的途径

1. 严格把好招聘关

每个人由于所处的道德发展阶段、生存环境、所接受的教育等不同，具有不同的个性特征，形成不同的价值观念和道德准则。这些不同的价值观念和道德准则可能会带到工作中去，因此组织在员工特别是管理人员的招聘过程中，要严格把好关，通过笔试、素质测试、面试、审查、试用等阶段的考核来确定最终正式的员工。这也是优化企业人力资源配置，提高企业员工素质的有效手段。

2. 建立具体的道德准则

美国《幸福》杂志列出全美最好的1000家公司中，几乎90%的公司都有一套明文的道德准则。道德准则是表明一个组织基本价值观念和它希望员工遵守的道德规则的正式文件。道德准则不能太笼统，即既要相当具体以便让员工明白以什么样的精神来从事工作，以什么样的态度来对待工作，规定的内容也要相当宽泛，允许员工在不违反原则前提下有个人的见解和行动自由。因此，建立道德准则是减少道德问题、改善道德行为的一项有效的办法。

管理智慧树

麦道公司的道德准则

为了使正直和道德成为麦道公司的特征，作为公司成员的我们必须努力做到：

①在我们所有的交往中要诚实和守信。

②可靠地执行分派的任务和责任。

③我们所说的和所写的一切要真实和准确。

④在所从事的所有工作中要协作和富于建设性。

⑤对待我们的同事、顾客和其他所有人都要公平和体贴。

⑥在我们的所有活动中要守法。

⑦始终以最好的方式完成全部任务。

⑧经济地利用公司资源。

⑨为我们的公司和为提高我们所生活的世界的生活质量奉献自己的服务。

正直和高尚道德标准要求我们努力工作、具有勇气和做出艰难选择。有时为了确定正确的行动路线，员工、高层管理人员和董事会之间进行磋商是必要的。正直和道德有时可能要求我们走在生意机会之前。从长期来看，我们做正确的事情比做权宜的事情能获得更好的结果。

3. 管理者以身作则

道德准则要求管理者尤其是高层管理者应以身作则。因此，要使组织的管理道德准则得到员工的认同与有效执行，组织的管理者必须做到言传身教，在道德方面起模范带头作用。只有自己廉洁自守，兢兢业业，才能要求员工为集体尽力。此外，必须在人员提升和奖惩方面把好道德关，通过建立完善的奖惩机制，做到奖惩分明，公平公正。

4. 设立合理的工作目标

目标是行动的指南，是行动预期要实现的结果，工作目标集中体现组织管理者对员工工作的要求。组织应该为员工设定明确和现实的目标，在目标体系中建立具体的数量指标，确保产品的质量，保证客户的利益，维护企业的品牌。

5. 建立绩效评价标准

绩效评价全面与否，对道德建设有重要影响。全面科学的绩效评价指标应该既看结果又看过程，既看近期绩效也看长远影响，既看经济效益也看生态影响，防止对社会和环境产生不利的影响。绩效评价要达到手段和结果的统一、近期和长远的统一、经济效益、社会效益和生态效益的统一。

6. 具有独立的社会审计与监察

进行独立的社会审计与社会监察，是改善管理道德的重要手段。根据组织的道德准则对管理者进行独立审计，可发现组织的不道德行为；惧于社会审计的威慑力，可以降低不道德行为发生的可能性。

7. 提供正式的保护机制

正式的保护机制可以使那些面临道德困境的员工在不用担心受到斥责或报复的情况下自主行事。例如，组织可以任命道德顾问，当员工面临道德困境时，可以从道德顾问那里得到指导。另外，组织也可以建立专门的渠道，使员工可以放心地向上一级政府部门或纪律检查委员会进行信访或上访。改善管理道德是一项长期的任务，不是一朝一夕可以完成的，要贯穿于企业发展的全过程，面向全体员工，从而减少组织中的不道德行为发生。

二、企业社会责任

社会义务是对企业最基本的要求，是企业参与社会责任的基础。一个企业仅仅履行了法律上和经济上的义务，可以说它已履行了自己的社会义务。社会反应是企业适应不断变化的社会环境的能力，它是企业对社会压力做出的反应。

而社会责任则从长期的社会利益着眼，看企业何种行为对社会有益、何种行为对社会有害，并加入一种道德准则，促使人们从事使社会变得更美好的事情，而不做那些有损于社会的事情。

（一）两种不同的社会责任观

1. 古典观（或纯经济观）

米尔顿·弗里德曼是这种观点的代表人物，他支持组织承担社会责任，但这种社会责任仅限于为股东实现组织利润最大化。他认为当今大多数的管理者是职业经理，这意味着他们并不拥有他们所经营的企业。他们只是员工，仅向股东负责，从而他们的主要责任就是最大限度地满足股东利益，也就是财务利益。

这种从纯经济角度看待企业社会责任的主要观点有：其一，违反了利润最大化原则。这些人认为，企业追求社会目标会冲淡企业的基本使命——提高生产率，不愿意参加社会性活动，只追求能带来经济利益的活动。其二，应各司其职。认为追求社会目标是政治相关代表组织的责任，企业与公众之间在社会责任方面没有直接的联系，对企业管理者来说，就不应该承担社会责任，企业也不具备承担社会责任的技能和能力，难以胜任社会问题的角色。其三，缺乏大众支持。公众在对企业承担社会责任的说法方面意见不一、争论较大，社会对企业处理社会问题的呼声也不是很高。

2. 社会经济观

社会经济观的持有者认为，随着时代的变化，社会对企业的期望发生了变化，追求利润最大化不再是企业的唯一目标，企业同时应承担社会责任。因此，一个真正对社会负责任的企业，不仅要使股东利益最大化，而且还要考虑其决策和行为对所有利益相关者的影响。管理者应该关心资本的长期收益最大化，为此，必须承担一些必要的社会义务及相应的成本。如以不污染、不歧视、不发布欺骗性广告等方式来维护社会利益。他们还必须在增进社会利益方面发挥积极的作用，如参与所在社区的一些活动和捐钱给慈善组织等。

这种从社会经济观的角度赞成企业承担社会责任的主要观点有：其一，满足公众期望，塑造良好形象。认为企业承担社会责任可以塑造良好的公众形象，企业在公众中的形象如同企业的生命，其好坏直接关系到它是否能获得更多的顾客、更好的员工，能否较容易地筹集资本，能否使销售额得到提升等。其二，创造良好的经营环境。企业承担社会责任有助于解决社会难以统一解决的问题，改善所在社区的状况，提高企业的公众形象，从而有利于吸引和留住人才，提高企业的核心竞争力。其三，增加长期利润。社会责任会使企业的股票价格上涨，从而使股东获得较高收益。企业的生存离不开社会，其应该具有社会意识（见图1－3）。

管理智慧树

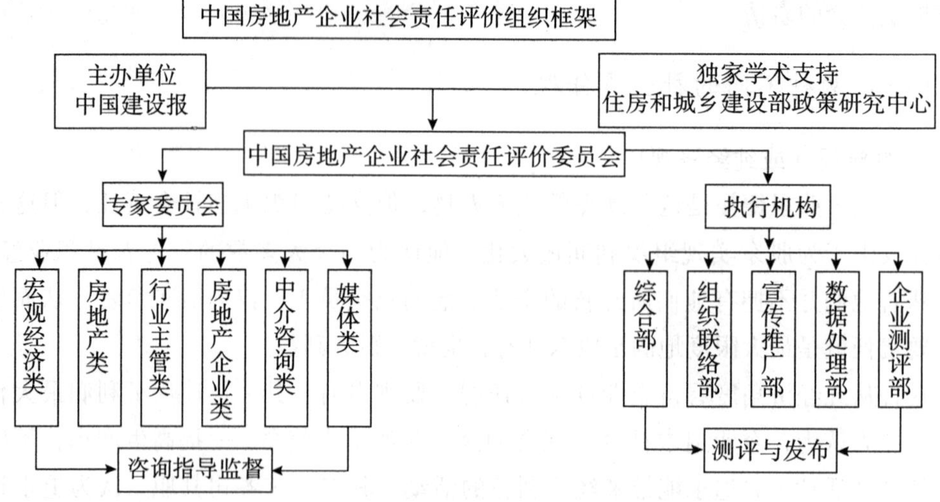

图 1－3　中国房地产企业社会责任评价组织框架

（二）企业所承担的社会责任

1. 企业对员工的责任

员工是企业生命力，是企业最宝贵的财富。为了使员工满意，企业在经营管理中应做到如下几点：

（1）不歧视员工。为了调动各方面的积极性，企业要同等对待所有员工，保证员工拥有平等待遇和机会，避免在性别、年龄、宗教信仰、户籍、国籍等方面的歧视行为。

（2）营造一个良好的工作环境。工作环境的好坏直接影响员工的工作效率和身心健康。企业要为员工营造一个健康、安全、关系融洽、压力适中的工作环境。必要时根据单位的实际情况为员工配备必要的设施，努力改善员工工作条件和物质条件。

（3）定期或不定期地培训员工。有社会责任的企业不仅会根据员工的综合素质，为其提供合适的工作岗位和相对公正的报酬，而且在工作的过程中根据情况的需要对其进行培训，经过培训后的员工能胜任更具挑战性的工作。这样做既满足了员工自身的需要，也满足了企业的需要。

2. 企业对顾客的责任

顾客就是上帝，顾客是企业产品和服务的最终使用者，顾客的忠诚程度及数量往往决定着企业的成败得失。企业对顾客的责任主要表现在：尊重顾客、为顾客提供真正需要的、安全的产品或服务；赢得顾客信赖，提高回头客的购买次数；做好售后服务工作，及时解决顾客在使用企业产品时遇到的困难。

3. 企业对投资者的责任

企业管理者受投资者的委托经营企业，必须为投资者带来有吸引力的投资报酬。而那种只想从投资者手中获取资金，却不愿或无力给投资者以合理回报的企业，是对投资者不负责任的表现。因此，企业有责任与投资者进行及时的沟通，将其财务状况及时、准确地报告给投资者。

4. 企业对竞争者的责任

市场经济是开放的经济时代，有市场就有竞争，但是企业要努力创造一个公平、有序、良性的竞争环境。有社会责任的企业不会为了一时之利、逞一时之勇，通过不正当手段恶意挤垮对手，最终只能两败俱伤。因此，企业要处理好与竞争对手的关系，在竞争中合作，在合作中竞争。

5. 企业对社区的责任

企业不仅要为所在的社区居民提供劳动就业机会，增加当地的财政资源，还要通过适当的方式尽可能地为所在社区做出贡献。如不以营利为目的地对所在社区或其他特定社区的建设进行福利投资，包括学校、医院、老人院、公共娱乐设施、图书馆等。通过此类活动，不仅回报了社区和社会，还为企业树立了良好的形象。

6. 企业对环境的责任

企业与环境的关系是唇齿相依，相辅相成的。如果企业一味追求经济效益，而忽视对环境的保护，最终也会面临生存的威胁。在企业内宣传环保教育，培养员工环境保护意识，主动开发绿色产品，采用生态技术，减少对环境的破坏和生态资源的消耗。如果企业的生产经营需要消耗大量物资和能源，产生的“三废”要采取切实有效的措施及时地处理。

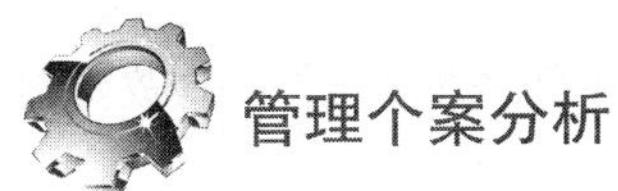

管理个案分析

国产史上最大规模召回来袭，吉利主动召回 18.9 万辆，打了谁的脸

2017 年 10 月，浙江吉利汽车有限公司根据《缺陷汽车产品召回管理条例》和《缺陷汽车产品召回管理条例实施办法》要求，向质检总局备案启动召回计划。而本次共召回 18.9 万辆汽车。据悉，本次吉利召回的 18.9 万辆汽车，还是源于高田气囊问题。由于吉利汽车部分车型装配了高田公司生产的未带干燥剂的硝酸铵气体发生器，在安全气囊展开时，汽车发生器可能发生异常破损，导致碎片飞出，伤及车内人员，存在安全隐患。高田气囊问题事件可谓是汽车圈的一大地震，涉及多个品牌，如大众、本田、丰田、通用等。而高田气囊早已宣布破产，留下安全气囊的烂摊子。

虽说汽车因质量问题进行大规模的召回已不是个例，但此次吉利的召回事件可谓是自主品牌的第一次，怎么说虽然比不上大众的大气，奔驰的豪气，但这一主动召回的行动，让广大车友感受到吉利负责任的态度，作为国产品牌的担当。而相比较，其他企业仍抱有侥幸的心理。虽然安全气囊在日常小心驾驶下，基本无存在感，但都有个万一，一旦发生安全事故，安全气囊则是保命的关键。安全无小事，希望所有车企都能拿出一份担当与责任，主动召回问题车辆。

【互动天地】试用影响企业管理道德的因素以及企业社会责任分析以上案例。

任务实施

一、明确组员分工

任务实施过程中要明确分工任务，组长要调动组员充分表达不同意见，形成职责清晰的任务分工表。

组员姓名	任务分工	主要方法	提交任务成果的方式

二、过程监督

把总任务完成的时间划分为不同工作阶段，请各组成员在任务实施过程中做好过程记录，组长负责监督，全组共同完成进度监督表。

工作阶段	时　间	进度描述	检查情况记录	改善措施以及建议

三、各组成员记录任务实施过程中的困难及收获

困难：____________________________________

小组成员想到的解决方法：________________________

____

本次活动的收获：____

____

四、制订方案

在完成上述的准备工作后，小组成员共同商量确定策略方案以及展现形式。

五、成果展示

每个小组在完成任务后，在班上进行小组成果展示，其他小组认真聆听并适时提问。

六、评价反馈

各小组根据以下评价项目，结合各自在活动过程中的表现和实施情况进行自我评价与小组评价，教师对小组表现进行综合评价。

评价项目	评价标准	配分（分）	自我评价（20%）	小组评价（30%）	教师评价（50%）
知识准备完成情况	按完成比例给分	10			
管理道德和应对措施的实施	对管理道德的理解 5 ~ 10 分； 能正确分析企业存在的问题 5 ~ 10 分； 制订有效的应对措施 10 ~ 20 分	30			
工作过程中所做贡献	贡献最大 30 分以上； 贡献较大 19 ~ 30 分； 贡献很少 1 ~ 18 分； 基本无贡献 0 分	40			
团队合作责任意识	无团队意识扣 7 ~ 10 分； 无责任心扣 7 ~ 10 分	10			
现场遵守纪律、执行 6S 情况	违反课堂纪律扣 7 ~ 10 分； 着装不规范扣 3 ~ 5 分； 工作组台面不整齐、地面有垃圾的扣 5 ~ 8 分	20			
合　计					

延伸阅读

企业道德管理的三种模式

社会学家和管理学家阿奇·B. 卡罗尔提出了道德管理的三种模式：

1. 不道德管理

不道德管理（Immoral Management）可以定义为一种不仅反对道德原则或规诫，而且对道德采取一种极为反对的姿态，不道德管理决策、行为和实践与道德原则是不相符的，持这个模式者认为，管理的动机是自私的，它只关心或者主要关心自己或公司的利益。如果管理人员的行为与此完全相反，这表明管理人员能够分清对错，但仍然选择了错。因此，它的动机被认为是贪婪和自私的。根据这个模式，管理的目的是为了盈利，组织不惜任何代价要取得成功，管理人员不关心他人希望被公平对待的主张。

不道德管理认为，法律标准是障碍，管理人员必须绕过这个障碍，或者为达到其目的必须克服这个障碍。

不道德管理在实际管理过程中是大量存在的，如企业管理层的行贿受贿、出卖商业机密、偷逃税、损害消费者利益（造假、毒牛奶事件、过期月饼馅、塑化剂、地沟油、瘦肉精）等行为。

2. 道德管理

道德管理（Moral Management）遵守道德行为的最高标准或者行业行为标准，虽然可能不太清楚现在流行的道德标准是什么，但致力于道德的管理仍然把重点放在高的道德标准和行为标准上，其动机、目的和方向趋向于遵守法律与总的经营决策。

与不道德管理的自私动机相对应，道德管理也渴望成功，但仅限于在合理的道德范围内。因此，道德管理的动机可能被称为公平、均衡或无私。道德管理不以法律和合理的道德为代价去追求利润。事实上，关键之处在于，不仅仅是遵循字面上的法律，而且是精神上的法律。法律被看成道德行为的最低标准，因为道德管理致力于在高于法律强制的标准之上进行经营。

有外国学者用“正直策略”来形容道德管理。所谓的正直策略（Integrity Strategy）是由一系列道德观念作为组织的驱动力量。道德的价值观使管理人员寻求机会，设计组织制度，并进行决策。正直策略中的道德价值观提供了一个共同的参考框架，并且致力于把各种不同的功能、企业路线和职工群体联合起来。这种观点认为，组织道德有助于确定一个组织是什么，它代表什么，正直策略所包含的特征，和道德管理模式是基本一致的。

道德管理的例子也是很多的，例如遵守商业道德，产品质量、员工安全保护（有害物质、危险设备），尤其是注意环境保护的事例等。

当然，并不是所有的组织都会自觉进行道德管理，许多组织是在经历了政府管理法规、消费者压力后，才逐渐达到道德管理状态的。

3. 非道德管理

非道德管理（Amoral Management）在概念上是介于不道德管理和道德管理之间的状态，但实际上它是与这二者不同的一种状态。有两种类型的非道德管理：

第一类是有意识的非道德管理（Intentional Amoral Management）。这种类型的非道德管理没有把道德思考纳入其决策、行动和行为当中，因为这种类型的非道德管理认为商业活动不属于道德判断应用的范围。采取这种管理道德的经理们既不是道德的也不是不道德的，他们只是认为在商业领域应用的原则与在生活中其他的应用原则有所不同。

第二类是无意识的非道德管理（Unintentional Amoral Management）。和有意识地采取非道德态度的经理们一样，无意识非道德的经理也没有从道德角度去思考商业行为。他们只不过是对他们的决策或行动有可能对他人产生的负面或有害影响不关心或疏忽大意，他们缺少道德意识和道德感觉，他们只进行他们的管理工作，而没有考虑到他们正在做的事是否具有某种道德含义。应当说，他们的意图可能是好的，但或许太专注于自我，考虑不到他们的行为对别人的影响。

非道德管理把利润作为追求的唯一目标，没有考虑到在他们追求当中会涉及道德问题。如果需要对这些非道德行为进行法律指导的话，那么需要的是用字面上的法律，而不是精神上的法律来约束。因为采取非道德态度的经理把法律看成是某种参数，在这个范围内进行商业追求。

巩固拓展

一、选择题（不定项选择）

1. 道德观念包括（　　）。

A. 道德功利观　　B. 道德权利观

C. 社会契约道德观　　D. 道德公正观

2. 个人的特征受（　　）变量影响。

A. 外部因素　　B. 控制中心

C. 家庭因素　　D. 自我强度

3. 企业需要对（　　）承担社会责任。

A. 员工　　B. 环境

C. 社区　　D. 顾客

二、分析题

试从企业社会责任的角度分析企业参加公益善事这一举动。

三、实训题

上网收集一个比较典型的企业不道德行为（如黑煤窑、毒奶粉、安然事件、血铅），并用所学的“影响道德和非道德行为的因素”等模型，分析当事人的行为动机和道德困境，并提出你们的建议。

要求：小组制作 PPT，给全班同学做介绍。

项目二　认清管理环境

项目目标

1. 了解企业管理的外部环境
2. 了解企业管理的内部环境
3. 掌握影响环境的因素
4. 能正确分析环境的变化对组织的影响
5. 能根据不断变化的环境采取有效的措施

项目子任务

任务 1　掌握企业外部环境及分析
任务 2　掌握企业内部环境及改善

项目引例

战国时期，有一个很伟大的大学问家孟子。在孟子三岁的时候，他的父亲就去世了，留下母子俩相依为命。为了给父亲守坟，他的母亲就把家搬到坟墓附近。时间久了，孟子就和邻居的小孩一起学着大人跪拜、哭号的样子，玩起办理丧事的游戏。孟子的母亲看到了，就皱起眉头："不行！我不能让我的孩子住在这里了！"孟子的母亲就带着孟子搬到市集旁。到了市集，孟子又和邻居的小孩学起商人做生意的样子。一会儿招待客人，一会儿和客人讨价还价，表演得像极了！孟子的母亲知道了，又皱皱眉头："这个地方也不适合我的孩子居住！"于是，他们又搬家了。这一次，他们搬到了学校附近。孟子开始变得守秩序、懂礼貌、喜欢读书。这个时候，孟子的母亲终于满意地点着头说："这才是我儿子应该住的地方呀！"

项目提要

这个历史上著名的“孟母三迁”的故事充分说明了环境变化对人产生的影响。我们身处的环境是在不断变化发展的，人也应该随着环境的变化不断调整自我，从而更好地适应环境。同样，一个企业或组织的生存发展都离不开环境，与环境形成相互作用、相互联系的关系，环境中极小的偏差，也将会对组织产生极大的影响。因此，对环境进行合理的分析和预测，掌握环境的变化规律，根据环境的变化适时做出调整才能使组织得到长久的发展。

任务1　掌握企业外部环境及分析

任务描述

李峰是一名计算机专业的大学生，毕业后，他放弃了到国有企业上班的机会，选择了自主创业，通过家人、朋友筹集资金，在广州开了一家主要销售各款手机、售后服务、手机维修、手机业务办理等综合性的手机连锁店。请你运用五力分析法，帮他分析企业特殊的外部环境，对手机经销商所面临的竞争状况进行分析，并对未来发展提出建议。

任务领取

1. 以小组为单位完成任务，4～6 人为一组，选出一名组长，负责安排组员工作，并进行监督。

2. 查阅资料或课本，了解企业一般外部环境、特殊外部环境等相关知识点。

3. 小组内分配任务，按照企业特殊环境的五个部分，分别安排不同的组员去收集资料，各自进行分析，然后再集中讨论，形成统一意见。

4. 最终形成一份关于手机经销商的特殊环境分析报告，在班上进行展示。

知识储备

现代企业的生产经营活动日益受到外部环境的作用和影响。外部环境是一个动态发展的过程，要求企业的经营战略也不能一成不变，要顺应环境的变化而做出改变，同时要突出自己的特色，凸显企业个性特征，从而实现环境变化与企业经营目标动态平衡。

一、企业的外部环境

（一）企业外部环境的概念

影响企业经营成败，但又在企业外部、非企业所能全部控制的外部因素构成了企业的外部环境。企业外部环境包括两个层次：第一层次是企业的一般外部环境，也称宏观环境。它是指给企业带来市场机会和环境影响的社会力量，包括政治法律、经济、社会文化、技术等环境，这些都是企业不可改变的社会因素，它通过微观环境对企业经营产生巨大的影响；第二层次是企业特殊的外部环境，也称微观环境，它直接影响企业活动，是决定企业生存和发展的基本环境，包括竞争对手、供应商和顾客等（见图1－4）。

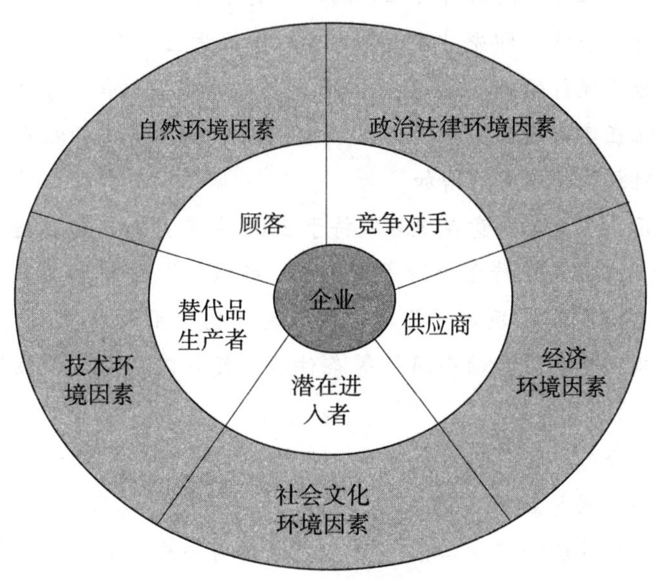

图1－4　企业环境

（二）企业的一般外部环境

1. 政治法律环境

政治法律环境是指那些制约和影响企业的政治要素和法律系统，以及其运行状态。政治环境包括国家的政治制度、权力机构、颁布的方针政策、政治团体和政治形势等因素。法律环境包括国家制定的法律、法规、法令以及国家的执法机构等因素。政治和法律因素是保障企业生产经营活动的基本条件。在一个稳定的法治环境中，企业能够真正通过公平竞争，获取自己正当的权益，并得以长期的、稳定的发展。国家的政策法规对企业的生产经营活动具有控制、调节作用，同一个政策或法规，可能会给不同的企业带来不同的机会或制约。

政治法律环境较为宏观，难以预测，但是给企业带来的影响程度却可以分析。由于政治法律环境对企业的影响是根本的，所以企业家需要时时关注国家大政方针，了解政策动态，掌握最新的法律知识，才能使组织的活动符合国家和社会的利益，才能把握时代的脉搏，获得政府的支持和信任，获得长远持续的发展。

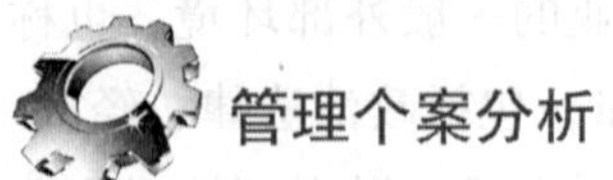

华为应对新《劳动合同法》，万名员工自选去留

华为公司包括任正非在内的所有工作满八年的华为员工，在2008年元旦之前，都要先后办理主动辞职手续（即先“主动辞职”，再“竞业上岗”），再与公司签订1～3年的劳动合同；废除现行的工号制度，所有工号重新排序。华为官方人士对此不愿过多置评，但认为正在实施的人力资源体系调整相对提高了员工的福利，员工大都对方案表示理解，同时薪金的确有所增加。

知情人士表示，华为此举意在规避即将于2008年1月1日起实施的新《劳动合同法》，“规范劳动用工以及保持企业的竞争力采取的做法”中对企业未来用人制度带来的挑战。新《劳动合同法》规定：劳动者在满足“已在用人单位连续工作满十年的”或“连续订立二次固定期限劳动合同”等条件后，便可以与用人单位订立“无固定期限劳动合同”，成为永久员工。

此法在很多大公司内部引起较大反响，不少公司已在酝酿和调整自己的人力资源管理政策。中华英才网总裁张建国认为，新劳动法体现了国家对劳动者权益的重视，但在现有国情下，新劳动法“十四条”将会给像华为这样的创新公司带来过重的企业责任压力。

【互动天地】请结合案例谈谈政治环境是如何影响企业经营的？

2. 经济环境

经济环境是指构成企业生存和发展的社会经济状况及国家的经济政策，包括社会经济结构、经济体制、发展状况、宏观经济政策等要素。衡量这些因素的经济指标有国内生产总值、就业水平、物价水平、消费支出分配规模、国际收支状况，以及利率、通货供应量、政府支出、汇率等国家货币和财政政策。

与政治法律环境相比，经济环境对企业生产经营的影响更直接更具体，对管理的影响也最大。管理者应具有宏观视野，善于分析和把握所在国家或地区的经济发展趋势，国家产业政策以及国际经济发展走势等。

3. 社会文化环境

社会文化环境是指企业所处的社会结构、社会风俗和习惯、信仰和价值观念、行为规范、生活方式、文化传统、人口规模与地理分布等因素的形成和变动。社会文化环境影响着人们的购买决策和企业的经营行为。不同国家、不同民族由于文化地域的差异，有着不同的风俗习惯和道德观念，故人们的消费方式和喜好都不一样。企业必须充分调查了解社会不同种族和地区人们的差异，生产制造符合当地人们审美观念和个人信仰的产品，才能给企业创造更多的价值。例如，人口规模、社会人口年龄结构、家庭人口结构、社会风俗对消费者消费偏好的影响、环境保护与生态平衡状况等因素都是企业在确定投资方向、产品改进与革新等重大经营决策问题时必须考虑的因素。

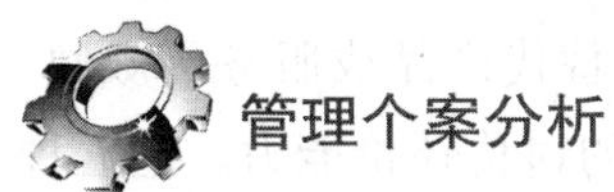

可口可乐的绿色包装

风靡全球的可口可乐包装，在世界其他地区销售采用的都是黑白相间的色彩搭配，而在阿拉伯地区，却变成了绿色包装，因为那里的人民酷爱绿色，对于他们，绿色意味着生命和绿洲。再如，红色在中国人的观念里象征着热烈、吉祥和美好，但西方有些国家却有不同的理解，认为红色是一种危险、令人不安和恐惧的颜色，易使人联想到流血、事故和赤字。由于这种观念上的差别，我国出口到德国的鞭炮曾被要求换成灰色的外包装，才被接受。

【互动天地】可口可乐为什么在阿拉伯地区会换其他包装呢？是什么因素产生影响？

4. 自然环境

自然环境是指企业所处的自然资源与生态环境，包括土地、森林、河流、海洋、生物、矿产、能源、水源、环境保护、生态平衡等方面的发展变化。自然环境与企业的发展是唇齿相依、相辅相成的关系。面对日益短缺的自然资源，企业应重点开发绿色环保产品，发展节约能源、降低原材料消耗的产品；减少废气的排放，加强“三废”的综合利用，大力发展人工合成材料；努力寻找替代品或开发新产品，如太阳能、核能等新能源。

5. 技术环境

技术环境是指企业所处的环境中的科技要素及与该要素直接相关的各种社会现象

的集合，包括国家科技体制、科技政策、科技水平和科技发展趋势等。技术的革新为企业创造了机遇，企业通过新技术、新工艺手法，提高了生产效率和产品质量，不断开拓新的市场，拓宽企业新的经营范围。另外，新技术的产生也对企业产生威胁。如智能手机的出现对 MP3 或 MP4 产品的冲击，智能手机强大的功能已经逐渐取代原有产品，使其失去竞争力。所以，企业必须要预见这些新技术带来的变化，在战略管理上做出相应的战略决策，以获得新的竞争优势。

（三）企业特殊的外部环境

企业不仅受一般的外部环境影响，而且更受所在行业的微观环境影响，这种与企业行业性质相关的特殊外部环境对企业经营活动的影响更直接更具体。

美国管理学家迈克尔·波特提出了五力分析模型，他认为影响行业内竞争结构及其强度的主要因素有：直接竞争者、潜在竞争者、替代产品制造商、原材料供应商以及产品购买者五种因素。具体来说就是潜在竞争者的威胁、替代产品或服务的威胁、现有竞争者的竞争、原材料供应商的讨价还价能力、购买者的讨价还价能力。这五种力量的不同组合变化最终影响企业的利润和发展。具体如图 1－5 所示。

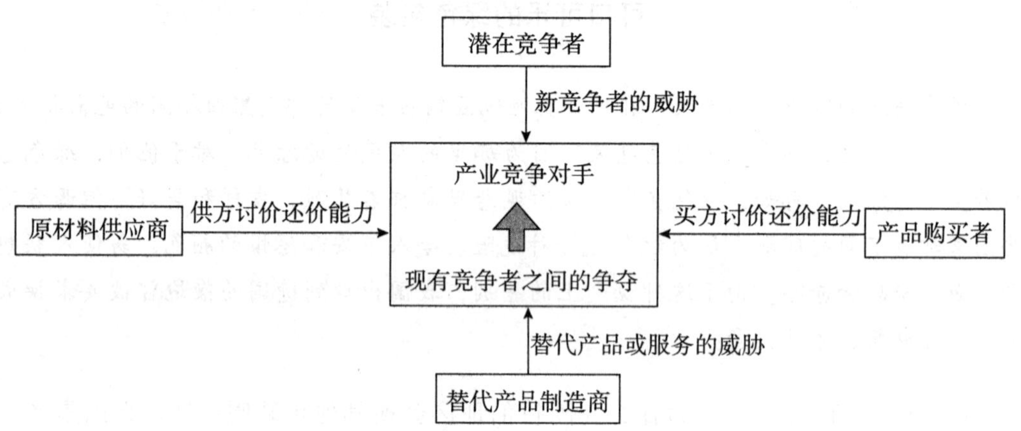

图 1－5　影响企业竞争的五力分析模型

1. 潜在竞争者

潜在竞争者是指那些可能会进入企业所在行业的竞争者。企业都是被利益所驱动的，利润是对投资者的一个信号，并能够经常导致潜在竞争者的进入。潜在竞争者会给原有市场注入新鲜元素，促进市场竞争，也会给现有的企业带来一定的冲击和压力。潜在竞争者将在两个方面减少现有厂商的利润：第一，竞争者会瓜分原有的市场份额获得一些业务；第二，竞争者减少了市场集中，从而激发现有企业间的竞争，降低价格。新企业进入行业的可能性大小，一方面取决于行业的特点，另一方面取决于现有企业的反击力度。主要决定因素有以下几方面：

（1）规模经济。规模经济是指在一定时期内，企业所生产的产品或劳务的绝对量增加时，其单位成本趋于下降。当产业规模经济明显时，现有的老企业对于较小的新进入者就有成本优势，从而构成进入障碍。因此，如果新企业以较小规模进入市场，就要长期忍受成本高的劣势；如果以较大规模进入，会冒着现有大企业的强烈反击的风险。这两种情况都会使新加入者望而止步。比如钢铁行业中就存在比较明显的规模经济，大企业的生产成本要低于小企业的生产成本，这对小企业尤其是新进入的企业造成比较大的进入障碍。

管理智慧树

根据美国哥伦比亚大学的一份研究报告的观点，汽车工厂最低经济规模为：排气量为1~2升的单系列生产轿车厂为25万~30万辆，中型货车厂为6万~8万辆，轻型货车总装厂为10万~12万辆。按此标准，中国前几年能够达标的厂商寥寥无几，并且这些厂商距最低经济规模还有较大差距。这也是中国汽车进入国际市场的一个主要障碍。

随着中国汽车工业的迅速发展，2006年中国汽车总产量达720万辆，集中度也大大提高。据统计，2007年，中国共有100多家整车生产企业，一汽、上汽、东风、长安等十大汽车厂家产销量占全国汽车产销总量的八成以上。其中，仅长安集团一家2007年生产汽车87万辆。到2010年，长安的“西南”“华东”“华中”“华北”四大基地将实现汽车年产销量200万辆以上，年产值超过1000亿元人民币，为长安集团开拓国际市场、跻身于世界级汽车企业集团行列奠定了基础。

（2）对关键资源的控制。现有企业经过长时间的生产经营，对一些关键资源的供应商等都有稳定的长期合作的关系，如果现有企业控制了生产经营所必需的某种资源，那么它就会受到保护而不被进入者所侵犯。例如，我国北京“三元”牌鲜奶对北京地区销售网络的控制，迫使内蒙古“伊利”牌鲜奶在打入北京市场初期，不得不以低价竞争战略克服这种障碍；美国施乐复印机公司选择出租复印机而不是销售它们，使流动资金的需求大大增加，从而形成主要障碍来防止其他公司对复印机产业的进入。

（3）品牌优势。企业通过各种品牌宣传活动，如广告宣传、售前售后服务、产品的个性化设计等不断打造和维护自身的品牌，在同行业中具有一定的品牌知名度和顾客忠诚度。新进入的公司要获取顾客的信任，树立企业形象，需要一段较长的时间，通常需要以一定时期的亏损为代价，而亏损后能否收到一定的成效也是未知之数，给投资带来特殊的风险。

（4）政策保护。现有企业的优势还表现在政府政策上。政府的政策、法规和法令都会在某些产业中限制新的加入者或者清除一些不合格者，这就为在位企业造就了强有力的进入障碍。例如政府对某些自然垄断产业实施限制进入政策，垄断企业因此可以获得高额利润等。此外，政府对于某些特殊的行业需要办理许可证（如烟草、药品、食品等），或对某些原材料进行严格控制等都会形成巨大的阻力。

（5）资金成本。新加入的竞争者需要有雄厚的资金成本，并且风险性较大。进入需要大量的资金，如购买生产设备、存货经营、提供用户信贷、广告宣传、开发销售渠道、员工培训、员工工资等。

因此，加入者需持有大量的启动资金，冒较大的风险才敢进入。

（6）分销渠道。对多数潜在竞争者来说，对其进入构成最大障碍的是能否顺利获取分销渠道。由于分销能力的限制及对风险的厌恶，分销商往往不愿意经销新厂家的产品，新进入者必须花大力气建设新的销售网络，而这就会降低其利润水平。

（7）现有企业的反击。除了上述情况外，新加入者还会遇到现有企业的强烈反击，如它们大规模投资产品研发、设备购置、广告宣传或优惠促销活动等，都会给新进入者带来更大的挑战和压力。

（8）与成本无关的成本优势。现有企业除了在规模经济上占有优势外，在其他方面也具有新加入者无可比拟的优越性，包括专利产品技术、独占最优惠的资源、先占市场的位置、享受政府补贴以及政府的某些限制政策等。

2. 直接竞争者

市场是一个开放的竞争的市场，通常生产同一种产品都不止一家企业，可能市场上有很多同类型的产品销售，如何赢得市场，争夺用户，就成为企业之间的竞争。为了赢得市场地位和购买者的青睐，它们通常不惜代价，“无计不施”。在有些行业中，竞争的核心是价格。竞争对手之间的竞争，在一家或几家竞争厂商看到了一个能更好满足客户要求的机会或处于改善其产品性能的压力之下时，就会变得更加激烈。厂商之间通常运用如下手段竞争：降低价格、更引人注目的特色产品、扩大客户服务范围、延长保修期、采用特殊的促销手段、推出新产品。主要从以下几方面对直接竞争者进行分析。

（1）竞争综合能力分析。要在竞争中出奇制胜，在竞争中处于不败之地，就要首先对竞争者进行综合能力分析，对综合能力分析主要是为了找到主要的竞争对手。因为，在同一时期内，可能有成百上千个从事相同或相近产品的厂商，但是并不是所有同行业的企业都具有同等重要性。因此，要确定本行业或本企业的主要的竞争对手，主要通过以下几方面进行分析：销售增长率、市场占有率、产品获利能力等，通过这些可以分析现有同类企业的数量、各自的规模、资金、技术力量、对自身的威胁性等。

（2）主要竞争对手战略分析。在对不同竞争对手进行综合能力分析后，找到了主要的竞争对手，就要对主要竞争对手进行战略分析，尽可能地获取竞争者目前实行的战略或未来发展规划，综合评价其竞争实力。研究其产生威胁的主要原因，找出影响其竞争实力的关键性因素。只有找到突破口，知己知彼，才能结合自身企业的情况研究取胜的战略。

（3）竞争对手发展方向。主要包括竞争者的市场发展与产品发展动态，这种动态反映了企业的未来发展的趋势和主要目标，同时这也是对企业产生长远影响的潜在威胁。企业不仅要明确自身的发展方向，还要捷足先登，在竞争者尚未采取行动之前，主动出击，抢占市场。此外，还要了解该行业的退出壁垒，也就是企业退出市场所要付出的代价。因为某些行业或产品的退出会对社会产生不利的影响，政府就会对此进行特别限制。

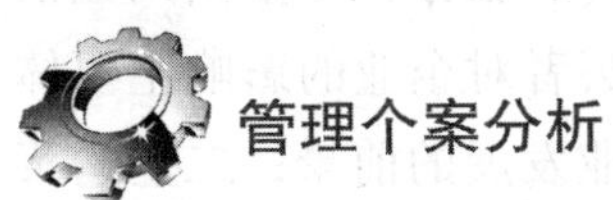
管理个案分析

让你的敌人都相信你

有人问李嘉诚做人成功的要诀为何，他认为做人成功的重要条件是：让你的敌人都相信你。

要做到这点，第一是诚信。我答应的事，明知吃亏都会去做，这样一来，人家说，在商业交往上，我答应的事，比签合约还有用。曾经，我有个对手，人家问他："李嘉诚可靠吗？"他说："他讲过的话，就算对自己不利，他还是按诺言照做，这是他的优点。"答应人家的事，即使自己吃亏还是照做，让敌人都相信你，你就成功了。

一位跟李嘉诚公司合作的董事长说："跟李嘉诚合作，合约签好以后你就高枕无忧了，麻烦就没有了；跟其他人合作，合约签好后，麻烦才开始。"敌人相信你，不单只因为你诚信，还因为他相信你不会伤害他。

例如，我是他的竞争对手，他相信我不会伤害他，不会用不正当的手段来得到任何东西，或是伤害任何一个人。除了诚信，第二是自强不息，第三是要追求知识和准确的信息。

【互动天地】1. 分析竞争对手可以从哪些方面入手？

2. 如何平衡与竞争对手竞争与合作之间的关系？

3. 替代品生产者

替代品是指其他行业生产的产品或服务能够提供相同或相似功能，如洗衣液代替洗衣粉、摩托车代替自行车等。替代品往往是新技术与社会新需求的产物。对于现有产业来说，这种"替代"威胁的严重性是不言而喻的。老产品能否被新产品替代，主要取决于两种产品的性价比的比较。如果新产品的性价比高于老产品，新产品对老产品的替代就具有必然性，如果新产品的性价比一时还低于老产品，那么，新产品还不具备足够的实力与老产品竞争。当然，替代品的替代威胁并不一定意味着新产品对老产品最终的取代。几种替代品长期共存也是很常见的情况。例如，在运输工具中，汽车、火车、飞机、轮船长期共存，城市交通中，大公共汽车、小公共汽车、地铁、出租汽车长期共存等。但是，替代品之间的竞争规律仍然是不变的，那就是，价值高的产品获得竞争优势。

4. 购买者

对行业中的企业来讲，购买者也是一个不可忽视的竞争力量。每个企业必须潜心研究购买者的需求，倾听顾客的声音，提高产品质量，保证售后服务，尽量做到让消费者满意，才能争取更多顾客，获取顾客的信任和信心。购买者对企业的影响主要体现在：一是购买者的总需求决定着行业的市场潜力，影响企业发展的前景；二是购买者讨价还价的能力诱发企业间的价格竞争，从而影响企业获利。所采取的手段主要有：要求压低价格，要求较高的产品质量或更多的服务，甚至迫使行业中的企业互相竞争等。可以从以下几方面对购买者进行研究：

（1）购买者的需求。一般包括：①购买者的总需求。市场总容量有多大？总需求中有支付能力的需求多大？②需求结构分析。购买者需要的产品类别情况？购买者属于团体还是个人？主要分布区域在哪里？③购买者购买能力分析。购买者的购买能力如何？由什么因素影响？不同地区购买力有何差别？购买力怎么变化？

（2）购买者价格谈判能力。一般包括：①购买者集中程度。如果企业生产的产品只提供给少数购买者，那么这少数购买者就会具有很强的价格谈判能力。②产品的独特性。如果一个产品性能和设计等都独树一帜，独具创新，那么生产产品的企业就相对较少，可供购买者选择的对象也少，那么购买者的讨价还价能力就越低。③购买者购买的产品对其产品的重要程度。如果购买者所购买的产品是自己加工制造产品的重要构成部分，那么对产品的质量功能和可靠性要求更高，对价格就不太敏感。但如果所购买产品并无重要影响，则优先考虑价格优势。④购买者掌握的信息。购买者掌握的信息越准确，越全面，在购买时的判断力更高，在选购产品时的谈判能力越强。

5. 供应商

企业生产经营所需的生产要素通常需要从外部获取，提供这些生产要素的企业就对企业具有两方面的影响：一是这些企业能否根据本企业要求按时、按质、按量地提供所需的生产要素，这影响着企业生产经营规模的维持和扩大；二是这些企业提供供应品时要求的价格在相当程度上决定着企业生产成本的高低，从而影响企业的获利水平。一旦供应商能够确定它所提供商品的价格、质量、性能、交货的可靠度，那么这些供应商就会成为一种强大的力量。所以，企业在选择供应商之前，要考虑供应商的供货能力，或企业寻找其他供货渠道的可能性，以及供应商的价格谈判能力等。企业要设法与一些主要的供应商建立长期的、稳定的合作关系，以获取稳定的供货来源和优惠条件，从而能保质保量地生产产品。

任务实施

一、明确组员分工

任务实施过程中要明确分工任务，组长要调动组员充分表达不同意见，形成职责清晰的任务分工表。

组员姓名	任务分工	主要方法	提交任务成果的方式

二、过程监督

把总任务完成的时间划分为不同工作阶段，请各组成员在任务实施过程中做好过程记录，组长负责监督，全组共同完成进度监督表。

工作阶段	时　间	进度描述	检查情况记录	改善措施以及建议

三、各组成员记录任务实施过程中的困难及收获

困难：________________________________

小组成员想到的解决方法：________________________________

____

本次活动的收获：________________________________

____

四、制订方案

在完成上述的准备工作后，小组成员集中讨论各自的观点，并形成统一意见和思路。

五、成果展示

以小组为单位编写一份手机经销商的特殊环境分析报告，在班上进行汇报交流。

六、评价反馈

各小组根据以下评价项目，结合各自在活动过程中的表现和实施情况进行自我评价与小组评价，教师对小组表现进行综合评价。

评价项目	评价标准	配分（分）	自我评价（20%）	小组评价（30%）	教师评价（50%）
知识准备完成情况	按完成比例给分	10			
企业外部环境和分析报告	对企业外部环境知识的理解 5～10 分； 能正确分析手机市场的外部环境 5～10 分； 形成的报告合理科学 10～20 分	30			
工作过程中所做贡献	贡献最大 30 分以上； 贡献较大 19～30 分； 贡献很少 1～18 分； 基本无贡献 0 分	40			
团队合作责任意识	无团队意识扣 7～10 分； 无责任心扣 7～10 分	10			
现场遵守纪律、执行 6S 情况	违反课堂纪律扣 7～10 分； 着装不规范扣 3～5 分； 工作组台面不整齐、地面有垃圾的扣 5～8 分	20			
合　计					

延伸阅读

沃尔玛连锁店的购买者力量

不同的购买者具有不同的砍价能力。例如大的汽车经销商和国家汽车租赁公司通常比一般买车者有更大的砍价能力。同样，麦当劳和“汉堡王”是软饮料生产者的强有力的讨价还价的对手。

作为一个购买者砍价能力的典型例子是美国最大的零售商沃尔玛公司。1969 年，沃尔玛公司通过开拓零售市场发展起来。沃尔玛公司发现美国南方的城镇太小，对主要的能提供打折扣的百货公司没有吸引力，这里面反而蕴含着巨大的市场潜力。到 1991 年沃尔玛公司有 1600 家连锁店，销售额超过了 320 亿美元。沃尔玛公司的规模增长非常惊人，在 1991 年的最后一天，36 家连锁店同时开张。沃尔玛公司开始在主要城市相继出现，与零售行业中的竞争者如凯玛特连锁店一争高下。沃尔玛公司的优势在于每平方英尺的销售额。当一个典型的凯玛特公司每平方英尺产生约为 150 美元的销售额时，而沃尔玛公司可产生约为 250 美元的销售额。每单位面积的高销售额会使运营成本占销售额的比例下降，这又将使商店可以继续进行降价，从而会增加销售额，形成良性循环。

当沃尔玛公司把顾客从竞争对手那里吸引过来时，竞争对手发现他们的单位面积上的销售额下降，这意味着运营成本占销售额的相对比例上升，因而削弱了公司的盈利。这样的结果使得沃尔玛公司一方面有了巨大的年销售额，另一方面又使其处于与供货者谈判的优势地位。有时，沃尔玛公司购买了供货者的整年产品，几乎得到了控制对手定价和交货时期的所有权力。例如，沃尔玛公司购买了由阿肯色州的一个电视机厂生产的所有的电视机。有些时候沃尔玛公司实际上收购了它的供应商。例如在 1990 年沃尔玛公司购买了玛克兰公司，玛克兰公司专门经营香烟、糖果以及水果等，年销售额达 29 亿美元。

另外，沃尔玛公司会同供应商一起工作，通过计算机联网订货来降低配销成本。总而言之，沃尔玛公司需要一些供应商为商品的储存、发运负责，为商品库存提供一定的空间，几乎没有供应商能拒绝沃尔玛公司的要求。

巩固拓展

一、选择题（不定项选择）

1. 企业的外部环境可以分为（　　）。

A. 一般外部环境　　　　B. 特殊外部环境

C. 政治环境　　　　　　　　D. 供应商

2. 购买者的需求分析包括（　　）。

A. 购买者性格　　　　　　　B. 购买者总需求

C. 需求结构分析　　　　　　D. 购买者购买能力分析

3.（　　）是指其他行业生产的产品或服务能够提供相同或相似功能。

A. 奢侈品　　　　　　　　　B. 生活用品

C. 替代品　　　　　　　　　D. 消费品

二、分析题

试用企业外部环境的相关知识分析目前大多电子产品制造商都投资生产平板电脑的原因。

三、实训题

请以某家房地产公司为对象，分析房地产行业的一般外部环境情况，并提出房地产行业今后发展策略。

任务 2　掌握企业内部环境及改善

任务描述

樊迪服装公司成立于 2001 年，经过几十年的探索和发展，不断发展壮大，中间经历了几次的改革重组，同时也吞并了一家服装制造厂，从刚开始的 50 人规模的公司，发展成为如今 1000 人的大企业。随着公司经营范围的拓宽，规模的日益增大，老一辈的公司管理层的管理理念和管理作风有些不合时宜，所以近期公司通过人员优化组合，对外招募等方式，引进了一批年轻有活力的管理人员。李凌就是在这次招聘中脱颖而出，成为了公司的形象策划总监。公司总经理张浩要求李凌能加强公司的企业文化建设，形成适合公司特点和市场发展要求的独具特色的企业文化。

问题一：樊迪服装公司目前的状况适合建立企业文化吗？

问题二：如果你是李凌，你会从哪些方面着手呢？

任务领取

1. 以小组为单位完成任务，4 ~ 6 人为一组，选出一名组长，负责安排组员工作，并进行监督。

2. 查阅资料或课本，了解企业文化的内涵、特征和具体实施等相关知识点。

3. 小组根据所学知识分析讨论以上问题，并有效地分析和策划公司的企业文化（按照企业文化建设的步骤开展工作，包括设计企业LOGO、质量方针、宣传标语、传播途径等）。

4. 小组成员分工合作，共同对企业文化的相关内容进行策划，并以小组为单位进行汇报。

知识储备

在《孙子兵法·谋攻篇》中，孙子认为："知己知彼，百战不殆；不知彼，而知己，一胜一负；不知彼，不知己，每战必殆。"因此，企业在经营管理中既要知彼又要知己，其中"知己"便是要分析企业的内部环境或条件，认清企业内部的优势和劣势，了解企业部门环境有助于企业制定有针对性的战略，有效地利用自身资源，发挥企业的优势；同时避免企业的劣势，或采取积极的态度改进企业劣势。扬长避短，更有助于百战不殆。

管理智慧树

穴　鸟

老鹰从很高的岩石上向下俯冲，用它的利爪抓在小绵羊身上。穴鸟看到了，心想自己一定比老鹰强，就模仿老鹰的动作，也飞到绵羊身上。没想到脚爪却被绵羊弯曲的毛缠绕住，拔不出来。牧羊人发现了，就跑过去把穴鸟的脚爪尖剪掉，把穴鸟带回去给孩子们玩。孩子们很想知道这是什么鸟，牧羊人说："据我所知，这是穴鸟，但是它却自以为是老鹰。"

企业的内部环境主要是由企业内部的物资环境和文化环境构成的。内部物资环境主要是分析企业内部各种资源的拥有状况和利用能力，各种资源的相互组合作用对组织产生重要的影响。内部文化环境则是企业内部形成的一种稳定的、特有的文化氛围和共同价值观，对企业员工有着潜移默化的影响。

一、内部物资环境

企业要经营运作起来需要一定的资源，这些资源的拥有情况和使用情况决定着企业的规模和效率。不同企业的生产经营特点各不一样，所需要的资源组合有所不同，但是总体来说，任何组织都离不开人力资源、财力资源和物力资源这三大类。

1. 人力资源

企业的竞争实际就是人才的竞争，是企业人力资源配置和运用的效果体现，所以企业必须重视人力资源对企业产生的作用。在人力资源管理中，包括人力资源规划、招聘与配置、培训与开发、绩效管理、薪酬管理和劳动关系管理六大模块的内容，规模较大或者管理比较完善的企业一般会对这六大模块进行有效的管理，以达到企业内部人力资源的充分运用。而对于大部分企业来说，在人力资源管理中主要考虑组织的人力资源的总量是否平衡和人员结构是否合理的问题，使不同层次、不同年龄结构、不同性格气质的人员能优化组合，培养强有力的组织团队，满足企业经营所需。此外，对于如何吸引人才、留住人才、培养人才是企业人才战略的重要环节。一方面，企业可以通过较好的福利待遇、有效的激励机制、人性化的管理、晋升机会、完善的培训制度等条件吸引高素质的人才；另一方面，要建立有效的绩效考评机制，做到奖罚分明，让优秀的员工能得到更多提拔和加薪的机会，淘汰不符合岗位和公司要求的人员，对企业的员工不断进行优化重组，以发挥人力资源最大的效应。

2. 财力资源

财力资源是能够反映企业综合实力的一项重要指标，对企业经营管理起着直接的决定性作用的一项资源。对企业财力资源的分析主要包括筹资战略、投资战略和利润分配三方面的内容。

（1）筹资战略。筹资战略主要是用来规划企业在未来一段时期内筹资规模、筹资渠道、筹资方式、筹资时间，并实现优化企业资本结构和为战略实施提供资金保障的目标。企业要根据内外环境的特点，对企业的筹资目标、筹资渠道和筹资方式等进行长期的谋划，在企业资本结构得到不断优化的过程中为企业战略的实施提供资金保障。

（2）投资战略。投资战略是企业为了长期生存和发展，在充分估计影响企业长期发展的内外环境中的各种因素的基础上，对企业长期的投资行为所做出的整体筹划和部署，它是企业战略不可分割的一部分。企业最根本也是最重要的决策是投资决策，仅仅通过融资是不能使得企业获得发展的，企业要获得发展、取得收益只能通过投资。

（3）利润分配。利润分配实质上是一种投、融资战略的综合体，与企业投、融资战略密切相关。它主要用于分析企业财力的利用和使用情况，分析企业是否把资金使用在最需要的地方，利润的分配是否合理，是否达到投资者的期望值，是否能给股东们满意的利润分配。

3. 物力资源

物力资源主要是分析组织活动过程中需要运用的物质条件的拥有数量和利用程度。比如，分析企业拥有多少生产器材和厂房，是否能满足企业的生产经营所需？是否与当前的技术相适应？企业是否应对其进行改造？厂房和机器的利用率如何？可采取什么措施提高企业设备的利用率等。

二、企业文化环境

任何企业的生产经营活动都离不开内在的物资环境和内部的文化环境，它们是构成企业生产经营活动的各种要素组合。企业的文化必须与外部环境以及企业的总体发展战略相一致，才能起到推动企业健康发展的作用。

（一）企业文化的概念

企业文化作为一种微观文化现象，应有广义企业文化和狭义企业文化之别。从广义来说，它既包括一个企业的物质，即有形的“显文化”或“硬文化”，也包括一个企业的精神文化，即无形的“隐文化”或“软文化”，如生产经营的环境、设备和产品，企业的组织结构和各种规章制度，企业的经营理念与风格，群体沟通的方式、相互制约的规范，企业员工的共同价值观念、历史传统、办事准则等，都包含在广义企业文化之内。从狭义来说，企业文化只包括精神与行为层面的文化。

本书认为，企业文化应以企业的精神文化为研究对象。因此，我们把企业文化表述为：企业文化是指在一定的社会大文化环境影响下，经过企业领导者的长期倡导和全体员工的积极认同、实践与创造所形成的整体价值观念、信仰追求、道德规范、行为准则、经营特色、管理风格以及传统和习惯的总和。

管理智慧树

企业文化概念最早出现于美国，是美国的一些管理学家总结日本管理经验之后提出来的。20 世纪 80 年代初，日本经济持续多年的高速增长引起了全世界的瞩目，日本企业大量进入美国市场，抢走了美国企业在本土的市场份额。为了迎接日本企业的挑战，美国企业界开始研究日本企业的管理方式，企业文化理论就是这种研究的一项重大成果。1980 年秋，美国《商业周刊》首先使用了“Corporate Culture”的概念。最早提出企业文化概念的人是美国的管理学家威廉·大内。他于 1981 年出版了自己对日本企业的研究成果，书名为《Z 理论——美国企业如何迎接日本的挑战》。在这本书里，他提出：日本企业成功的关键因素是它们独特的企业文化。这一观点引起了管理学界的广泛重视，吸引了更多的人从事企业文化的研究。

（二）企业文化的主要特征

企业文化的内容是极为丰富的，而不同企业的企业文化又是千差万别的。但经过科学的抽象概括，我们不难在这千差万别之中找出共同的普遍性因素。具体来说，我们可以将企业文化的本质特征归纳为以下几个方面。

1. 人本性与社会性

从企业文化的角度来看，企业内外一切活动都应是以人为中心的。从企业内部来看，企业不应是单纯地制造产品、追求利润的机器，员工不应是这部机器上的部件；企业应该是使员工能够发挥聪明才智，实现事业追求，和睦相处、舒畅生活的大家庭。从企业外部来看，企业与社会不应该单纯是商品交换关系，企业生产经营的最终目的是为了满足广大人民的需要，是为了促进人类社会的发展。

企业文化是企业作为一个社会群体的存在样式，企业不是一个单纯的经济机构或生产机构，不是个人的简单集合。企业是一个社会组织，是现代社会的一种社区类型。企业对员工来说，不仅是工作环境，而且是生活环境、交往环境。企业不光为员工提供了谋生手段，同时为员工提供了人生舞台，提供了满足多种需求的条件。因此，企业文化必然是社会性的。

2. 集体性和差异性

企业文化是在企业生产经营过程中，逐步将自己的价值观、规范和制度积淀下来形成的，不是个别人的行为，这需要漫长的积累和沉淀的过程。企业的价值观念、道德标准、经营理念、行为规范、规章制度等都必须是由企业内部的全体成员共同认可和遵守的。企业文化是依靠一个企业全体成员的共同努力才建立和完善起来的，所以说，企业文化具有集体性。

实际上，任何企业都有自己的特殊品质。从生产设备到经营品种，从生产工艺到经营规模，从规章制度到企业价值观，都各有各的特点。即使是生产同类产品的企业，也会有不同的文化设施、不同的行为规范和技术工艺流程，所以，每个企业的企业文化都具有其鲜明的个体性、差异性特色。任何一般的、空洞的企业文化，都不可能有持久、强大的生命力。

3. 规范性和发展性

企业文化是由企业内部全体成员所创造出来的，具有整合功能。这就要求企业内个人的思想行为——至少与企业利益密切相关的思想和行为应当符合企业的共同价值观，与企业文化认同一致。当企业员工的思想行为与企业文化发生矛盾时，应当服从企业整体文化的规范要求，在这一规范下，企业力图使个人利益与集体利益、个人目标与企业目标统一起来。从这个角度讲，企业文化是无形的“制度”，是不能朝令夕改的“规范”。

但是，任何企业都是置身于一定时空环境之中的，受时代精神感染，而又服务于社会环境。因此，它的生成与发展，它的内容与形式，都必须受到一定时代的经济体制和政治体制、社会结构、文化、风尚等的制约。由后者众多因子构成的时代精神在企业文化中反映出来，即构成了企业文化的与时俱进的发展特征。

4. 民族性

企业文化不仅受到本行业的特征、管理者的思维等影响，还受到民族文化的影响。

由于民族区域生态环境不同，文化积累和传播不同，社会和经济生活不同，处于不同民族群体之中的人们，由于共同参与一种文化制度，共享一种文化制度，久而久之，形成了一个民族的人们共同的精神形态上的特点，形成了自己独特的民族文化。任何工厂、商店等，都是一定国家、一定民族的生产经营单位。因此，任何企业文化，从一定意义上说，都必定是某一民族文化的微观（经营单位）的表现形式。因此，民族性、国民性，也就成为企业文化必然具备的一个重要特征。

（三）企业文化的构成

一般认为，企业文化的结构与内容是由以精神文化为核心的三个层次构成（见图1－6）。

（1）物质文化层。物质文化层包括组织开展活动所需的基本物质基础。如企业产生经营的物质技术条件，诸如厂容、厂貌、机器设备，产品的外观、质量、服务以及厂徽、厂服等。

（2）制度文化层。制度文化层是企业处理人与人之间关系的准则和行为规范的总和。包括具有本组织文化特色的，为保证组织活动正常进行的组织领导体制、各种规章制度、道德规范和员工行为准则的总和。如企业中的厂规、厂纪，各种工作制度和责任制度，以及人际交往的方式等。

（3）精神文化层。精神文化层是指组织在长期活动中逐步形成的，并为全体员工所认同的共有意识和观念。包括组织的价值观念、组织精神和组织道德。

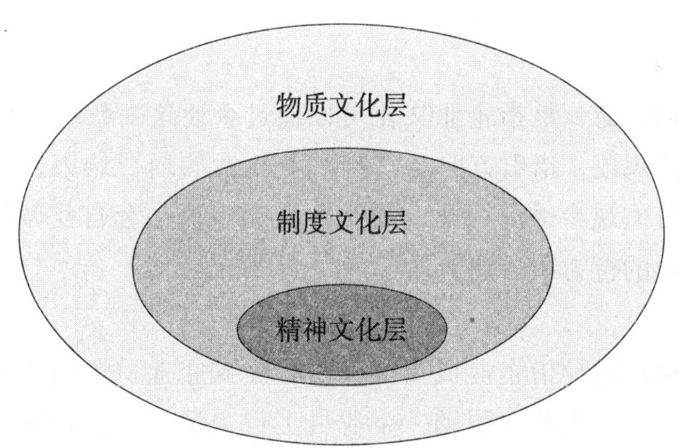

图1－6　企业文化的三个层次

以上三个层次在企业文化体系结构中处于不同的地位。其中，物质文化层处于企业文化体系结构的表层，制度文化层处于企业文化体系结构的中层，精神文化层处于企业文化体系结构的核心层。精神文化层决定了整个企业文化的方向、本质、形式；制度文化层则是把深层文化转换成一种成文或不成文的规则，对组织成员的言行起引导和制约作用；物质文化层体现着企业文化的风格和形式，以一种特有的氛围对组织成员起影响、感染、教化和引导作用。三者密不可分，相互影响，相互作用，共同构成组织文化的完整体系。

管理个案分析

海尔集团在公司内宣传“人人是人才”的理念，刚开始，员工反应平淡。他们想：我又没受过高等教育，当个小工人算什么人才？但是，当海尔把一个普通工人发明的一项技术革新成果以这位工人的名字命名时，在工人中很快就兴起了技术革新之风。比如工人李启明发明的焊枪被命名为“启明焊枪”，杨晓玲发明的扳手被命名为“晓玲扳手”。这一措施大大激发了普通员工创新的激情，后来不断有新的命名工具出现，员工的荣誉感得到极大的满足。对员工创造价值的认可，是对他们最好的激励，及时的激励能让员工觉得工作起来有盼头、有奔头，进而也能激发出员工更大的创造性。另外，海尔集团每月还对所有的干部进行考评，考评档次分表扬与批评。表扬得 1 分，批评减 1 分，年底二者相抵，达到负 3 分的就要被淘汰。同时，通过制定制度使干部在多个岗位轮换，全面增长其才能，根据轮岗表现决定升迁。

【互动天地】阅读以上案例，你受到什么启示？

（四）企业文化的功能

1. 导向功能

企业文化的导向功能，是指企业文化可以通过企业这一系统整体，以“人”为中心，为企业行为做出规范，指引方向。它是一种软性的理智约束，通过企业的共同价值观不断地向个人价值观渗透和内化，使企业自动生成一套自我调控机制，以一种适应性文化引导着企业的行为和活动。

2. 约束功能

企业文化的约束功能是指企业成员的言行要受到企业员工行为规范、企业规章制度等约束，使其在一定的规范内活动。企业员工行为规范和企业规章制度促使企业成员的行为趋向合理化、科学化，最大限度地发挥其聪明才智，提高企业系统的运转效率。企业文化的约束功能要求企业要根据自身的实际情况，科学、合理地制定出适合企业自身情况的企业员工行为规范，建立健全企业规章制度。

3. 凝聚功能

企业文化的凝聚功能，是指通过企业文化的培育和发挥，可以将企业成员紧密地联系在一起，形成一种同心协作、奋斗拼搏、开拓前进的一种观念、行为和文化气氛。体现凝聚功能的企业文化是目标文化，其主要表现在团队意识和作为核心的价值取向等方面。企业目标为企业确立了凝聚点，团队意识的不断强化为企业提供了凝聚力，共同的价值取向是企业的凝聚剂。

4. 激励功能

企业文化建设的本身就是其发挥激励功能的过程。企业文化特别重视对人的管理，不仅重视物质对人的激励作用，而且更强调精神激励对人的推动和促进作用。精神激励多以授予称号、颁发奖状、奖章、开会表扬、宣传事迹等形式出现。通过精神激励，有利于启发动机、引导行为，以先进典型为榜样，使人学有方向，赶有目标，从而激发人们的内在积极性，把外来的教育、启发和引导转化为内在需要的动力。

5. 调节功能

企业文化的调节功能，是指企业文化具有为企业员工创造一种良好的气氛、情调和环境的功能。企业文化一方面通过企业价值观和企业精神的培育、调节，另一方面通过优美的企业环境的建立，从而创造一种良好的人际环境和企业文化氛围，使企业员工充分保持一个健康和反应适度的心理。实践证明，良好的文化氛围、友善的人际关系、和谐的心理环境和优美的自然环境，不仅有利于企业员工身心健康，而且有助于高效率地工作。

6. 辐射功能

企业文化的辐射功能是指企业文化可以通过企业员工和企业本身，不断地影响整个社会，对社会进步产生积极作用。企业文化追求与社会环境的和谐。当企业文化的价值观与社会文化提供的环境相适应时，企业文化就会充分发挥其作用，企业成员就会自觉地、积极地按企业的精神、价值目标去努力完成自己的工作。同时，具有优秀企业文化的企业通过其优质的产品、良好的服务、强烈的社会责任感等，带动和优化整个社会风尚，对社会进步产生积极作用。

管理个案分析

在四川五粮液酒厂，流传着这样一句话：“外面炒歌星，炒明星，五粮液酒厂炒标兵。”自从厂团委开始展开以创“青年杯”为题的擂台赛以来，年年都有不少技术能手登上“擂主”的宝座，又年年产生出令人仰慕的奇迹。这一活动覆盖了全厂80%的工人。“当你走进五粮液酒厂，首先映入眼帘的是耸立在办公楼前的一座花岗石雕刻的‘金杯柱’。在‘金杯柱’的四周，镶嵌着生产技术能手和工厂拔尖班组的群像。”

【互动天地】是什么影响着员工的行为？它体现出企业文化的什么功能？

（五）企业文化建设的步骤

1. 启动时间的选择

（1）企业进入快速增长期。企业经营迅速发展时，企业文化往往滞后，很难同企业经营发展保持同步，当二者的差距拉大到一定程度，企业经营没有相应的文化支撑，就会降低发展速度，甚至急剧下滑。所以，当企业发展超常，进入快速增长期时，实际上就已开始孕育一定的文化危机，企业发展越迅速，潜伏的文化危机就越大。只有抓住适当时机，变革文化，推进文化创新与发展，才能保证企业经营稳定持续地发展下去。

（2）企业经营陷入困境。当企业经营效益低下或陷入困境而找不到直接原因或明显原因时，就应该检查一下本身的文化是否滞后，是否阻碍了企业经营的发展。如果时机抓得准，及时变革文化是改善经营的首要任务。

（3）企业管理混乱。企业发展到一定阶段，出现了机构臃肿、职责不清、政令不畅、内部矛盾明显增多、人际关系异常复杂、管理效率下降的现象。

（4）科学技术和市场环境的巨大变化。一般来讲，科学技术的发展，必然带来企业产品的更新、技术设备的换代。市场的巨大变化，也会影响人们的思维方式和伦理道德、传统习惯，甚至给企业的价值观带来冲击。

（5）企业领导层调整。一任领导班子，尤其是一任主要决策人（如董事长、总经理、CEO 即首席执行官等）在任时，很难改变其倡导和信守的文化以及由这种文化决定的制度、行为方式和工作作风。不管这些文化是好的还是不好的。因此，当企业领导人更迭，新的领导人上任时，正是总结、传承前任的经验，创新和变革企业文化的极好时机。

2. 切入点的选择

除了新创办企业外，多数企业建设自身的文化都是在原有“文化”的基础上进行的，即都是“非零起点”。所以，选择建设企业文化的切入点，必须从企业现有文化状况出发。

（1）解决企业面临的主要矛盾。企业在发展中面临的矛盾是多种多样的。企业应从解决企业面临的上述某一方面的主要矛盾入手，倡导某种正确的价值观，建立良好的企业行为方式，培养良好的企业风气，纠正偏离企业文化发展模式的思想和行为。这样做容易引起全员的共鸣和反响，增强企业文化的实用价值。

（2）总结和继承企业的优良传统。企业的优良传统是企业历史上形成的文化精华和闪光点。包括经营管理经验、习惯、风俗、传统和领导人的特殊工作作风及模范人物的先进事迹等。在企业文化的建设中应该把这些优良传统继承下来，形成持续性的、产生深远影响的组织文化。

（3）企业资产重组和制度的重大创新。企业在竞争激烈的市场环境下生存下来，其组织结构、制度理念都会随着市场的需求而不断变化，此时，是植入一种新文化或发展某种特色文化的极好切入点。

3. 企业文化建设的基本程序

（1）企业文化的“盘点”与分析。建设一种新文化，必须对现有文化进行清理和盘点，即通过调查分析，把握企业现有的文化状况及影响因素，对现有文化的优势、劣势及总体适应性做出客观的评价，为企业文化的科学定格做好准备。盘点和分析的主要内容包括：企业的经营领域及竞争特点；消费者及社会公众对企业的评价和期望；企业管理的成功经验及优良传统；企业家的个人修养和精神风范；企业员工的素质及需求特点；企业现有的文化理念及适应性；企业发展面临的主要问题；企业所处地区的经济与人文环境等。

（2）企业文化建设规划的制定。企业文化建设规划是企业对企业文化建设进行的整体谋划战略设计，是企业文化建设的纲领性文件。企业文化建设规划作为企业发展战略的重要组成部分，具有长期性、战略性和综合性的特征。企业文化建设规划期限一般为3~5年，可与企业发展战略在期限上保持一致。企业文化建设规划的主要内容有：企业文化建设的环境、企业文化建设的指导思想、企业文化建设的目标、企业文化建设的实施、企业文化建设的组织领导与保证体系等。

（3）企业文化理念的定格设计。企业文化理念的定格设计，是指根据企业文化建设规划的要求，在分析、总结和评价企业现有文化状况的基础上，充分考虑企业内外环境因素的影响和市场及科学技术等变化趋势，找准企业文化的原点、特点和生长点，用确切的文字语言，把主导的企业价值观、道德观和行为准则等表述出来，形成完整的文化理念体系的过程。企业文化理念的定格设计大体包括以下内容：企业的事业领域及市场定位；企业使命、愿景和战略目标；企业核心价值观；企业伦理道德和职业道德；企业经营理念和经营方针；企业服务理念和服务规范；企业人才、质量、安全、价值等理念；领导层、管理层及员工层的基本行为准则；企业的文化形象定位等。

（4）企业文化的传播与实践。要使企业已定格的企业文化理念能够在较短的时间内得到员工的认同，并付诸实践，有效的传播、巩固是必不可少的。具体措施有以下九种。

①企业文化手册。企业文化理念定格完成后，一般要通过编制企业文化手册的形式固定下来。企业文化手册是企业全体员工的精神指南，也是企业文化传播的载体和培训的教材，具有较强的稳定性。

②企业文化启动仪式。在企业文化启动仪式上颁发企业文化手册，并进行首次企业文化理念内容的发布，启动新文化传播和建设工程。

③精神灌输与文化训导。企业主要领导人应联系实际，通过理念报告会等形式向全体管理人员和一线员工阐释企业文化理念的内在含义；企业宣传或培训部门应以企业文化手册为蓝本编写培训教材，对新员工和在职员工进行培训；同时，企业要举办各种文化讲座，向员工介绍企业文化的知识。

④文化演讲与传播。在企业文化理念发布以后，企业应适时举办员工文化演讲活动，使员工结合工作实际和切身体会，现身说法，畅谈对企业理念的理解和感受，介绍文化楷模的经验与事迹，营造感人和催人向上的氛围。同时，企业应积极组织文化传播，即利用企业内部刊物、网络、广播、电视、会议、宣传栏、简报以及各种社会媒体，通过新闻、广告、理论文章等形式，广泛持续地传播企业文化理念，培养强势文化。

⑤重大事件。企业应积极利用企业发展或对外交往中出现的重大事件，如重大技术发明事件，生产、经营、管理成功事件（或责任事故），质量评比获奖事件（或消费者投诉事件），新闻报道中的表彰事件（或批评事件）。

⑥阳光事务。企业应利用企业有形与无形的文化网络，定期向全员报告生产经营的基本情况和公司的重大事件；高级主管应定期深入一线与员工进行恳谈，并建立总经理和高级管理人员接待日制度，以此增加企业管理的透明度，形成上下畅通的文化沟通渠道。

⑦文化故事。故事是文化的特殊载体，好的故事具体、感人、容易传播，是会传承和传播企业文化的有效形式。企业应以自身创业或变革过程中发生的特殊事件或感人的事例为基础，编写或演绎文化故事，形成像“海尔砸电冰箱的故事”、IBM 公司为新泽西用户修机器的故事。

⑧领导者率先示范。企业领导者在企业文化建设中既要积极倡导，又要身体力行，当好表率。如果领导者不去身体力行，企业文化在员工心目中就不会得到强化，久而久之，只能流于形式，陷入空谈，经过精心设计的先进文化理念也会成为泡影。成功企业往往通过制定诸如“企业领导者行为准则和形象准则”等形式，规范领导者的文化行为。

⑨塑造企业楷模。要使企业文化得以快速发展，离不开企业楷模的模范带头作用。企业楷模是先进文化的集中体现者，他们的言行对周围的员工有着很大的影响。塑造企业楷模有利于形成企业文化的模范效应。

（5）企业文化的完善与创新。最后，企业文化在实践中得到推广和巩固以后，尽管其核心的、特色的内容不易改变，但随着企业经营管理实践的发展、内外环境的变化，企业文化还是需要不断充实、完善和发展的。企业领导者要依靠群众，积极推进企业文化建设，及时吸收社会文化和外来文化中的精华，剔除本企业文化沉淀中的消极成分，不断对现有文化进行提炼、升华和提高，从而更好地适应企业变革与发展的需要。

任务实施

一、明确组员分工

任务实施过程中要明确分工任务，组长要调动组员充分表达不同意见，形成职责清晰的任务分工表。

组员姓名	任务分工	主要方法	提交任务成果的方式

二、过程监督

把总任务完成的时间划分不同工作阶段，请各组成员在任务实施过程中做好过程记录，组长负责监督，全组共同完成进度监督表。

工作阶段	时　间	进度描述	检查情况记录	改善措施以及建议

三、各组成员记录任务实施过程中的困难及收获

困难：____________________

小组成员想到的解决方法：____________________

____

本次活动的收获：____________________

____

四、制订方案

在完成上述的准备工作后，小组成员共同策划企业文化并制订实施方案。

五、成果展示

每个小组在完成任务后，在班上进行小组成果展示，其他小组认真聆听并适时提问。

六、评价反馈

各小组根据以下评价项目，结合各自在活动过程中的表现和实施情况进行自我评价与小组评价，教师对小组表现进行综合评价。

评价项目	评价标准	配分（分）	自我评价（20%）	小组评价（30%）	教师评价（50%）
知识准备完成情况	按完成比例给分	10			
企业文化内容和实施方案	对企业文化相关知识的理解5~10分； 按照企业文化建设的步骤实施5~10分； 制订有效的实施方案10~20分	30			
工作过程中所做贡献	贡献最大30分以上； 贡献较大19~30分； 贡献很少1~18分； 基本无贡献0分	40			
团队合作责任意识	无团队意识扣7~10分； 无责任心扣7~10分	10			
现场遵守纪律、执行6S情况	违反课堂纪律扣7~10分； 着装不规范扣3~5分； 工作组台面不整齐、地面有垃圾的扣5~8分	20			
合　计					

延伸阅读

松下：经营之神的精髓

松下电器公司是全世界有名的电器公司，松下幸之助是该公司的创办人和领导人。松下是日本第一家用文字明确表达企业精神或精神价值观的企业。松下精神，是松下及其公司获得成功的重要因素。

一、松下精神的形成和内容

松下精神并不是公司创办之日一下子产生的，它的形成有一个过程。松下有两个纪念日：一个是1918年3月7日，这天松下幸之助和他的夫人与内弟一起，开始制造电器双插座；另一个是1932年5月，他开始理解到自己的创业使命，所以把这一年称为“创业使命第一年”，并定为正式的“创业纪念日”。两个纪念日表明，松下公司的经营观、思想方法是在创办企业后的一段时间才形成。直到1932年5月，在第一次创业纪念仪式上，松下电器公司确认了自己的使命与目标，并以此激发职工奋斗的热情与干劲。

松下幸之助认为，人在思想意志方面，有容易动摇的弱点。为了使松下人为公司的使命和目标而奋斗的热情与干劲能持续下去，应制订一些戒条，以时时提醒和警诫自己。于是，松下电器公司首先于1933年7月，制订并颁布了“五条精神”，其后在1937年又议定附加了两条，形成了松下“七条精神”：产业报国的精神、光明正大的精神、团结一致的精神、奋斗向上的精神、礼仪谦让的精神、适应形势的精神、感恩报德的精神。

二、松下精神的教育训练

松下电器公司非常重视对员工进行精神价值观即松下精神的教育训练，教育训练的方式可以做如下的概括：

一是反复诵读和领会。松下幸之助相信，把公司的目标、使命、精神和文化，让职工反复诵读和领会，是把它铭记在心的有效方法，所以每天上午8时，松下遍布日本的87000名员工同时诵读松下七条精神，一起唱公司歌。其用意在于让全体职工时刻牢记公司的目标和使命，时时鞭策自己，使松下精神持久地发扬下去。

二是所有工作团体成员，每一个人每隔1个月至少要在他所属的团体中，进行10分钟的演讲，说明公司的精神和公司与社会的关系。松下认为，说服别人是说服自己最有效的办法。在解释松下精神时，松下有一句名言：如果你犯了一个诚实的错误，公司非常宽大，把错误当作训练费用，从中学习，但是你如果违反公司的基本原则，就会受到严重的处罚——解雇。

三是隆重举行新产品的出厂仪式。松下认为，当某个集团完成一项重大任务的时候，每个集团成员都会感到兴奋不已，因为从中他们可以看到自身存在的价值，而这时便是对他们进行团结一致教育的良好时机。所以每年正月，松下电器公司都要隆重举行新产品的出厂庆祝仪式。这一天，职工身着印有公司名称字样的衣服大清早来到集合地点，作为公司领导人的松下幸之助，常常即兴挥毫书写清晰而明快的文告，如：“新年伊始举行隆重而意义深远的庆祝活动，是本年度我们事业蒸蒸日上兴旺发达的象征。”在松下向全体职工发表热情的演讲后，职工分乘各自分派的卡车，满载着新出厂的产品，分赴各地有交易关系的商店。商店热情地欢迎和接收公司新产品，公司职工拱手祝愿该店繁荣。最后，职工返回公司，举杯庆祝新产品出厂活动的结束。松下相信，这样的活动有利于发扬松下精神，统一职工的意志和步伐。

四是“入社”教育。进入松下公司的人都要经过严格的筛选，然后由人事部门开始进行公司的“入社”教育，首先要郑重其事地诵读、背诵松下宗旨、松下精神，学习公司创办人松下幸之助的“语录”，学唱松下公司之歌，参加公司创业史“展览”。为了增强员工的适应性，也为了使他们在实际工作中体验松下精神，新员工往往被轮换分派到许多不同性质的岗位上工作，所有专业人员，都要从基层做起，每个人至少用3~6个月时间在装配线或零售店工作。

五是管理人员的教育指导。松下幸之助常说：“领导者应当给自己的部下以指导和教诲，这是每个领导者不可推卸的职责和义务，也是在培养人才方面的重要工作之一。”与众不同的是，松下有自己的“哲学”并且十分重视这种“哲学”的作用。松下哲学既为松下精神奠定思想基础，又不断丰富松下精神的内容。按照松下的哲学，企业经营的问题归根结底是人的问题，人是最为尊贵的人，人如同宝石的原矿石一样，经过磨制，一定会成为发光的玉石，每个人都具有优秀的素质，要从平凡人身上发掘不平凡的品质。

松下公司实行终身雇用制度，认为这样可以为公司提供一批经过二三十年锻炼的管理人员，这是发扬公司传统的可靠力量。为了用松下精神培养这支骨干力量，公司每月举行一次干部学习会，互相交流、互相激励，勤勉律己。松下公司以总裁与部门经理通话或面谈而闻名，总裁随时会接触到部门的重大难题，但并不代替部门做决定，也不会压抑部门管理的积极性。

六是自我教育。松下公司强调，为了充分调动人的积极性，经营者要具备对他人的信赖之心。公司应该做的事情很多，然而首要一条，则是经营者要给职工以信赖，人在被充分信任的情况下，才能勤奋地工作。从这样的认识出发，公司把在职工中培育松下精神的基点放在自我教育上，认为教育只有通过受教育者的主动努力才能取得成效。上司要求下属要根据松下精神自我剖析，确定目标。每个松下人必须提出并回答这样的问题：“我有什么缺点?”“我在学习什么?”“我真正想做什么?”等等，从而设置自己的目标，拟订自我发展计划。有了自我教育的强烈愿望和具体计划，职工就能在工作中自我激励，思考如何创新，在空余时间自我反省，自觉学习。为了便于互相启发，互相学习，公司成立了研究俱乐部、学习俱乐部、读书会、领导会等业余学习组织。在这些组织中，人们可以无拘无束地交流学习体会和工作经验，互相启发、互相激励奋发向上的松下精神。

三、松下精神——公司的内在力量

松下精神，作为使设备、技术、结构和制度运转起来的科学研究的因素，在松下公司的成长中形成，并不断得到培育强化，它是一种内在的力量，是松下公司的精神支柱，具有强大的凝聚力、导向力、感染力和影响力，是松下公司成功的重要因素。

这种内在的精神力量可以激发与强化公司成员为社会服务的意识、增强和凝聚企业整体精神和热爱企业的情感，可以强化和再生公司成员各种有利于企业发展的行为，如积极提合理化建议，主动组织和参加各种形式的改善企业经营管理的小组活动；工作中互相帮助，互谅互让；礼貌待人，对顾客热情服务；干部早上班或晚下班，为下属做好工作前的准备工作或处理好善后事项等。

巩固拓展

一、选择题（不定项选择）

1. 企业的内部环境主要由（　　）构成。

A. 市场环境　　B. 文化环境

C. 内部的物资环境　　D. 政策环境

2. 企业文化包括（　　）。

A. 物质文化层　　B. 精神文化层

C. 制度文化层　　D. 个人魅力层

3. （　　）主要是分析组织活动过程中需要运用的物质条件的拥有数量和利用程度。

A. 人力资源　　B. 财力资源

C. 企业文化　　D. 物力资源

二、分析题

IBM 公司有这样一个惯例——为工作成绩列入前 85% 的销售人员举行庆祝活动。联欢会由“100% 俱乐部”举办，为期数天，公司里全部员工一起参与，公司高层领导都会参加，并且排名前 3% 的销售人员还能获得“金圈奖”。请根据所学知识对这一现象进行分析。

三、实训题

请运用所学企业环境的知识，为你所在的学校建立组织文化，并通过各种各样的形式开展组织文化的传播活动。

模块二　计　　划

项目三 制订计划

项目目标

1. 了解计划的含义和分类
2. 明确编制计划的程序和步骤
3. 掌握计划制订的方法和原则
4. 理解目标管理的特点和程序
5. 能运用相应的计划方法制订企业的一些基本计划

项目子任务

任务 1 了解计划
任务 2 学会编制计划的程序
任务 3 掌握制订计划的方法及影响因素
任务 4 学会目标管理

项目引例

曾经有人做过一个实验：组织三组人，让他们分别沿着十千米以外的三个村子步行。

第一组人不知道村庄的名字，也不知道路程有多远，只告诉他们跟着向导走就行。刚走了两三千米就有人叫苦，走了一半时有人几乎愤怒了，他们抱怨为什么要走这么远，何时才能走到。还剩下不到一半路程时，有人甚至坐在路边不愿走了。越往后走他们情绪越低落。

第二组的人知道村庄的名字和路段，但他们只能凭经验估计行程时间和距离。走到一半的时候大多数人就想知道他们已经走了多远，比较有经验的人说："大概走了一半的路程。"于是大家又簇拥着向前走，当走到全程的四分之三时，大家情绪低落，觉得疲惫不堪，而路程似乎还很长，当有人说“快到了”时，大家又振作起来加快了步伐。

第三组人不仅知道村子的名字、路程，而且公路上每一千米就有一块里程碑，人们边走边看里程碑，每缩短一千米大家便有一小阵的快乐。行程中他们用歌声和笑声来消除疲劳，情绪一直很高涨，所以很快就到达了目的地。

这三组人为什么会出现完全不同的结果？

项目提要

从以上故事可以看出，当人们的行动有明确的目标，并且把自己的行动和目标不断加以对照，清楚地知道自己前行的速度与目标之间的距离时，行动的动机就会得到维持和加强，就会努力前进以求达到目标。同样，对于一个组织而言，明确的目标是组织行动的指南，按照计划步骤能够实现企业的战略目标。但是如果这个计划是不切实际的计划，流于形式的计划，模糊不清的计划，一成不变的计划，都会阻碍目标的实现。通过本项目的学习，能了解计划的含义、分类、掌握制订计划的方法和程序，从而实现对企业的目标管理，不断提高企业的战略和计划能力。

任务1　了解计划

任务描述

“3 · 15”是消费者权益日，也是提高消费者权益保护意识、打假行动的一天，你所在的学校团委准备组织一次“3 · 15”消费者权益日街头宣传活动，假如你是团委书记，现在的任务是制订一份计划书，你应该从何下手呢？

任务领取

1. 以小组为单位完成任务，4 ~ 6 人为一组，选出一名组长，负责安排组员工作，并进行监督。

2. 查阅资料或课本，了解计划的含义、分类、意义等相关知识点。

3. 讨论确定计划书的内容。

4. 把组织计划书编写在 A3 纸上。

5. 两个小组之间轮流转换角色，一组完成计划后，另一组进行评论，指出合理之处和存在的问题；制订计划的小组可以对计划做进一步的补充和解释。

知识储备

耶鲁大学对毕业生进行了一次有关人生目标的调查。当被问及是否有清楚明确的目标以及达成的书面计划时，结果只有 3% 的学生做了肯定的回答。20 年后，有关人员又对这些毕业多年的学生进行跟踪调查，结果发现，那些有达成目标书面计划的 3% 的学生，取得的财富是其他 97% 的学生的总和。

“凡事豫则立，不豫则废。言前定则不跲，事前定则不困，行前定则不疚，道前定则不穷。”（《礼记 · 中庸》）对于一个企业而言，计划职能是全部管理职能中最基本的，它与其他四个职能有密切的联系。因为计划工作既包括选定组织和部门的目标，又包括确定实施这些目标的途径。为使组织中各种活动能够有节奏地进行，必须有严密的统一的计划。从提高组织的经济效益来说，计划工作是十分重要的。

一、计划的概念

计划具有双重含义：名词意义上指用文字和指标等形式所表述的，在未来一定时期内组织以及组织内不同部门和不同成员，关于行动方向、内容和方式安排的管理文件；动词意义上指为了实现决策所确定的目标，预先进行的行动安排。这项行动安排工作包括：在时间和空间两个维度上进一步分解任务和目标，选择任务和目标实现方式、进度规定、行动结果的检查与控制等，通常称为计划工作。因此，计划工作是对企业所确定任务和目标提供一种合理的实现方法。

计划工作有广义和狭义之分。广义的计划工作是指制订计划、执行计划和检查计划执行情况三个紧密衔接的工作过程。狭义的计划工作则是指制订计划，也就是说，根据实际情况，通过科学的预测，权衡客观的需要和主观的可能，提出在未来一定时期内要达到的目标，以及实现目标的途径。它是组织中各种活动有条不紊地进行的保证。为了把计划工作做好，使编制的计划能够顺利实现，计划职能和其他职能一样，必须按基本原理、方法和技术去执行。

二、计划工作的作用

其一，计划工作的高效运用可促进企业在不断学习过程中提高企业总体素质。高效的计划工作，是伴随着管理者和员工及整个团队不断学习和提升的过程，使得企业整体水平和综合素质不断提高，保证企业正常运作和企业总体目标的实现。

其二，计划工作的运用使企业避免不良行为。对于各部门而言，计划管理可以使企业更加明确各部门的目标和工作任务与职责，减少了部门之间的相互摩擦与推诿扯皮等不良行为，确保了各部门之间关系的协调，提高工作效率。

其三，计划工作有利于完成企业人才梯队计划目标。在对实现目标的结果进行公正的考核评价后，为员工提供必要的培训和教育，提高其知识技能水平，从而形成企业多学科、多规格、多层次的人才梯队，有利于企业制订和实现人才梯队计划。

其四，计划工作有利于人才资源的开发、培养和激励。计划的运用提高了管理者管理能力，包括识才、选才、育才和用才的能力，有效地做到用正确的人做正确的事，通过任人唯贤、大胆起用、培训员工等多种使用人才方式，加上管理者的热情鼓励、及时指导和有力支持，结合企业合理有效的激励机制，企业可以留住最好的员工。

管理个案分析

1984 年 11 月，一家仅靠 20 万元人民币启动资金起家的联想集团成立了。1988 年 4 月，联想集团宣布向海外进军，第一步准备在香港设立一家贸易公司，目的在于为创办产业积累资金；第二步决定于 1995 年以前，建立科、工、贸一体化的跨国集团；第三步是自 20 世纪末形成经济规模，使联想股票在海外上市，公司的营业额达到 10 亿美元。在 2004 年 12 月，联想集团演绎了一出新的 IT 版蛇吞象的惊人故事，联想以 12.5 亿美元兼并了 IBM 公司的全球 PC 及笔记本业务。联想集团发展至今，已经成为我国 IT 产业的领头羊，正向世界 500 强企业迈进。

【互动天地】阅读以上案例你受到什么启发？是什么原因令联想集团快速发展？

三、计划工作的任务

计划工作的任务，就是根据社会的需要以及组织的自身能力，确定出组织在一定时期内的奋斗目标；通过计划的编制、执行和检查，协调和合理安排组织中各方面的经营和管理活动，有效地利用组织的人力、物力和财力资源，取得最佳的经济效益和社会效益。

通常地，我们把计划工作的任务和内容概括为六个方面，即：What（做什么），Why（为什么做），When（何时做），Where（何地做），Who（谁去做），How（怎么做），简称为“5W1H”。这六个方面的具体含义如下。

（1）“做什么”。要明确计划工作的具体任务和要求，明确每一个时期的核心任务和工作重点。例如，企业生产计划的任务主要是确定生产哪些产品，生产多少，合理安排产品投入和产出的数量和进度，在保证按期、按质和按量完成订货合同的前提下，使得生产能力得到尽可能充分的利用。

（2）“为什么做”。要明确计划工作的宗旨、目标和战略，并论证可行性。实践表明，计划工作人员对组织和企业的宗旨、目标和战略了解得越清楚认识得越深刻，就越有助于他们在计划工作中发挥主动性和创造性。

（3）“何时做”。规定计划中各项工作的开始和完成的进度，以便进行有效的控制和对能力及资源进行平衡。合理安排行为实施的时间，并在计划中对每项任务设置具体的完成时间点，方便检查工作的进展程度。

（4）“何地做”。规定计划的实施地点或场所，了解计划实施的环境条件限制，以便合理安排计划实施的空间组织和布局。对组织的内外部环境要进行全面具体的分析，了解自身的优势和劣势，扬长避短，选择合适的地理位置空间开展计划。

（5）“谁去做”。计划不仅要明确规定目标、任务、地点和进度，还应规定由哪个主管部门负责。例如，开发一种新产品，要经过产品设计、样机试制、小批试制和正式投产几个阶段。在计划中要明确规定每个阶段由哪个部门主要负责，哪些部门协助，各阶段交接时，由哪些部门哪些人员参加鉴定和审核等。

（6）“怎么做”。制订实现计划的措施，以及相应的政策和规则，对资源进行合理分配和集中使用，对人力、生产能力进行平衡，对各种派生计划进行综合平衡等，明确计划具体开展的步骤和途径，才能确保计划的顺利实施。

管理个案分析

张强是一名计算机专业毕业的研究生，毕业后到了某 IT 公司做项目设计，工作极具创造性，积极性高，在工作了两年后被提拔为设计部主任。为适应公司的发展和市场竞争，他制订了一系列的工作计划，内容如下：

1. 在今后若干年使公司具备独一无二的核心技术；
2. 用一年时间使全部研发人员接受高水平的业务培训；
3. 用半年时间完善部门的激励奖惩制度。

【互动天地】你认为这些计划完善吗？存在什么问题？

四、计划工作的特性

计划工作的性质可以概括为五个主要方面，即目的性、首要性、普遍性、效率性和创新性。

（一）目的性

每一个计划及其派生计划都是旨在促使企业或各类组织的总目标和一定时期目标的实现，计划工作是最直白地显示出管理的基本特征的主要职能活动。计划的有效制定能对企业行为产生积极的指导作用，从而确保企业的生存和发展沿着既定的方向和目标前进。在制订计划之时，制订具体的、明确的目标是首要任务。比如，一家五星级酒店的经理提出今年酒店的营业额和利润都要有大幅度上涨。可见这个计划目标是不具体的，不可考量，为此，应该根据过去经营情况和今年的市场环境等预测，提出一个有具体指标的目标，如实现营业额增长 20%、利润增长 18% 等具体可行并具有指导价值的计划。

（二）首要性

计划工作在管理职能中处于首要位置。把计划工作放在首位的原因，是不是因为从管理过程的角度来看，计划工作先于其他管理职能，而且因为在某些场合，计划工作是付诸实施的唯一管理职能。任何管理活动的开展都首先从计划制订开始，只有制订了详细的具体的可操作的计划，组织才能按照计划安排任务、落实计划，从而逐步实现企业的战略目标。计划工作影响和贯穿于组织工作人员配备、指导与领导工作和控制工作中，如果没有计划，随后的组织、领导、控制等管理职能将无从谈起。

计划工作和控制工作也是密不可分的。没有计划指导的控制是毫无意义的，计划是为控制工作提供标准的。此外，控制职能的有效行使，往往需要根据情况的变化拟订新的计划或修改原定计划，而新的计划或修改过的计划又被作为连续进行的控制工作的基础。

（三）普遍性

虽然计划工作的特点和范围随各级管理人员职权的不同而不同，但它却是各级管理人员的一个共同职能。所有的管理人员，无论总经理还是班组长都要从事计划工作。人们常说，主管人员的主要任务是决策，这是不对的。在一个企业中，无论处在任何一个层次的管理者都要进行计划。如高层管理者制订企业总体计划，把握发展方向和目标；中层管理者根据企业总体计划来制订部门的工作计划，如财务计划、生产计划、营销计划等，都是围绕着总体战略目标而制订的；而基层管理者则要制订具体的实施操作计划，使企业的计划能自上而下地贯彻执行。

（四）效率性

计划工作的效率，是以实现企业的总目标和一定时期的目标所得到的利益，扣除为制订和执行计划需要的费用和其他预计不到的损失之后的总额来测定的。效率这个概念的一般含义是指投入和产出之间的比率，但在这个概念中，不仅包括人们通常理解的按资金、工时或成本表示的投入产出比率，如企业资金利润率、劳动产生和成本利润率计算，还包括组织成本个人和群体的动机与程度这一类主观的评价标准。如果一个计划的实现，需要企业耗费过高的人力物力才能达成，意味着这个计划是低效率或无效率的。所以计划工作的任务，不仅是要确保实现目标，而且是要在众多方案中选择最优的资源配置方案，以求得合理利用资源和提高效率。

（五）创新性

世界万物都是在不断变化发展的，计划工作也不可能是一成不变或一劳永逸的。计划要随时根据组织内外部环境的变化，适时进行调整和创新，才能顺应时代发展的潮流，跟上市场发展的步伐。当新情况出现也会带来新矛盾和新机遇，企业就要有敏锐的触觉，善于发现问题、分析问题和解决问题，因地制宜地制订新的计划方案。

五、计划的种类

（一）按照表现形式分类

按照不同的表现形式，可以将计划分为宗旨、目标、战略、政策、规则、程序、规划和预算等几种类型。这几类计划的关系可描述为一个等级层次，如图 2－1 所示。

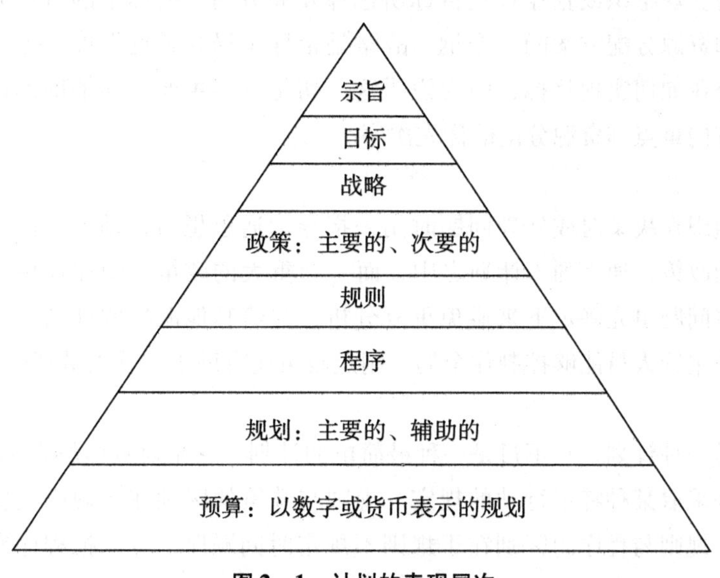

图 2－1 计划的表现层次

1. 宗旨

宗旨代表着组织是从事什么样的事业，应该做的事情，是一种目的或使命，这是社会对组织的要求。每家企业要取得成功都应该深入思考企业的宗旨，并将它阐述出来用以指导日常的经营活动。例如，一个工商企业的基本宗旨是向社会提供有经济价值的商品或服务；法院的宗旨是解释和执行法律；大学的宗旨是培养高级人才等。

管理智慧树

著名的日本索尼（SONY）公司的宗旨是："索尼是开拓者，永远向着那未知的世界探索。"表示索尼公司绝不步别人后尘的意志。正是从这一宗旨出发，索尼公司把最大限度地发掘人才、信任人才、鼓励人才不断前进视为自己的唯一生命，从而在世界上最早发明了家用录像机、首创电视的单枪三束彩色显像管，发明3.5英寸的电子计算机软盘，以及无须使用胶卷的小型磁带式照相机和微型立体声单放机等，并取得了巨大成功。

2. 目标

一定时期的目标或各项具体目标是在宗旨指导下提出的，它具体规定了组织及其各个部门的经营管理活动在一定时期达到的具体成果。目标不仅是计划工作的终点，而且也是组织工作、人员配备、指导与领导工作和控制活动所要达到的结果。

3. 战略

战略是为实现组织或企业长远目标所选择发展方向、所确定的行动方针，以及资源分配方针和资源分配方案的一个纲。战略是指导全局和长远发展的方针，它不是要具体地说明企业如何实现目标，因为说明这一切是许多主要的和辅助的计划任务。战略是要指明方向重点和资源分配的优先次序。

4. 政策

政策是组织在决策时或处理问题时用来指导沟通思想与行动方针的明文规定。作为明文规定的政策，通常列入计划之中，而一项重大的政策，则往往单独发布。政策有助于将一些问题事先确定下来避免重复分析，并给其他派生的计划以一个全局性的概貌，从而使主管人员能够控制住全局。制定政策还有助于主管人员把职权授予下级。

5. 规则

规则也是一种计划，只不过是一种最简单的计划。它是对具体场合和具体情况下，允许或不允许采取某种特定行动的规定。规则与政策的区别在于规则在应用中不具有自由处置权，规则与程序的区别在于规则不规定时间顺序，可以把程序看成一系列规则的总和。

6. 程序

程序也是一种计划，它规定了如何处理那些重复发生的例行问题的标准方法。程序是指导如何采取行动，而不是指导如何去思考问题。程序的实质是对所要进行的活动规定时间顺序，因此，程序也是一种工作步骤。制订程序的目的是减轻主管人员决策的负担，明确各工作岗位的职责，提高管理活动的效率和质量。此外，程序通常还是一种经过优化的计划，它是对大量日常工作过程及工作方法的提炼和规范化。

7. 规划

规划是为了实施既定方针所必需的目标、政策、程序、规则、任务分配、执行步骤、使用的资源等而制订的综合性计划。规划有大有小。大的如国家的科学技术发展规划；小的像企业中质量监管小组的活动规划等。规划有长远的和近期的。如我国国民经济发展的五年计划以及企业的职工培训规划等。规划一般是粗线条的，纲要性的。

8. 预算

预算作为一种计划，是以数字表示预期结果的一种报告书。它也可称为“数字化”的计划。例如企业中的财务收支预算也可称为“利润计划”或“财务收支计划”。预算可以帮助组织或企业上层和各级管理部门的主管人员，从资金和现金收支的角度，全面、细致了解企业经营管理活动的规模、重点和预期成果。例如，某企业的财务预算包括利税计划、流动资金计划、财务收支计划、财务收支明细计划表和资本计划等。

（二）按照计划的期限分类

按计划的期限或时间，可以将计划分为短期计划和长期计划，以及介于长短期计划之间的中期计划。一般来说，期限在五年以上的即为长期计划，它规定在这段较长的时间内，组织总体各部分从事活动应达到的状态和目标。短期计划具体规定了组织总体和各部分在时间间隔相对较短的时段所应该从事的各种活动，以及所应达到的水平。短期计划的期限一般在一年左右。介于两者之间的称为中期计划，是指根据长期计划提出的目标和内容并结合计划期内的具体条件变化进行编制的，它比长期计划更为详细和具体。

（三）按照职能分类

组织的类型和规模不同，具体职能部门的设置也不同，按照企业的职能部门，可以把计划分为供应计划、新产品开发计划、财务计划、人事计划、后勤保障计划等。这些职能计划通常就是企业相应的职能部门编制和执行的计划。将计划按职能进行分类，有助于人们更加精确地确定主要作业领域之间的相互依赖和相互影响关系，有助于估计某个职能计划执行过程可能出现的变化，以及对全部计划的影响。

（四）按照计划范围的广度分类

按照计划范围的广度不同，可以把计划分为战略计划和战术计划。战略计划是指为组织设立总体目标以寻求组织在环境中的地位的计划，具有时间跨度长、涉及范围广、内容抽象等特点。战术计划是规定总体目标如何实现的细节计划，具有周期短、覆盖范围窄、内容具体、可操作性强等特点。

（五）按照计划的明确程度分类

按照计划的明确程度不同，计划可以分为指导性计划和具体计划。指导性计划只规定一些重大方针，而不局限于明确的特定的目标或特定的活动方案上。具体计划则明确规定具体的目标，并提供一套有明确考量目标以及可操作的行动方案。

任务实施

一、明确组员分工

任务实施过程中要明确分工任务，组长要调动组员充分表达不同意见，形成职责清晰的任务分工表。

组员姓名	任务分工	主要方法	提交任务成果的方式

二、过程监督

把总任务完成的时间划分为不同工作阶段，请各组成员在任务实施过程中做好过程记录，组长负责监督，全组共同完成进度监督表。

工作阶段	时　间	进度描述	检查情况记录	改善措施以及建议

三、各组成员记录任务实施过程中的困难及收获

困难：____

小组成员想到的解决方法：____________________________

____

本次活动的收获：____

____

四、制订方案

在完成上述的准备工作后，小组成员共同商量确定计划书的内容及完成编写。

五、成果展示

每个小组在完成任务后，在班上进行小组成果展示，另一组同学进行评论，然后再进行角色互换。

六、评价反馈

各小组根据以下评价项目，结合各自在活动过程中的表现和实施情况进行自我评价与小组评价，教师对小组表现进行综合评价。

评价项目	评价标准	配分（分）	自我评价（20%）	小组评价（30%）	教师评价（50%）
知识准备完成情况	按完成比例给分	10			
计划的内容和计划书的编写	对计划任务的理解 5～10 分； 计划书的内容 5～10 分； 展示的亮点突出 10～20 分	30			
工作过程中所做贡献	贡献最大 30 分以上； 贡献较大 19～30 分； 贡献很少 1～18 分； 基本无贡献 0 分	40			
团队合作责任意识	无团队意识扣 7～10 分； 无责任心扣 7～10 分	10			
现场遵守纪律、执行 6S 情况	违反课堂纪律扣 7～10 分； 着装不规范扣 3～5 分； 工作组台面不整齐、地面有垃圾的扣 5～8 分	20			
合　计					

延伸阅读

快餐店的计划

约瑟夫·斯卡格斯先生在美国公共卫生局工作20年后退休不干了。他把他的储蓄存款投资到五家快餐馆。这五家快餐馆是依照获得很大成就的肯塔基油煎鸡全国联营公司的情况经营的。以前的老板是一个小城市的银行家，他一度想创新肯塔基油煎鸡公司所取得的成就。当事实证明不能如愿时，他把商店卖给了斯卡格斯。斯卡格斯在投资前事先进行了研究，这使他深信，只要运用基本的管理原则和技术，这五家商店的利润就能比以前增加。首先，他以为，以前的商店所有者听任这五家商店的经理各自经营，而没有给予集中的指导，这种做法是一个错误。他认为，即使这些商店遍及整个州，因而无法对他们进行日常的监督，但是仍应设法做出努力。同时，他也不想用呆板的章程和程序约束商店经理的手脚，从而挫伤他们的主动性。他认为，把“良好的管理”引进到这个系统的最好的办法是，首先执行主要的管理职能——计划。

斯卡格斯在同五家商店的经理举行的一次会议上提出的计划的概念是以他在公共卫生局的经验为基础的。这个被称为POAR的计划可做如下解释：POAR是由组成计划的四个要素——问题（Problem）、目标（Objectives）、活动（Activities）和资源（Resources）这四个词的第一个字母缩写而成的。因此，计划人员（在这个实例中是五家商店的经理）奉命为他们的各自的商店所确定的每一个问题制订年度行动计划。因而此后分配资金以及报告进展情况都将以这些计划为依据。

商店的经理同意斯卡格斯的看法，对计划予以更多地强调，应该使人们更明白需要做些什么事情，使所有五家商店获得更多的利润。他们也同意斯卡格斯有权期望他们按他的指示办事，但是他们对POAR能否适用于企业的计划多少有点怀疑。他们要求斯卡格斯用例子来说明他的主张。于是他把他在公共卫生局工作时制订的关于家庭计划的规划拿出来给他们看。这个计划如下：

1. 问题的确定

甲：预期的情况

应向居住在该县的所有2500名育龄妇女提供计划生育服务。

乙：目前的情况

500名妇女在公立或私立医院或医生事务所接受计划生育指导。

丙：具体的问题

现在问题是预期的情况和目前的情况有差距，因此要解决的问题是向2000名妇女提供计划生育的指导。

2. 目标

到本财政年度结束时，将有1500名妇女接受公立或私立医疗单位对计划生育的指导。

3. 活动

为了实现上述目标，要求进行下列活动。

甲：举办100次每周一次的门诊，估计每次将有30人，总共将达3000人次。

乙：安排医生事务所为100个病人视诊。

丙：为七年级到十二年级的教师举办十次计划生育讲座，参加的教员人数可达250名，学生人数可达5000名。

丁：举办20次正式展览会，向社会和市民小组传播知识。

4. 资金来源

计划的预算开支将为每项活动开支的总和：

门诊费	2000美元
医生事务所视诊费用	500美元
举办讲座费用	100美元
传播知识所需费用	200美元
总支出	2800美元

巩固拓展

一、选择题（不定项选择）

1. 广义的计划工作是指（　　）三个紧密衔接的工作过程。

A. 制订计划　　B. 完善计划

C. 检查计划执行情况　　D. 执行计划

2. 按照职能分类，可以把计划分为（　　）。

A. 供应计划　　B. 财务计划

C. 人事计划　　D. 新产品开发计划

3. 计划工作的特性包括（　　）。

A. 首要性　　B. 目的性

C. 普遍性　　D. 效率性

E. 创新性

二、分析题

俗话说“一日之计在于晨”，你是怎么理解的？

三、实训题

如果你是班长，请为你们班制订一个春游计划。

任务2 学会编制计划的程序

任务描述

李某经营着一家化工厂，生意做得红红火火，逐渐有了一定的资金积累。这几年他看到房地产赚钱，于是投资办了一家房地产公司，但楼盖到一半，突然发现钱不够用。原因是每一项工程费用都超出计划费用，原已筹集的资金已不敷使用，而银行看到该公司停工，也不再贷款，原来的贷款又到期了，李某焦头烂额。

问题一：李某为什么会出现这种困境？是什么原因引起的？

问题二：假如你是李某会怎样处理问题？

任务领取

1. 以小组为单位完成任务，4~6 人为一组，选出一名组长，负责安排组员工作，并进行监督。

2. 查阅资料或课本，了解计划编制的程序、预算等相关知识点。

3. 小组讨论分析任务背景中存在的问题，集体商讨措施。

4. 理性分析当前房地产业的发展状况，按照计划编制程序，为李某投资房地产业编写一份具体的计划书。

5. 小组完成任务后，选派代表上台进行展示计划，最后由小组和教师共同评选出最佳计划书。

知识储备

制订计划是一个动态的、发展的过程，需要按照一定的步骤，根据内外部环境的变化，持续不断地进行动态循环。为确保制订计划的合理性，确保组织目标的实现，在计划的制订过程中要采取科学的方法。一般来说，计划工作程序包括：认清环境、确定目标、估量目标与现实的差距、拟订可供选择的计划方案、评价备选方案、选择方案、拟订派生计划、编制预算。具体如图 2－2 所示。

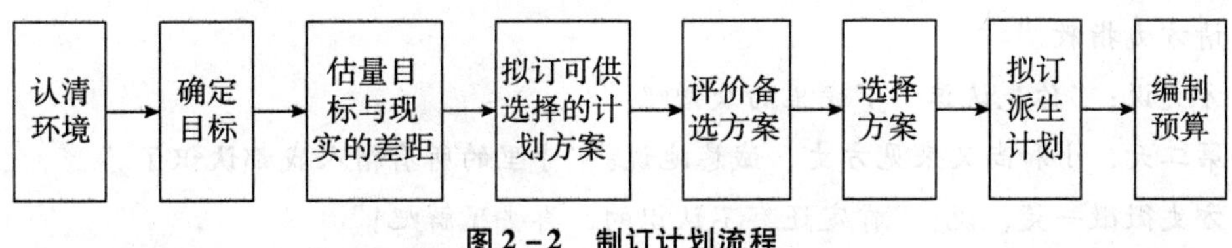

图 2-2 制订计划流程

一、认清环境

计划工作的一个重要的工作环节是对组织的当前内外部环境做出评估，这是制订和实施计划工作方案的前提。从大的方面来看，对当前状况的评估工作要进行组织自身的优势和劣势、外部环境的机会和威胁的综合分析，即 SWOT 分析。SWOT 四个英文字母分别代表：优势（Strength）、劣势（Weakness）、机会（Opportunity）、威胁（Threat）。从整体上看，SWOT 可以分为两部分：第一部分为 SW，主要用来分析内部条件；第二部分为 OT，主要用来分析外部条件。利用这种方法可以从中找出对自己有利的、值得发扬的因素，以及对自己不利的、要回避的因素，发现存在的问题，找出解决办法，并明确以后的发展方向。

在 SWOT 分析中，优劣势分析主要是着眼于企业自身的实力及其与竞争对手的比较，而机会和威胁分析将注意力放在外部环境的变化及对企业的可能影响上。但是，外部环境的变化带给具有不同资源和能力的企业的机会与威胁也是完全不同的，因此，两者之间又有紧密的联系。把 SWOT 分析中的四个维度综合起来考虑，即可以构建 SWOT 矩阵或 TOWS 矩阵（见表 2-1）。在完成环境因素分析和 SWOT 矩阵的构造后，便可以制订出相应的行动计划。制订计划的基本思路是：发挥优势因素，克服弱点因素，利用机会因素，化解威胁因素；考虑过去，立足当前，着眼未来。运用系统分析的综合分析方法，将考虑的各种环境因素相互匹配起来加以排列组合，得出一系列公司未来发展的可选择对策。

表 2-1 SWOT 矩阵或 TOWS 矩阵

		内部环境	
		Strength 优势	Weakness 劣势
外部环境	Opportunity 机会	S-O 战略	W-O 战略
	Threat 威胁	S-T 战略	W-T 战略

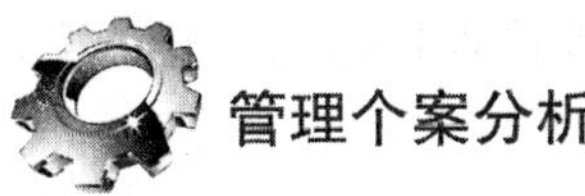

古刹里新来了一个小和尚，他去见方丈，诚恳地说：“我初来乍到，先干些什么

呢？请方丈指教。”

方丈说：“你先认识一下寺里的众僧吧。”

第二天，小和尚又来见方丈，诚恳地说：“寺里的所有僧人我都认识了。”

方丈微微一笑，说：“肯定还有不认识的，再去了解吧！”

三天后，小和尚蛮有把握地说：“寺里的所有僧人我都认识了。”

方丈还是微微一笑，说：“还有一个人，你不认识，而且，这个人对你特别重要。”

小和尚满腹狐疑地走出方丈室，一个人一个人地询问，一间屋一间屋地寻找。他无论如何想不出还有哪个他不认识但又对他特别重要的人。

有一天，小和尚在一口水井里看到自己的倒影，豁然顿悟：这个不认识的人就是他自己啊！

二、确定目标

在认清组织的环境，对内外部环境进行客观分析后，需要进一步确定计划的目标。计划目标是企业预定的，在计划期内生产经营活动的结果，它应在分析企业环境的基础上确定。在确定计划目标时，还要对各种情况进行全面分析和衡量，权衡利弊得失，避免顾此失彼，然后确定切实可行的目标。一个组织在同一时期可能有多个目标，但任何一个目标都应包括以下内容：

（1）明确的主题。是扩大利润，提高顾客的满意度，还是改进产品质量？

（2）期望达到的数量或水平。如销售数量、管理培训的内容等。

（3）可用于测量计划实施情况的指标。如销售额、接受管理培训的人数等。

（4）明确的时间期限。即要求在什么样的时间范围内完成目标。

表面上看，目标的制订并不难，但事实上，有很多因素限制了目标制订的科学性，因此，目标要根据主客观形势的变化而不断做出调整，与时俱进的目标才能使计划不偏离组织的轨道，促进组织的发展。

首先，人们对目标的认识和理解可能会存在很大的差异。目标只有在被人们普遍认同并接受的情况下才容易付诸实施，而这是非常困难的。所以，在目标制订过程中，鼓励人们多参与、多沟通、多讨论是必要的。

其次，环境的快速变化使得计划跟不上变化。这是客观事实，但以此否定计划的作用是绝对错误的。一方面，可以利用滚动计划方法把长期计划与短期计划衔接起来；另一方面，对于一些作业计划，可以制订短期目标，然后经常检查目标的实施情况，不断修正计划目标，使之适应环境的变化。

最后，计划制订者的错误认识干扰。如短期行为倾向、过于强调避免风险而缺乏把握机会的能力，等等。

三、估量目标与现实的差距

组织的将来状况与现状之间必然存在着差距，客观地度量这种差距，并设法缩小这种差距，是计划工作的重要任务。

一般来说，缩小现状与目标之间的差距，可采取两类措施：一类措施是不打破现状，在现状的基础上力求改进，随着时间的推移不断地逼近目标。例如，针对市场占有率低的现状，可以通过加大广告开支和营销力度，降低产品价格等措施，实现企业扩大市场占有率的目标。这类措施风险相对小。另一类措施是变革现状，有时甚至是对组织进行根本性的调整，如调整产品品种、大幅度精减人员等。这类措施风险相对大，但如果成功，组织绩效将会得到明显的改进。具体采用哪一类措施，需要对现状与目标之间的差距做出客观而准确的分析。

四、拟订可供选择的计划方案

俗话说“条条道路通罗马”，为了实现既定目标，可行性的方案往往不止一个，而是多个，因此，企业应该拟订各种能实现计划目标的方案，以便寻找实现目标的最优方案。

拟订可行的行动计划要求拟订尽可能多的计划。可供选择的行动计划数量越多，对选中的计划的相对满意程度就越高，行动就越有效。因此，在计划拟订阶段，要发扬民主，广泛发动群众，充分利用组织内外的专家，产生尽可能多的行动计划。在该阶段，需要“巧主意”，需要创造性。当然，备选方案也不是越多越好，我们要做的是将许多备选方案的数量逐步地减少，对一些最有希望的方案进行分析。计划工作者要善于运用数学方案或投资回报等方法进行择优选择，排除希望最小的方案，发掘最优方案。

五、评价备选方案

评价备选方案就是根据企业的内、外部条件和对计划目标的研究，权衡各个方案的利弊，对各个方案进行综合分析和评价。有些方案虽然收益较大，但是需要巨额的投资，并且收效慢；有些方案获利较少但风险也较小；有些方案的实施短期来说会给企业带来可观的利润，但是长远来说却不利于企业的生存和发展。

所以，我们在评价方案时要注意考虑以下几点：第一，认真考察每一计划的制约因素和隐患；第二，要用总体的效益观点来衡量计划；第三，既要考虑到每一计划的有形的可以用数量表示出来的因素，又要考虑到无形的不能用数量表示的因素，还要考虑计划执行所带来的损失，特别注意那些潜在的、间接的损失。比如一家公司为了树立品牌的知名度，大规模地进行宣传和促销活动，投资巨额资金打造产品的形象，导致相当长一段时间内企业入不敷出，所以在做计划时，要评估这种方案是否合适，企业经济实力是否能承受起压力，等等。

六、选择方案

选择方案是计划工作的一个重要环节，因为它关系到计划目标的实现，关系到企业的经营效益。在众多方案中选择出最优方案，要充分比较分析各个方案的优缺点，看哪个方案最接近许可的条件和计划目标的要求，风险最小。在比较各种方案时，如果必须考虑的条件不多且较肯定，那么这种方案实施起来较容易；如果需要考虑的因素较多时，而其中又包括一系列不确定的因素，方案实施起来就会比较困难。管理者在做出决策时，通常是根据自己以往的经验或者通过建立数学模型等进行研究实验，或者对方案进行比较分析研究来做出选择。

七、拟订派生计划

基本的计划虽然拟订了，但是为配合基本计划的完成还需要若干个派生计划的支撑，只有在完成派生计划的基础上，才能完成基本计划。比如，一家公司年初制订了"当年销售额比上年增长20%"的销售计划，与这一计划相连的有许多计划，如生产计划、促销计划等。

在拟订派生计划时还要考虑以下几个问题：

（1）让公司其他部门的人员都了解企业的基本计划和企业愿景。

（2）拟定的派生计划必须围绕基本计划实施，与基本计划保持同一方向和目标，并能协助和促进基本计划的完成。

（3）合理安排各种计划之间的关系和先后顺序，避免产生冲突或重复，造成企业资源的浪费。

八、编制预算

在做出决策和确定计划后，最后一步就是把计划转变成预算，使计划数字化。编制预算，一方面是为了计划的指标体系更加明确，另一方面是使企业更易于对计划执行进行控制。定性的计划往往在可比性、可控性和进行奖罚方面比较困难，而定量计划则具有强硬的约束力，如收入和费用总额，取得的利润和发生的亏损等。预算是对支出的许可，当发生偏差时，预算为采取纠偏措施提供信息，确保计划沿着既定目标的方向发展。

管理个案分析

程斌是一家有一定规模的中小企业的经营者，这几年在艰难的创业过程中渡过了一个又一个难关，克服了一个又一个困难，及时抓住了市场机遇，使企业在很短的时间内得以迅速成长壮大。但是，随着企业规模的不断扩大，管理上常显得捉襟见肘：比如明明账上有利润，但在接一项重要订单时，突然发现资金周转不过来；又如在进行某一业务时，总认为会有一定的利益，但结果又往往与预想不符。

【互动天地】该企业存在什么问题？应该怎么解决？

任务实施

一、明确组员分工

任务实施过程中要明确分工任务，组长要调动组员充分表达不同意见，形成职责清晰的任务分工表。

组员姓名	任务分工	主要方法	提交任务成果的方式

二、过程监督

把总任务完成的时间划分成不同工作阶段，请各组成员在任务实施过程中做好过程记录，组长负责监督，全组共同完成进度监督表。

工作阶段	时　间	进度描述	检查情况记录	改善措施以及建议

三、各组成员记录任务实施过程中的困难及收获

困难：____

小组成员想到的解决方法：____________________________

____

本次活动的收获：____

____

四、制订方案

在完成上述的准备工作后，小组成员共同商量确定计划书的内容及完成编写。

五、成果展示

每个小组在完成任务后，在班上进行小组成果展示，最后由小组和教师评选出最佳计划书。

六、评价反馈

各小组根据以下评价项目，结合各自在活动过程中的表现和实施情况进行自我评价与小组评价，教师对小组表现进行综合评价。

评价项目	评价标准	配分（分）	自我评价（20%）	小组评价（30%）	教师评价（50%）
知识准备完成情况	按完成比例给分	10			
计划编写的程序和计划书的编写内容	对计划编写程序的掌握 5 ~ 10 分； 计划书的内容 5 ~ 10 分； 计划的可行性 10 ~ 20 分	30			
工作过程中所做贡献	贡献最大 30 分以上； 贡献较大 19 ~ 30 分； 贡献很少 1 ~ 18 分； 基本无贡献 0 分	40			
团队合作责任意识	无团队意识扣 7 ~ 10 分； 无责任心扣 7 ~ 10 分	10			
现场遵守纪律、执行 6S 情况	违反课堂纪律扣 7 ~ 10 分； 着装不规范扣 3 ~ 5 分； 工作组台面不整齐、地面有垃圾的扣 5 ~ 8 分	20			
合　计					

延伸阅读

SWOT 分析法是一种最常用的企业内外部环境条件战略因素综合分析方法。

SWOT 矩阵能帮助企业的经理们识别和制定四种战略：SO 战略（优势—机会战略）、WO 战略（劣势—机会战略）、ST 战略（优势—威胁战略）和 WT 战略（弱势—威胁战略）。规划企业 SWOT 分析最难之处就在于将外部环境和内部条件结合起来分析，这不仅仅需要扎实的理论功底和丰富的实践经验，还需要战略的直觉判断且不遵循固定模式。

一、优势与劣势分析（SW）

当两个企业处在同一市场或者说它们都有能力向同一顾客群体提供产品和服务时，如果其中一个企业有更高的赢利率或赢利潜力，那么，我们就认为这个企业比另外一个企业更具有竞争优势。换句话说，所谓竞争优势是指一个企业超越其竞争对手的能力，这种能力有助于实现企业的主要目标——赢利。但值得注意的是：竞争优势并不一定完全体现在较高的赢利率上，因为有时企业更希望增加市场份额，或者多奖励管理人员或雇员。

竞争优势可以指消费者眼中一个企业或它的产品有别于其竞争对手的任何优越的东西，它可以是产品线的宽度、产品的大小、质量、可靠性、适用性，风格和形象以及服务的及时、态度的热情等。虽然竞争优势实际上指的是一个企业比其竞争对手有较强的综合优势，但是明确企业究竟在哪一个方面具有优势更有意义，因为只有这样，才可以扬长避短，或者以实击虚。由于企业是一个整体，并且由于竞争优势来源的广泛性，所以，在做优劣势分析时必须从整个价值链的每个环节上，将企业与竞争对手做详细的对比。如产品是否新颖、制造工艺是否复杂、销售渠道是否畅通，以及价格是否具有竞争性等。如果一个企业在某一方面或几个方面的优势正是该行业企业应具备的关键成功要素，那么，该企业的综合竞争优势也许就强一些。需要指出的是，衡量一个企业及其产品是否具有竞争优势，只能站在现有潜在用户角度上，而不是站在企业的角度上。

企业在维持竞争优势过程中，必须深刻认识自身的资源和能力，采取适当的措施。因为一个企业一旦在某一方面具有了竞争优势，势必会吸引到竞争对手的注意。一般地说，企业经过一段时期的努力，建立起某种竞争优势；然后就处于维持这种竞争优势的态势，竞争对手开始逐渐做出反应；而后，如果竞争对手直接进攻企业的优势所在，或采取其他更为有力的策略，就会使这种优势受到削弱。

而影响企业竞争优势的持续时间，主要的是三个关键因素：①建立这种优势要多长时间；②能够获得的优势有多大；③竞争对手做出有力反应需要多长时间。如果企业分析清楚了这三个因素，就会明确自己在建立和维持竞争优势中的地位了。

二、机会与威胁分析（OT）

随着经济、社会、科技等诸多方面的迅速发展，特别是世界经济全球化、一体化过程的加快，全球信息网络的建立和消费需求的多样化，企业所处的环境更为开放和动荡。这种变化几乎对所有企业都产生了深刻的影响。正因为如此，环境分析成为一种日益重要的企业职能。

环境发展趋势分为两大类：一类表示环境威胁，另一类表示环境机会。环境威胁指的是环境中一种不利的发展趋势所形成的挑战，如果不采取果断的战略行为，这种不利趋势将导致公司的竞争地位受到削弱。环境机会就是对公司行为富有吸引力的领域，在这一领域中，该公司将拥有竞争优势。

对环境的分析也可以有不同的角度。比如，一种简明扼要的方法就是PEST分析，即从政治（法律）的、经济的、社会文化的和技术的角度分析环境变化对本企业的影响。政治的/法律的：垄断法律、环境保护法、税法、劳动法、政府稳定性；经济的：经济周期、GNP趋势、利率、货币供给、通货膨胀、失业率、可支配收入、能源供给、成本；社会文化的：人口统计收入分配、社会稳定、生活方式的变化、教育水平、消费；技术的：政府对研究的投入、政府和行业对技术的重视、新技术的发明和进展、技术传播的速度。

巩固拓展

一、选择题（不定项选择）

1.（　　）是制订和实施计划工作方案的前提。

A. 编制预算　　B. 确定目标

C. 认清环境　　D. 选择方案

2. 以下不属于计划工作程序的是（　　）。

A. 认清环境　　B. 确定目标

C. 实施计划　　D. 效果评估

二、分析题

俗话说“计划赶不上变化”，你是怎么理解计划与变化的关系的？

三、实训题

通过对教师、领导进行访谈、在学生群体中展开调查、在社区和社会的走访以及资料查阅，充分运用互联网的搜索引擎，收集资料，然后运用SWOT分析方法，对你所在学校进行环境分析。

任务3 掌握制订计划的方法及影响因素

任务描述

假如你是一名大三的学生，随着现实的残酷一步步逼近，渐渐褪色的理想也即将化为泡影。忙碌、焦躁、迷茫、恐慌、躁动不安……还有一年半的时间就要走上社会，一切豪言壮语将化为实际行动融入社会大潮中，能力将被视为衡量你们是否被社会接受的唯一准绳。为了让自己的理想不至于被毁灭，必须做好每一年学习的规划，为实现自己的理想打好基础。

请运用滚动计划法制订你未来五年的人生计划。要求以学校为主，实习为辅，提高学习的效率，并顺利完成工作。

任务领取

1. 以小组为单位完成任务，4 ~ 6 人为一组，选出一名组长，负责安排组员工作，并进行监督。
2. 查阅资料或课本，了解滚动计划法的制订方法，理解制订计划相关知识。
3. 每位同学理性分析主客观条件，寻找适合自身发展的计划目标。
4. 根据滚动计划法的制订步骤，制订出未来五年的人生计划。
5. 小组内先进行分享，再由小组推选出最优作品，在班上展示交流。

知识储备

一、影响计划的因素

同一个计划放在不同的企业或者在企业不同时期起到的效果都不一样，在某些阶段，企业的长期计划显得更加重要；而在某些阶段，短期计划更为迫切。不同的管理层次制订的计划侧重点也应该有所不同，影响计划有效性的因素大概如下：

1. 组织的层次

管理者在组织中所处的地位和角色决定了其计划的性质和内容。在大多数情况下，基层管理者的计划活动主要是制订作业计划，当管理者在组织中的等级上升时，他的计划角色就更具战略导向。而对于大型组织的最高管理者，他的计划任务基本上都是战略性的。图 2 – 3 表明了组织的管理层次与计划类型之间的一般关系。

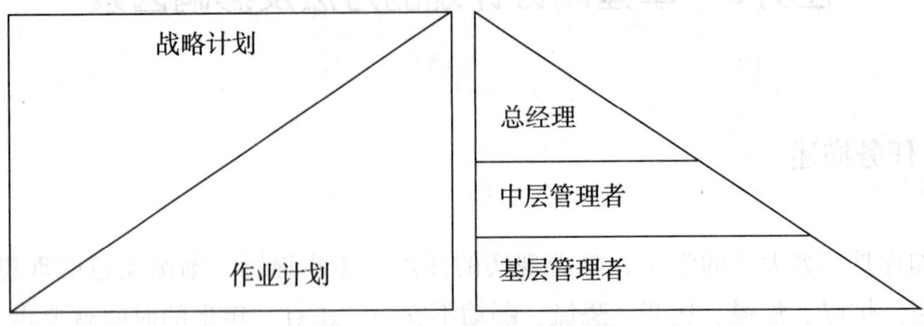

图 2 – 3　组织的管理层次与计划类型之间的一般关系

2. 组织的生命周期

组织的发展要经历一个生命周期，首先是形成阶段，其次是成长阶段，再次是成熟阶段，最后是衰退阶段。在组织生命周期的各个阶段上，计划的类型并非都具有相同的性质，计划的期限应当与组织的生命周期联系在一起。短期计划具有最大的灵活性，故应更多地用于组织的形成期和衰退期；成熟期是一个相对稳定的时期，因此更适合制订长期计划。如图 2 – 4 所示，计划的时间长度和明确性应当在不同的阶段上做相应调整。

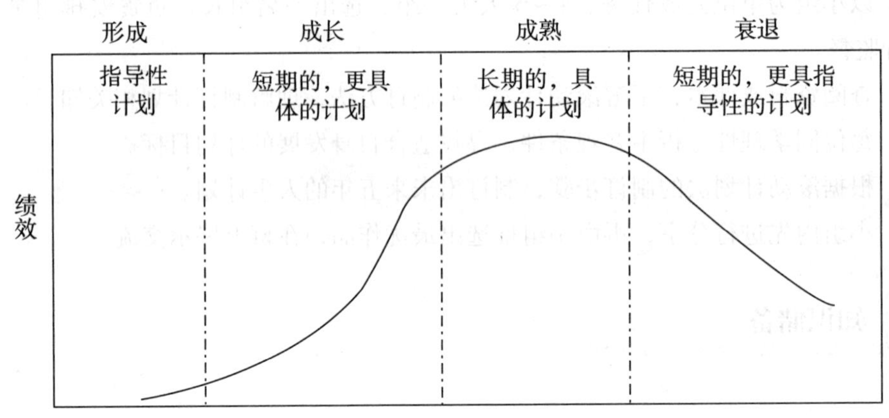

图 2 – 4　计划和组织生命周期的关系

在组织的幼年期，管理者应当更多地依赖指导性计划，因为处于这一阶段要求组织具有很高的灵活性。在这个阶段上，目标是尝试性的，资源的获取具有很大的不确定性，较难明确辨别目标客户，而指导性计划使管理者可以随时按需要进行调整。在成长阶段，随着目标更确定、资源更容易获取和顾客的忠诚度的提高，计划也更具有明确性。当组织进入成熟期，可预见性最大，从而也最适用于具体计划。当组织从成熟期进入衰退期，计划也从具体性转入指导性，这时目标要重新考虑，资源要重新分配。

3. 环境的不确定性程度

环境的变化对计划也有着重要的影响，环境的不确定性越大，计划更应当是指导性的，计划期限也应更短。如果正在发生着迅速的和重要的技术、社会、经济、法律或其他变化，精确规定的计划实施路线，反而会成为组织取得绩效的障碍。而且，变化越大，计划就越不需要精确，管理就越应当具有灵活性。如果外部环境相对比较稳定，没有重大事件或者重大政治变动，长期计划比较适合对远景目标的规划，更有利于企业的长远发展。

4. 管理者的态度

管理者的思想和观念决定着企业的管理方式和工作方式。有些企业家认为计划不如变化，不提倡去做计划，跟着感觉走，出了问题才去急忙救火；有些管理者则拖延制订计划，认为只有先实施后规划更具有实践性；有些管理者他们只做计划，而不去管计划的贯彻实施；更有些管理者把计划作为争取资源的手段，只强调它的有利一面，而不顾其可行与否。这些都是对计划的错误态度，会影响到计划的效果。而有些管理者非常注重计划，认为企业必须有企业的规划，部门要有具体操作计划，从上而下去制订计划和落实计划，才能一步步向组织目标靠近。所以，不同的管理思想会影响着计划的制订和实施。

二、计划工作的原理

在制订计划的过程中，不管采取何种计划的方法，都必须遵循计划工作的基本规律和原则，主要原理有：限制因素原理、许诺原理、灵活性原理和导向变化原理。

1. 限制因素原理

所谓限制因素，是指妨碍组织计划实现的因素。在其他因素不变的情况下，仅仅改变这些因素，就可以影响组织计划的实现幅度与程度。因此，在备选方案中进行选择时，人们越准确地识别并解决那些妨碍既定目标实现的限定性因素和关键性因素，也就越能够有针对性地、有效地选定最有利的备选方案。这一原则又称木桶原理，即用来盛水的木桶，它的容量不是取决于最长的木板，而是取决于桶壁上最短的木板。

管理个案分析

华讯公司的一位员工，由于与主管的关系不太好，工作时的一些想法经常不被肯定，从而对工作兴致不高。刚巧，三星公司需要从华讯借调一名技术人员去协助他们搞市场服务。于是，华讯的总经理在经过深思熟虑后，决定派这位员工去。这位员工很高兴，觉得有了一个施展自己拳脚的机会。去之前，总经理只对那位员工简单交代了几句：“出去工作，既代表公司，也代表我们个人。怎样做，不用我教。如果觉得顶不住了，打个电话回来。”

一个月后，三星公司打来电话：“你派出的兵还真棒！”“我还有更好的呢！”华讯的总经理在不忘推销公司的同时，着实松了一口气。这位员工回来后，部门主管也对他另眼相看，他自己也增添了自信。后来，这位员工对华讯的发展做出了不小的贡献。

【互动天地】为什么华讯公司的总经理要给这位员工外派锻炼的机会呢？

2. 许诺原理

许诺原理是指任何一项计划都是对完成各项工作所做出的承诺，因而许诺越大，实现许诺的时间就越长，实现许诺的可能性就越小。因此，承诺的大小就与计划的期限，即未来许诺的期限有关。这就是说，计划的期限应延伸到足够远，以便在此期限中，能够实现当前的许诺。如果计划的期限比其许诺能完成的期限短，计划就会失败。因此，组织在制订计划时，不仅要考虑到实现目标的合理期限，更应该结合经济评价来综合考虑计划的期限。

3. 灵活性原理

计划中体现的灵活性越大，由于未来意外事件引起损失的危险性就越小，但是，不能总是以推迟决策的时间来确保计划的灵活性，同时，使计划具有灵活性是要付出代价的，不能以牺牲计划的效率性为代价强调计划的灵活性，也不能以推迟决策的时间来确定计划的灵活性，因此，计划的灵活性的成本应当同它所带来的好处放在一起来权衡。

管理智慧树

不拉马的士兵

一位年轻有为的炮兵军官上任伊始，到下属部队参观演习，他发现有一个班的11个人把大炮安装好，每个人各就各位，但其中有一个人站在旁边一动不动，直到整个演练结束，这个人也没有做任何事。军官感到奇怪：“这个人没做任何动作，也没什么事情，他是干什么的？”大家一愣，说：“原来在作训教材里就是讲这样编队的，一个炮班11个人，其中一个人站在这个地方。我们也不知道为什么。”军官回去后，经查阅资料才知道这一个人的由来：原来，早期的大炮是用马拉的，炮车到了战场上，大炮一响，马就又跳又跑，一个士兵就负责拉马。到了现代战争，大炮实现了机械化运输，不再用马拉，而那个士兵却没有被减掉，仍旧站在那里。从管理学的角度讲，这位军官发现并减掉了“不拉马的士兵”，其实大大提高了管理效率，减少了资源浪费。

4. 导向变化原理

导向变化原理是指环境和形势是不断变化的，在保证计划总体目标不变的基础上，根据情况的变化而对计划进行调整。由于计划不能面面俱到，情况在不断变化，因此计划赶不上变化，所以要定期检查计划、调整计划和重新制订计划，确保计划没有偏离正常航道。

三、计划工作的方法

下面介绍几种计划工作常用的方法。

（一）网络计划技术

网络计划技术是20世纪50年代后期在美国产生和发展起来的。这种方法包括各种以网络为基础判定的方法，如关键路径法、计划评审技术、组合网络法等。

1. 网络计划技术的基本步骤

网络计划技术的原理，是把一项工作或项目分成各种作业然后根据作业顺序进行排列，通过网络图对整个工作或项目进行统筹规划和控制，以便用最少的人力、物力、财力资源，用最快的速度完成工作。网络计划技术的基本步骤如图2－5所示。

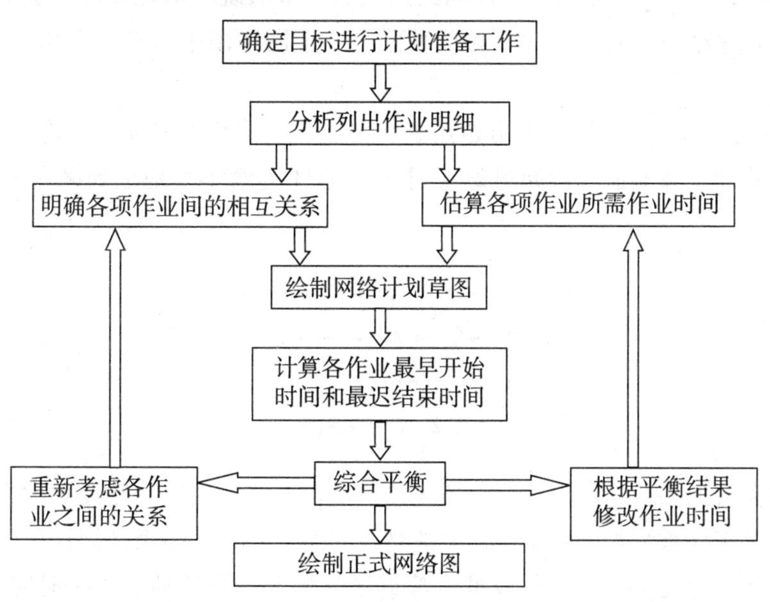

图2－5 网络计划技术的基本步骤

2. 网络图

网络图是网络计划技术的基础。任何一项任务都可分解成许多步骤的工作，根据这些工作在时间上的衔接关系，用箭线表示它们的先后顺序，画出一个由各项工作相互联系、并注明所需时间的箭线图，这个箭线图就称作网络图。图 2－6 便是一个简单的网络图。

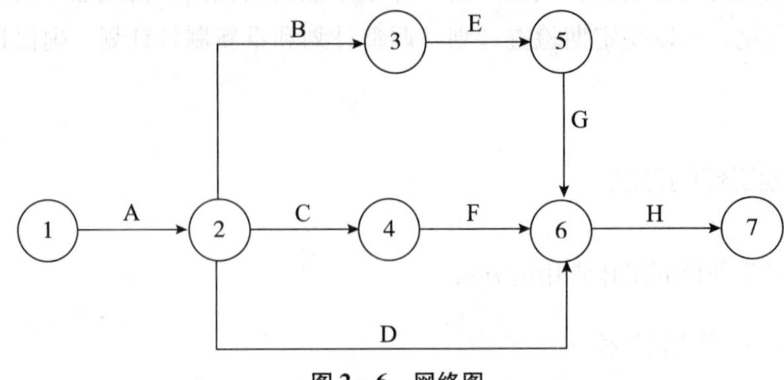

图 2－6　网络图

（1）“→”，工序。它是一项工作的过程，由人力、物力参加，经过一段时间才能完成。图中箭线下的数字便是完成该项工作所需的时间。此外，在有些网络图中还有一些工序既不占用时间，也不消耗资源，是虚设的，叫虚工序，用虚箭线“ －－>”表示。网络图中应用虚工序的目的是为了避免工序之间关系的含混不清，以正确表明工序之间先后衔接的逻辑关系。

（2）“O”，事项。它是两个工序间的连接点。事项既不消耗资源，也不占用时间，只表示前道工序结束、后道工序开始的瞬间。一个网络图中只有一个始点事项，一个终点事项。

（3）路线。路线是网络图中由始点事项出发，沿箭线方向前进，连续不断地到达终点事项为止的一条通道。例如图 2－7 中从始点①连续不断地走到终点⑦的路线有 3 条，即：

a：①→②→③→⑤→⑥→⑦

b：①→②→④→⑥→⑦

c：①→②→⑥→⑦

图 2－7　路线图

比较各路线的路长，可以找出一条或几条最长的路线。这种路线被称为关键路线。关键路线上的工序被称为关键工序。关键路线的路长决定了整个计划任务所需的时间。关键路线上各工序完工时间提前或推迟都直接影响着整个活动能否按时完工。确定关键路线，据此合理地安排各种资源，对工序活动进行进度控制，是利用网络计划技术的主要目的。

3. 网络计划技术的评价

网络计划技术虽然需要大量烦琐的计算，但在计算机广泛运用的现代社会，这些计算大都已程序化了。这种技术之所以被广泛地运用是因为它有一系列的优点。

（1）该技术能清晰地表明整个工程的各项目的时间顺序和相互关系，并指出了完成任务的关键环节和路线。因此，管理者在制订计划时可以统筹安排，全面考虑，又不失重点。在实施过程中，管理者可以进行重点管理。

（2）可对工程的时间进度和资源利用实施优化。在计划实施过程中，管理者调动非关键路线上的人力、物力和财力从事关键作业，进行综合平衡。这既可节省资源又能加快工程进度。

（3）可提高达到目标的可能性。该技术指出了计划实施过程中可能发生的困难点，以及这些困难点对整个任务产生的影响，准备好应急措施，从而减少完不成任务的风险。

（4）便于组织与控制。管理者可以将工程特别是复杂项目，分成许多支持系统分别组织实施与控制，这种既化整为零又聚沙成塔的管理方法，可以达到局部和整体的协调一致。

（5）易于操作，并具有广泛的应用范围，适用于各行各业以及各种任务。

（二）滚动计划法

滚动计划法是一种定期修订未来计划的方法。

1. 滚动计划法的基本思想

这种方法是根据计划前一阶段执行情况、变化了的环境条件定期修订原计划；每次调整修改时，保证原计划期限不变，而将计划期顺序逐期向前推进一个滚动期；并本着近细远粗的原则制订计划的方法。由于在计划工作中很难准确地预测将来影响企业经营的经济、政治、文化、技术、产业、顾客等的各种变化因素，而且随着计划期的延长，这种不确定性就越来越大。因此，若机械地按几年以前的计划实施，或机械地、静态地执行战略性计划，则可能导致巨大的错误和损失。滚动计划法可以避免这种不确定性带来的不良后果。

2. 滚动计划法的编制方法

在已编制出计划的基础上，每经过一段固定的时期（例如一年或一个季度，这段固定的时期称为滚动期）便根据变化了的环境条件和计划的实际执行情况，从确保实现计划目标出发对原计划进行调整。每次调整时，保持原计划期限不变，而将计划期顺序向前推进一个滚动期。

在计划编制过程中，尤其是编制长期计划时，为了能准确地预测影响计划执行的各种因素，可以采取近细远粗的办法，近期计划订得较细、较具体，远期计划订得较粗、较概略。在一个计划期终了时，根据上期计划执行的结果和产生条件，市场需求的变化，对原订计划进行必要的调整和修订，并将计划期顺序向前推进一期，如此不断滚动、不断延伸。如图2－8所示，就是某企业运用滚动计划法编制的2011—2015年五年计划。

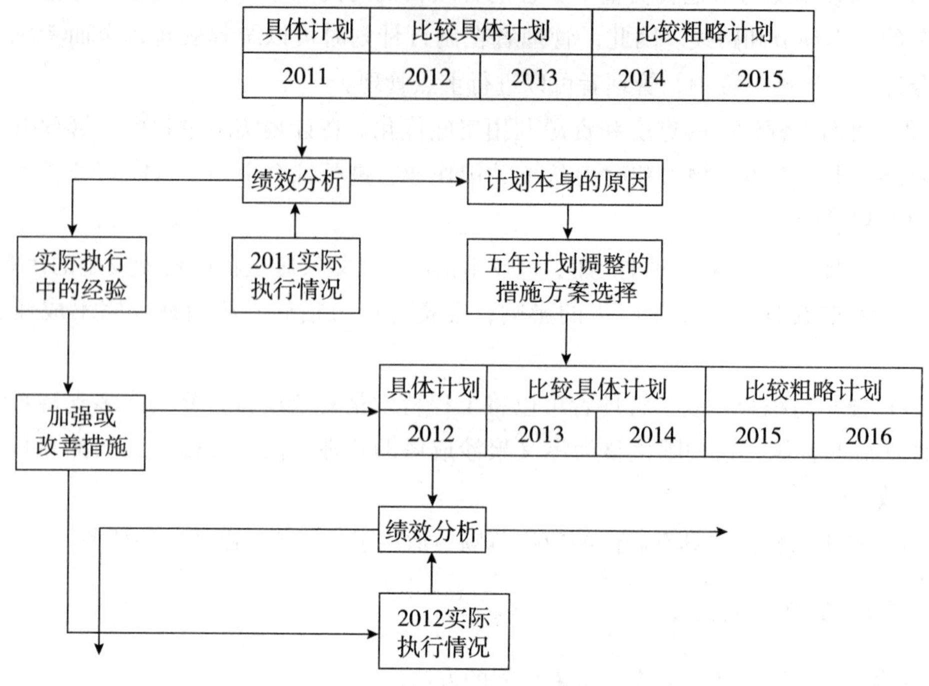

图 2－8　五年期的滚动计划法

3. 滚动计划法的评价

滚动计划法虽然使得计划编制和实施工作的任务量加大，但在计算机普遍应用的今天，其优点十分明显。

第一，其使计划更加切合实际，并且使战略性计划的实施更加切合实际。滚动计划相对缩短了计划时期，加大了计划的准确性和可操作性，从而是战略性计划实施的有效方法。

第二，滚动计划法使长期计划、中期计划与短期计划相互衔接，短期计划内部各阶段相互衔接。这就保证了即使由于环境变化出现某些不平衡时，也能及时地进行调节，使各期计划基本保持一致。

第三，滚动计划法大大加强了计划的弹性，这对环境剧烈变化的时代尤为重要，它可以提高组织的应变能力。

（三）甘特图

1. 甘特图的基本内容

甘特图是在第一次世界大战期间由亨利·L. 甘特先生发明的，并以其名字命名。甘特图又叫横道图、条状图。它是以图示的方式通过活动列表和时间刻度形象地表示出任何特定项目的活动顺序与持续时间。甘特图形象简单，因此在简单、短期的项目中得到了最广泛的运用。在图中，横轴表示时间，纵轴表示活动（项目），线条表示在整个期间计划和实际完成情况。

如图2－9所示绘出了一个图书出版的甘特图，时间以月为单位表示在图的下方，主要活动从上到下列在图的左边。计划需要确定书的出版包括哪些活动，这些活动的顺序，空白的线框表示活动的实际进度。甘特图可以作为一种控制工具，帮助管理者发现实际进度偏离计划的情况。在本例中，除打印长条校样以外，其他各项活动都是按计划完成，而长条校样实际进度比目标进度落后了2周。给出这些信息，项目的管理者就可以采取纠正行动，或是赶出落后的2周时间，或是保证不再有延迟发生。

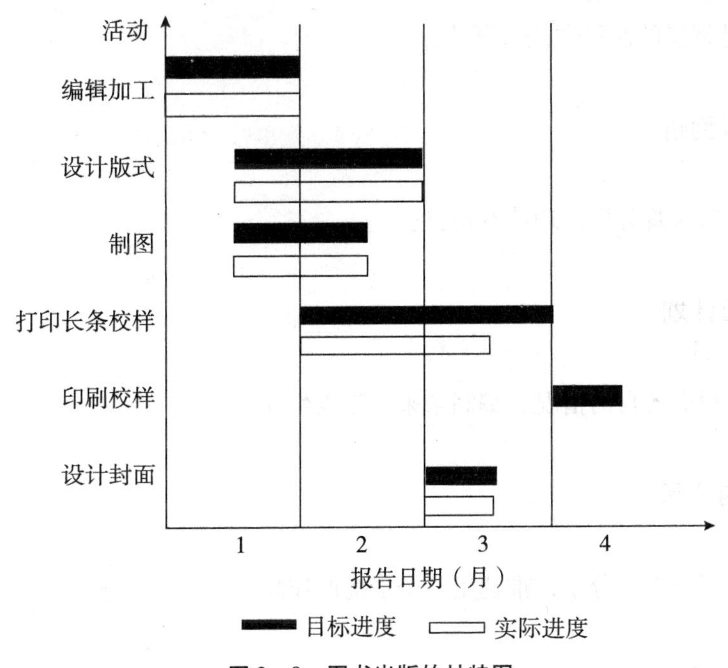

图2－9 图书出版的甘特图

2. 甘特图的评价

甘特图用于计划的实施、管理，其优点在于将计划任务图形化，简单、直观、易于理解，特别是现在有专业软件支持，无须担心复杂的计算、分析和制作。该方法的局限性在于仅部分地反映了项目管理的三重约束（时间、成本和范围），因为它主要关注进程管理（时间），所以尽管能够通过项目管理软件描绘出项目活动的内在关系，但是如果关系过多，纷繁芜杂的线图必将增加甘特图的阅读难度。

（四）投入产出法

基本原理是：任何系统的经济活动都包括投入和产出两大部分，投入是指在生产活动中的消耗，产出是指生产活动的结果，在生产活动中投入与产出之间具有一定的数量关系。投入产出法就是利用这种数量关系建立投入产出表，根据投入产出表对投入与产出的关系进行科学分析，再用分析的结果来编制计划并进行综合平衡。

任务实施

一、查阅资料，储备知识

1. 计划的影响因素有哪些？
2. 滚动计划法的制订方法有哪些？

二、自我剖析

对自我进行客观分析，理性看待自己。

三、制订计划

每位同学根据各自的情况，编制未来五年人生计划。

四、组内分享

小组内进行成果的分享，推选出一个最优的作品。

五、成果展示

组内的优秀成果在班上进行交流分享，教师点评。

六、评价反馈

各小组根据以下评价项目，结合各自在活动过程中的表现和实施情况进行自我评价与小组评价，教师对小组表现进行综合评价。

评价项目	评价标准	配分（分）	自我评价（20%）	小组评价（30%）	教师评价（50%）
知识准备完成情况	按完成比例给分	10			

续 表

评价项目	评价标准	配分（分）	自我评价（20%）	小组评价（30%）	教师评价（50%）
滚动计划法的内容和编写的合理性	对滚动计划法的掌握 5 ~ 10 分； 能客观自我剖析 5 ~ 10 分； 计划编制的内容 10 ~ 20 分	30			
工作过程中所做贡献	贡献最大 30 分以上； 贡献较大 19 ~ 30 分； 贡献很少 1 ~ 18 分； 基本无贡献 0 分	40			
团队合作责任意识	无团队意识扣 7 ~ 10 分； 无责任心扣 7 ~ 10 分	10			
现场遵守纪律、执行 6S 情况	违反课堂纪律扣 7 ~ 10 分； 着装不规范扣 3 ~ 5 分； 工作组台面不整齐、地面有垃圾的扣 5 ~ 8 分	20			
合 计					

延伸阅读

滚动计划法让 W 公司迈向成功

W 公司是中国东部地区一家知名企业，原有的计划管理水平低下，粗放管理特征显著，计划管理与公司实际运营情况长期脱节。为实现企业计划制订与计划执行的良性互动，在管理咨询公司顾问的参与下，W 公司逐步开始推行全面滚动计划管理。

首先，W 公司以全面协同量化指标为基础，将各年度分解为四个独立的、相对完整的季度计划，并将其与年度紧密衔接。在企业计划偏离和调整工作中，W 公司充分运用了动态管理的方法。

所谓动态管理，就是 W 公司年度计划执行过程中要对计划本身进行三次定期调整：第一季度的计划执行完毕后，就立即对该季度的计划执行情况与原计划进行比较分析，同时研究、判断企业内外环境的变化情况。根据统一得出的结论对后三个季度计划和全年计划进行相应调整；第二季度的计划执行完毕后，使用同样的方法对后两个季度的计划和全年计划执行相应调整；第三季度的计划执行完毕后，仍然采取同样方法对最后一个季度的计划和全年计划进行调整。

W 公司各季度计划的制订是根据近细远粗、依次滚动的原则开展的。这就是说，每年年初都要制订一套繁简不一的四季度计划：第一季度的计划率先做到完全量化，计划的执行者只要拿到计划文本就可以一一遵照执行，毫无困难或异议；第二季度的计划要至少做到50%的内容实现量化；第三季度的计划也要至少使20%的内容实现量化；第四季度的计划只要做到定性即可。同时，在计划的具体执行过程中对各季度计划进行定期滚动管理——第一季度的计划执行完毕后，将第二季度的计划滚动到原第一计划的位置，按原第一季度计划的标准细化到完全量化的水平；第三季度的计划则滚动到原第二季度计划的位置并细化到至少量化50%内容的水平，以次类推。第二季度或第三季度计划执行完毕时，按照相同原则将后续季度计划向前滚动一个阶段并予以相应细化。本年度4个季度计划全部都执行完毕后，下年度计划的周期即时开始，如此周而复始，循环往复。

其次，W 公司以全面协同量化指标为基础建立了三年期的跨年度计划管理模式，并将其与年度计划紧密对接。

跨年度计划的执行和季度滚动计划的思路一致。W 公司每年都要对计划本身进行一次定期调整。第一年度的计划执行完毕后，就立即对该年度的计划执行情况与原计划进行比较分析。同时研究、判断企业内外环境的变化情况，根据统一得出的结论对后三年的计划和整个跨年度计划进行相应调整；当第二年的计划执行完毕后，使用同样的方法对后三年的计划和整个跨年度计划进行相应调整，以次类推。

W 公司立足于企业长期、稳定、健康地发展，将季度计划—年度计划—跨年度计划环环相扣，前后呼应，形成了独具特色的企业计划管理体系，极大地促进了企业计划制订和计划执行相辅相成的功效，明显提升了企业计划管理、分析预测和管理咨询的水平，为企业整体效益的提高奠定了坚实的基础。

巩固拓展

一、选择题（不定项选择）

1. 滚动计划法的计划内容依据（　　）的原则。

A. 远粗近细　　　　B. 远细近粗

C. 统一　　　　D. 逐期滚动

2. （　　）是指环境和形式是不断变化的，在保证计划总体目标不变的基础上，根据情况的变化而对计划进行调整。

A. 灵活性原理　　　　B. 导向变化原理

C. 许诺原理　　　　　　　　　　D. 限定因素原理

3. 当组织处于幼年期，管理者应当更多地依赖（　　）计划。

A. 指导性　　　　　　　　　　　B. 短期

C. 长期　　　　　　　　　　　　D. 模糊

二、分析题

你怎么理解“企业高层管理者一般制订战略性计划”这句话？

三、实训题

试用甘特图描述你本学期的学习计划。

任务 4　学会目标管理

任务描述

德高玩具公司是一家专门生产和销售 0 ~10 岁儿童益智玩具的公司，在六一儿童节来临之际，该公司准备推行玩具促销活动。李东是这家公司的副总裁，全权负责这次促销活动，请为他制订公司六一儿童节促销活动的目标管理方案。

内容包括：

1. 总目标的制订和目标的分解。
2. 目标管理的实施过程，包括领导授权、实施过程、信息反馈、过程控制等。
3. 目标成果的评定，包括评定时间、成果信息收集、评价指标等。

任务领取

1. 以小组为单位完成任务，4 ~ 6 人为一组，选出一名组长，负责安排组员工作，并进行监督。
2. 查阅资料或课本，了解目标管理的相关知识点。
3. 小组分配任务，每人各自完成相应任务，再集体商讨。
4. 根据背景要求，制订公司六一儿童节的促销活动目标管理方案。
5. 小组完成任务后，选派代表上台进行宣讲，小组互评和教师点评。

知识储备

任何社会活动都有自己的目标，目标是活动的最终结果。计划工作的首要任务就是要为组织确立合理的目标，没有目标，组织也就失去了存在的意义。组织的工作只有围绕着目标展开才能取得预想的成果。长期以来，人们在实践中探索着运用目标进行管理的方法。

管理智慧树

查德威克小姐的故事

1952 年 7 月 4 日清晨，加利福尼亚海岸升起了浓雾。在海岸以西 21 英里的卡塔林纳岛上，一个 43 岁的女人准备从这里游向加州海岸。她叫费罗伦丝·查德威克。那天早晨，雾很大，海水冻得她身体发麻，她几乎看不到护送他的船只。时间一个小时一个小时地过去，千千万万人在电视上看着。有几次，鲨鱼靠近她了，被人开枪吓跑了。

15 个小时之后，她又累又冷，冻得发麻。她知道自己不能再游了，就叫人拉她上船。她的母亲和教练在另一条船上。他们都告诉她海岸很近了，叫她不要放弃。但她朝加州海岸望去，除了浓雾什么也看不到……

人们拉她上船的地点，离加州海岸只有半英里！后来她说，令她半途而废的不是疲劳，也不是寒冷，而是因为她在浓雾中看不到目标。查德威克小姐一生中就只有这一次没有坚持到底。

一、目标管理的含义

目标管理理论是由美国管理大师彼得·德鲁克根据目标设置理论提出的目标激励方案。其基础是目标理论中的目标设置理论。目标管理强调组织群体共同参与指定具体的可行的能够客观衡量的目标。

德鲁克认为，一个组织的目的和任务，必须转化为目标，如果一个领域没有明确的目标，则这个领域必然被忽视。而目标管理最大的好处是，它使员工能够控制他们自己的成绩，这种自我控制会激励员工尽自己的最大力量把工作做好。因此，他提出，让每个员工根据总目标的要求，自己制订个人目标，并努力达到个人目标，就能使总目标的实现更有把握。在目标管理的实施阶段和成果评价阶段，应做到充分信任员工，实行权力下放和自我管理，发挥每个员工的主动性和创造性。

目标管理是一种综合的以工作为中心和以人为中心的管理方法；是一个组织中

上级管理人员同下级管理人员，以及同职工一起共同制订的组织目标；使目标同组织内每个人的责任和成果相互密切联系，明确地规定了每个人的职责范围，并用目标来进行管理、评价和决定对每个成员的贡献和奖励报酬等。因此，目标管理就是一个组织的上下级管理人员和组织内的所有成员共同制订目标，共同实施目标的一种管理方法。

二、目标管理的特点

1. 目标管理是以目标为中心的管理

目标管理强调，明确目标是有效管理的首要前提，管理者科学地制订具体的目标，实施目标，考核目标，是实现管理任务的根本方法。因此，在目标管理中，应注重目标的制定，各分目标都必须以总目标为依据，分目标是总目标的有机组成部分，计划的制订和执行以目标为导向，计划执行完成后又以目标的完成情况来进行考核。这种考核方式对于目标的具体过程、途径和方法不过多干预，只是注重目标完成的结果，是一种成果导向型的管理方式。

2. 目标管理强调目标的系统性

目标管理是将整体目标逐层分解，从公司的战略目标到部门的执行目标再到个人的工作目标，在分解的过程中要确保目标的方向一致性，环环相扣，相互配合，形成一个协调统一的目标体系。总体目标能在方向上指引分目标，分目标的执行推动总体目标的完成，通过目标层层展开的方式，把目标明确固定下来，形成一个不可分割的整体。

管理智慧树

石匠的故事

有个人经过一个建筑工地，问那里的石匠们在干什么？三个石匠有三种不同的回答：

第一个石匠回答：“我在做养家糊口的事，混口饭吃。”

第二个石匠一边敲打石块一边回答：“我在做整个国家最出色的石匠工作。”

第三个石匠眼中带着想象的光辉仰望天空回答：“我正在建造一座大教堂。”

3. 目标管理强调以人为本

目标管理是一种参与式、民主式、自我控制的管理制度，也是一种把个人需求与组织目标结合起来的管理制度。目标管理认为员工应参与目标的确定，以提高员工工作的主动性，通过目的性的、自我控制式的、个人创造性的目标进行管理。目标管理强调由管理者和下属共同确定目标和建立目标体系，下属不再只是做工作、执行命令，他们本身就是制订目标的参与者；目标是上下级人员共同协商研究的结晶，这不仅能使组织目标更符合实际、更具有可行性，而且能激发各级人员在实现目标时的积极性和创造性，能使员工发现工作的兴趣和价值，享受工作的满足感和成就感。

三、目标管理的实施步骤

目标管理是通过科学地制订目标，实施目标，根据目标进行绩效考核评价来实施组织管理任务的过程，是一个完整的系统性的管理方法。它的具体实施步骤一般包括制订目标、分解目标、目标实施、检查实施结果、信息反馈及处理五个环节。如图 2－10、图 2－11 所示。

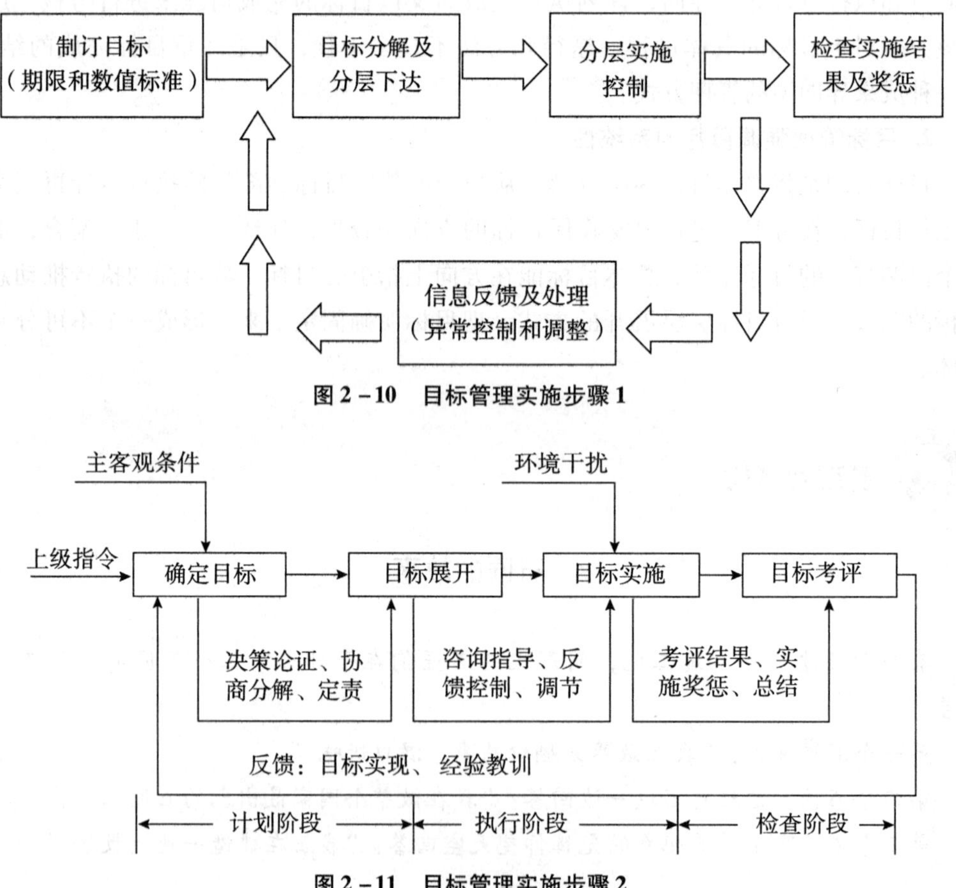

图 2－10　目标管理实施步骤 1

图 2－11　目标管理实施步骤 2

1. 制订目标

制订目标是实施目标管理的第一个步骤，也是至关重要的一步。这项工作总是从企业的最高主管部门开始的，然后由上而下逐级确定目标。上下级的目标之间通常是一种“目的—手段”的关系；某一级的目标，需要用一定的手段来实现，这些手段就成为下一级的次目标，按级顺推下去，直到作业层的作业目标，从而构成一种锁链式的目标体系。

在整个制订目标的过程中，应该把握以下几个要点。

（1）上下级达成共识。目标的制订可以由上级提出，再同下级讨论；也可以是由下级提出，上级审批。无论是自上而下还是自下而上的形式，最重要的是目标管理必须被全体员工所理解，并真正得到上级领导的全力支持。因此，公司的高层管理者必须对企业的内外部环境和优劣势有清晰的认识，对未来的发展战略有明确的方向，并把组织的战略目标向员工进行宣传和动员，让员工对企业的发展有足够的信心，并把个人的发展与企业的未来紧密相连，形成上下一心的强大凝聚力和向心力。

（2）确定目标项目和目标值。目标项目即组织的目标内容。组织目标具有多样化、层次性的特点。组织常见的目标内容有：经济效益目标，如产量、成本、收益等；组织素质目标，如员工素质、技术水平等；安全文明目标，如安全措施、劳动保护等。企业根据自身的发展需要，在不同的发展阶段制订适合企业发展的战略目标。目标值就是目标项目所要达到的程度或水平的具体标准。制订的目标值一般要包括定量目标和定性目标这两方面，定量目标要求具体，有可比性；定性目标要求表达准确、清楚。

（3）不断修正和反复的过程。目标的制订是一个不断修正和反复的过程。由高层设置的目标是初步的，由下级拟订出整个可考核的目标系列时，根据它来进行修改。上级对下级的目标也有一个大体的设想，这个设想也随着与下级一起制订目标的进程而改变。管理人员应反复地与他的上级一起审查所有下级的工作目标和自身的目标，直到部门中的每项工作都制订了合适的目标。

2. 分解目标

分解目标即将企业的目标从上到下，层层分解落实的过程。企业总体的战略目标制订后，要把目标逐层分解展开，从部门到车间到班组到个人，从而制订各个层次的分目标，以便实现整体目标，总目标和分目标构成组织的目标体系。

在分解目标过程中要注意以下内容：一是各个分目标必须在总目标的指导下制订，也要为总体目标服务，与总体目标保持方向和思路的一致性，从而促进总目标的实现；二是各个目标之间是一个相互联系、相互作用的系统，在分目标制订的过程中要考虑时间和资金的因素，避免目标之间相互冲突，保持均衡发展；三是各分目标应该有具体的量化标准，简洁易懂；四是充分考虑分目标实现的主客观条件，趋利避害，更好达成目标。如图 2 – 12 所示。

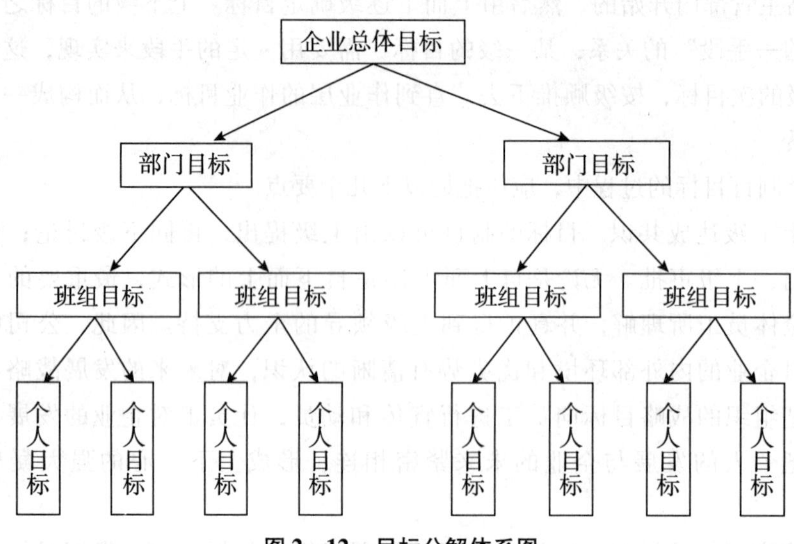

图 2-12 目标分解体系图

管理个案分析

1984 年，在东京国际马拉松邀请赛中，名不见经传的日本选手山田本一出人意料地夺得了世界冠军。他在自传中是这么说的：每次比赛之前，我都要乘车把比赛线路仔细地看一遍，并把沿途比较醒目的标志画下来，比如第一个标志是银行；第二个标志是一棵大树；第三个标志是一座红房子……这样一直画到赛程的终点。比赛开始后，我就以百米的速度奋力地向第一个目标冲去，等到达第一个目标后，我又以同样的速度向第二个目标冲去。40 多千米的赛程，就这样被我分解成几个小目标轻松地跑完了。起初，我并不懂这样的道理。而当我把我的目标定在 40 多千米外终点线上的那面旗帜上时，结果我跑到十几千米时就疲惫不堪了，我被前面那段遥远的路程给吓倒了。

【互动天地】从以上案例你得到什么启示？

3. 实施目标

通过各级授权，使每个人都明确在实现总目标的过程中自己应承担的责任，实行职责范围内的自主管理、自我监督、自我调整，以保证全面实现预定的绩效目标。

在目标实施的过程中要把握以下几点：

（1）充分授权。目标的实施要依靠全体成员的共同努力去实现，如果上级过多干预，就会限制个人发挥的空间，打击个人的积极性与主动性。根据权责一致原则，若承担某一任务，必须拥有完成这一任务所需要的权力。组织的总目标落实到个人后，管理者要实行充分授权，创造个人自由完成目标所需要的条件，这样才能充分发挥每个人的主观能动性，调动员工的积极性，共同实现企业的战略目标。

（2）实行自我管理。管理者授权以后，员工按照自己所承担的目标责任，在实施目标中进行自我的管理。自我管理的最大成效就是使员工感到工作是出自内心愿望，从而能够发挥最大的积极性。员工在目标实施中能做到自我管理和自我控制是较为理想的状态。

（3）检查与反馈。目标在实施的过程中一般来说主要靠员工自己管理或自我控制。但是，也必须定期地检查各项任务的进展情况。下级定期地向上级讨论实施目标的进展情况，上级则不断地将衡量结果反馈给下级，以便他们能够调整自己的行动，与组织的整体保持一致。

4. 检查实施结果

对目标管理进行定期或不定期的检查，有利于促进目标的顺利完成。当目标管理一个周期结束时，领导必须与有关的下级或个人逐个地检查目标任务完成的情况，并与原定的目标进行比较。完成好的，要充分肯定成绩，对未能完成任务的，要分析和找出原因，并根据个人完成任务的情况给予相应的报酬和各种奖励，形成奖罚分明、公正公平的有效激励机制。

5. 信息反馈及处理

目标管理是一个不断循环的系统，做好信息的反馈和处理，是对一个周期目标实施成果的评价和总结，也是对下一阶段目标的动员和修正。要做好信息反馈与处理，需要从以下几方面着手：

（1）建立完善的奖惩机制。由于目标的制订一般是高于责任者原有的能力水平，目标责任者需经过努力才能达到的目标，所以评价的标准是按照责任者的目标值完成情况和目标过程中的表现进行。

（2）考评结果纳入个人档案。目标评价较客观地反映了目标责任者的工作能力、技术水平、组织能力和应变能力的综合素质，将其纳入个人考核升迁的重要指标，有利于领导发现人才、提拔干部和进行岗位轮换等。

（3）总结经验。对目标成果进行评价，得出的结论将是下一轮目标制订的重要参考指标。在对本次目标成果的评价中吸取成功的经验和失败的教训，使今后的目标能扬长避短，趋利避害，有所侧重地制订和实施目标。

四、对目标管理的评价

目标管理的最大特征是通过诱导启发职工自觉地去干，激发员工的生产潜能，提高员工的工作效率，来促进企业总体目标的实现。目标管理已成为世界上最为流行的一种计划方法和管理制度，但是它既有积极的优点，又有本身的局限性。

（一）目标管理的优点

1. 强化管理，提高水平

目标管理方式在推进组织工作进展，保证组织最终目标完成方面更胜一筹。因为目标管理是一种结果式管理，不仅仅是一种计划的活动式工作。这种管理迫使组织的每一层次、每个部门及每个成员首先考虑目标的实现，尽力完成目标，因为这些目标是组织总目标的分解，因此当组织的每个层次、每个部门及每个成员的目标完成时，也就是组织总目标实现的时候。在目标管理方式中，一旦分解目标确定，但不规定各个层次、各个部门及各个组织成员完成各自目标的方式、手段，反而给了大家在完成目标方面一个创新的空间，这就有效地提高了组织管理的效率。

2. 成果导向，结构优化

目标管理通过制订一系列的目标促使管理人员根据目标去确定组织的任务和结构。目标作为一个体系，规定了各层次的分目标和任务，那么，在允许的范围内，组织机构要按照实现目标的要求来设置和调整，各个职位也应当围绕所期望的成果来建立，这就会使组织结构更趋合理与有效。为了取得成果，各级管理人员必须根据他们期望的成果授予下属人员相应的权力，使其与组织的任务和岗位的责任相对应。

3. 任务落实，责任明确

目标管理是由各级管理人员和工作人员去承担完成任务的责任，从而让各级管理者和工作人员不再只是执行指标和等待指导，而成为专心致志于自己目标的人。他们参与自己目标的拟订，将自己的思想纳入计划之中，他们了解自己在计划中所拥有的自主处置的权限，清楚自己承担的责任以及能寻求的帮助，更能发挥工作的主动性和积极性。

4. 加强监督，有效控制

目标管理方式本身也是一种控制的方式，即通过目标分解后的实现最终保证组织总目标实现的过程就是一种结果控制的方式。事实上，组织高层在目标管理过程中要经常检查、对比目标，进行评比，看谁做得好，如果有偏差就及时纠正，确保任务的完成。

（二）目标管理的局限性

1. 目标难以设定

人们在设置目标时，真正可考核的目标很难确定，许多岗位工作难以使目标定量化。另外，由于过分强调定量化目标，可能导致忽视一些定量性不明显的目标，如只奖励高生产率而损害创造性。为了保证目标实现的可能性并使目标具有激励作用，目标必须既具有挑战性又是可以实现的。这些导致设置目标困难重重。

2. 目标期限短

大多数的目标管理中的目标通常是一些短期的目标：年度的、季度的、月度的等。一方面，短期目标比较具体，易于分解，而长期目标比较抽象，难以分解；另一方面，短期目标易迅速见效，长期目标则不然。所以，在目标管理方式的实施中，组织似乎常常强调短期目标的实现而对长期目标不关心。因此，为防止短期目标所导致的短期行为，上级主管人员必须从长期目标的角度提出总目标和制订目标的指导方针。

3. 目标的商定会流于形式

目标的商定要经过几轮的讨论，上下统一意见，明确目标。而有些采用目标管理的公司过分强调了数量目标，要求报表和总结过多。有些管理人员忙于写总结、忙报表，对下级只是分派任务或提提建议，很少坐下来与下级共同研究问题。结果就造成个别人缺乏责任心。处理不好，可能会造成流于形式，达不到应有效果。

4. 实施不够灵活

目标管理要取得成效，就必须保持其明确性和肯定性，如果目标常变，就难以说明它是经过深思熟虑和周密计划的结果，这样的目标是没有意义的。但是，计划是面向未来的，而未来存在许多不确定因素，这又使得必须根据已经变化了的计划工作为前提对目标进行修正。然而，修订一个目标体系与制订一个目标体系所花费的精力相差无几，结果可能迫使主管人员不得不在中途停止目标管理的过程。

总而言之，目标管理是管理体系中一种极为有用的方法，然而要使目标管理获得更佳的效果，管理者也必须注意克服缺点。

五、如何推行目标管理

推行目标管理，除了要掌握具体的方法外，要特别注意下面四个问题。

（一）目标要清晰、简明、合理

一般来说，企业确定几个有关全局性的目标，然后各部门或个人依次为核心进行分解。千万注意，目标不能太多、太乱、互不关联，甚至互相矛盾，不要设置没有具体考核标准或考核不具备条件的考核项目。通常来说，既要有经营结果指标，又要有管理过程指标，两者相辅相成。这样才可以把经营业务部门和职能管理部门的责任、职权、利益结合起来，他们既有分工又有协作，形成合力，共同完成企业的目标，并保证企业可持续发展。

（二）推行目标管理关键在于领导

领导在目标管理中担任着重要的角色，因此对领导的要求就更高了。领导要有专业的知识，深入工作，了解下情，了解生产，对各项指标做到心中有数。目标管理中的领导者与被领导者之间不是命令与服从的关系，而是平等、尊重、信赖和相互支持的关系。因此，要求领导者改进作风，提高水平，发扬民主，善于沟通。另外，目标管理中的领导者应善于授权，充分发挥下属的主观能动性，让下属有施展才华的平台。领导在具体的评价指标和奖惩标准方面要与下属达成共识，使上下齐心，形成合力，共同实现企业目标。

（三）目标管理要逐步推行，长期坚持

推行目标管理需要许多配套工作，如提高员工的素质、健全各种机制、做好其他管理的基础工作、制订一系列有关的政策等。这些都是企业的长期任务，所以目标管理也只能逐步推行，先试点，在试点的基础上总结经验，再推广。因此，目标管理的推行需要长期坚持，不断发展和完善，这样才能收到良好的效果。

管理智慧树

伴随着全面质量管理的推行，我国从1978年开始在一些大企业中试行目标管理方法。例如，获得2002年全国质量奖提名的山东新华制药厂，从1980年开始实施目标管理，始终坚持不懈。新华制药厂每年都要把企业的总目标向下层分解，中层管理者要对本部门的目标与总目标的关系，以及实施本部门目标的依据和保证条件向由高层管理者组成的答辩委员会进行说明，每半年进行检查。由上到下，以次类推，形成了企业的管理特色，取得了很好的成果。

（四）评价标准通俗易懂，易于执行

在目标管理的评价中尽可能量化或细化考核项目，由经营规划部、人力资源部、财务部和考核对象一起沟通，根据历史财务数据和预算，制订详细可执行的衡量标准和相关简明清晰的考核流程和考核表格，才能保证实施。

管理个案分析

一家制药公司决定在整个公司内实施目标管理，根据目标实施和完成情况，一年进行一次绩效评估。事实上，他们之前在为销售部门制订奖金系统时已经用了这种方法。公司通过对比实际销售额与目标销售额，支付给销售人员相应的奖金。这样销售人员的实际薪资就包括基本工资和一定比例的个人销售奖金两部分。

销售额大幅度提上去了，但是却苦了生产部门，他们很难完成交货计划。销售部

抱怨生产部不能按时交货。总经理和高级管理层决定为所有部门经理以及关键员工建立一个目标设定流程。为了实施这个新的方法他们需要用到绩效评估系统。生产部门的目标包括按时交货和库存成本两个部分。

他们请了一家咨询公司指导管理人员设计新的绩效评估系统，并就现有的薪资结构提出改变的建议。他们付给咨询顾问高昂的费用修改基本薪资结构，包括岗位分析和工作描述。还请咨询顾问参与制订奖金系统，该系统与年度目标的实现程度密切相连。他们指导经理们如何组织目标设定的讨论和绩效回顾流程。总经理期待着很快能够提高业绩。

然而不幸的是，业绩不但没有上升，反而下滑了。部门间的矛盾加剧，尤其是销售部和生产部。生产部埋怨销售部销售预测准确性太差，而销售部埋怨生产部无法按时交货。每个部门都指责其他部门的问题。客户满意度下降，利润也在下滑。

【互动天地】请根据目标管理的相关知识分析该公司存在的问题。

任务实施

一、明确组员分工

任务实施过程中要明确分工任务，组长要调动组员充分表达不同意见，形成职责清晰的任务分工表。

组员姓名	任务分工	主要方法	提交任务成果的方式

二、过程监督

把总任务完成的时间划分为不同工作阶段，请各组成员在任务实施过程中做好过程记录，组长负责监督，全组共同完成进度监督表。

工作阶段	时　间	进度描述	检查情况记录	改善措施以及建议

三、各组成员记录任务实施过程中的困难及收获

困难：____

小组成员想到的解决方法：________________________________

____

本次活动的收获：________________________________

____

四、制订方案

在完成上述的准备工作后，小组成员共同商量确定目标管理的实施方案。

五、成果展示

每个小组在完成任务后，在班上进行目标管理方案宣讲，小组互评和教师点评。

六、评价反馈

各小组根据以下评价项目，结合各自在活动过程中的表现和实施情况进行自我评价与小组评价，教师对小组表现进行综合评价。

评价项目	评价标准	配分（分）	自我评价（20%）	小组评价（30%）	教师评价（50%）
知识准备完成情况	按完成比例给分	10			
目标管理的流程和目标管理方案的编写内容	对目标管理实施步骤的掌握5～10分； 掌握目标管理的推行5～10分； 目标管理方案编写的可行性10～20分	30			

续 表

评价项目	评价标准	配分（分）	自我评价（20%）	小组评价（30%）	教师评价（50%）
工作过程中所做贡献	贡献最大30分以上； 贡献较大19～30分； 贡献很少1～18分； 基本无贡献0分	40			
团队合作责任意识	无团队意识扣7～10分； 无责任心扣7～10分	10			
现场遵守纪律、执行6S情况	违反课堂纪律扣7～10分； 着装不规范扣3～5分； 工作组台面不整齐、地面有垃圾的扣5～8分	20			
合　计					

延伸阅读

海尔集团创造的日清日高目标管理法

日清日高管理法，即OEC管理法，是海尔集团冰箱公司在管理实践中，不断创新、逐步提炼、总结形成的一种有效的企业内部经营管理体系。所谓OEC实际上是“Overall Every Control and Clear”的英文缩写，其含义是，全方位地对每人、每天所做的每件事进行控制和清理，以做到“日清日毕，日清日高”。它由三个控制体系构成，即目标体系、控制体系和激励机制。

（一）目标体系

这是企业各项工作的指南和日常管理的重要依据，是管理体系中提纲挈领的部分。目标体系由集团公司（决策层），部门、分厂（执行层），车间（作业层）三个层次组成。第一步，集团公司制订总目标，每年12月集团公司根据市场变化情况和本年度目标完成情况，制订下一年度的总目标，包括产量、质量、经济效益、生产率、管理、产品开发、企业发展等内容。确定每项内容的具体目标值、工作进度、完成期和承担的部门，据此制订年度方针目标展开实施对策表；第二步，将总目标逐项分解到各部门（分厂）。由各部门（分厂）再分解为月度目标和计划，列入OEC控制总台账，对其中重点项目在台账中细化单列，形成总目标的子系统；第三步，各部门（分厂）将子目标分解为各车间控制的项目，由各车间再分解为每个岗位、每个员工每天的工作项目和责任，列入工作控制台账。这样，就使得看似很大无从下手的大目标细化到每人每天的具体工作，变成了简单、清晰、易操作的小目标，构成一个层次分明，内容完整，责任明确的目标计划体系。

（二）控制体系

控制体系分为纵向（生产作业现场）控制和横向（职能管理）控制。按照问题、发生地点、发生时间、责任者、原因、问题多少、损失大小、解决措施、安全事项九个因素进行控制。生产作业现场日清的主要对象是质量、工艺、设备、物耗、生产计划、文明生产、劳动纪律七个项目。由管理人员进行巡回检查，每两个小时将检查结果记录在相应的七张日清表中，同时将各项结果综合评价后，填写日清栏考评意见，一起公布于各车间日清管理栏内。每个员工对照七个方面的标准和要求将自检结果填入“三E”（即每人、每天、每件事三个英文单词的第一个字母E），日清工作记录卡交班长考核确认。各职能管理部门按照阅读目标和计划实施控制，每天将实际完成值分别与目标值、上期完成值相比较，记录在日清控制表上，同时找出薄弱的环节和存在的问题列入重点控制项目，并分析原因，及时向有关单位发出纠偏单。对纠偏情况进行跟踪检查，每天记录在现场日清记录表上，对临时性的工作填写工作活页，随时进行控制，纳入例行管理。日清所要解决的问题：使月度目标和工作项目处于受控状态，对出现的问题及时进行分析，提出整改措施，确定责任，严格进行考核。

（三）激励机制

对管理人员每天按日清实际完成值与目标值、上期完成值对比，或超过、或持平、或下降，分别给予A、B、C三个等级的评价。每天日清考核中，对发现问题者当场给予红卷并予以奖励，对责任者发给黄卷予以处罚，并记入“三E”卡，月终发工资时兑现。

除此之外，还要从多方面建立激励机制。一是完善用人机制，通过公司招聘、竞争上岗，充分挖掘人才；二是实行“三工并存，动态转换”的用工制度，即设置优秀员工、合格员工、试用员工三个等级，依据考核标准有升有降；三是为管理人员设置海尔金、银、铜奖，为工人设置海尔希望奖、合理化建议奖以及信得过班组、自主管理班组奖。

巩固拓展

一、选择题（不定项选择）

1. 目标管理概念是由美国的管理学家（　　）最先提出的。

A. 孔茨　　B. 西蒙

C. 德鲁克　　D. 梅奥

2. （　　）即将企业的目标从上到下，层层分解落实的过程。

A. 目标制订　　B. 分解目标

C. 目标实施　　D. 检查实施结果

3. 目标管理是以（　　）为中心的管理。

A. 事务　　B. 人

C. 目标　　D. 领导

二、分析题

你是怎么理解目标管理中的授权的？怎么把授权贯穿于目标管理当中？

三、实训题

喜士多糕点公司是一家生产销售中式糕点的企业。随着西风东渐，他们逐渐发现我国人民的嗜好已经发生了改变，光靠经营中式糕点无法实现公司的长期发展计划。为此，公司决定明年新增西式糕点业务，并通知全公司所有部门和员工做好准备。于是，技术部研究了现行设备和技术，对需要新添的设备和技术做了调查；销售部调查了市场，讨论现行营销体系的优缺点；财务部对资金状况摸底。年底总经理签发了明年西式糕点经营总目标，各单位又在总目标下制订了各自的小目标，并将小目标分配给基层单位和员工，以次类推，形成一个目标体系。

请根据案例背景为喜士多糕点公司画出目标体系图。

项目四　做出决策

项目目标

1. 了解决策的含义和分类
2. 了解决策在管理中的作用
3. 掌握决策的方法和过程

项目子任务

任务 1　了解决策

任务 2　掌握决策的方法和过程

项目引例

齐国的大将田忌很喜欢赛马，有一回，他和齐威王约定，要进行一场比赛。他们商量好，把各自的马分成上、中、下三等。比赛的时候，要上马对上马，中马对中马，下马对下马。由于齐威王每个等级的马都比田忌的马强得多，所以比赛了几次，田忌都失败了。

田忌觉得很扫兴，比赛还没有结束，就垂头丧气地离开赛马场。这时，田忌抬头一看，人群中有个人，原来是自己的好朋友孙膑。孙膑招呼田忌过来，拍着他的肩膀说："我刚才看了赛马，威王的马比您的马快不了多少呀。"孙膑还没有说完，田忌瞪了他一眼："想不到你也来挖苦我！"孙膑说："我不是挖苦您，我是说您再同他赛一次，我有办法准能让您赢了他。"田忌疑惑地看着孙膑："你是说另换一匹马来？"孙膑摇摇头说："连一匹马也不需要更换。"田忌毫无信心地说："那还不是照样得输！"孙膑胸有成竹地说："您就按照我的安排办事吧。"齐威王屡战屡胜，正在得意扬扬地夸耀自己马匹的时候，看见田忌和孙膑迎面走来，便站起来讥讽地说："怎么，莫非你还不服气？"田忌说："当然不服气，咱们再赛一次！"说着，"哗啦"一声，把一大堆银钱倒在桌子上，作为他下的赌钱。齐威王一看，心里暗暗好笑，于是吩咐手下，把前几次赢得的银钱全部抬来，另外又加了一千两黄金，也放在桌子上。齐威王轻蔑地说："那就开始吧！"一声锣响，比赛开始了。孙膑先以下等马对齐威王的上等马，第一局输了。齐威王站起来说："想不到赫赫有名的孙膑先生，竟然想出这样拙劣的对策。"孙膑不去理他。接着进行第二场比赛。孙膑拿上等马对齐威王的中等马，获胜了一局。齐威王有点心慌意乱了。第三局比赛，孙膑拿中等马对齐威王的下等马，又胜了一局。这下，齐威王目瞪口呆了。比赛的结果是三局两胜，当然是田忌赢了齐威王。还是同样的马匹，由于调换一下比赛的出场顺序，就得到转败为胜的结果。

项目提要

从以上故事可以看出，在人们的生活当中，只要善于运用战略决策，所产生的效果就截然不同，为了提高工作的效率，我们要学会灵活运用不同的决策，善于做出决策，才能取得成功。当今社会信息瞬息万变，面对复杂多变的内外部环境，企业的决策显得日益重要。俗话说"先谋后事者昌，先事后谋者亡"，所以企业要善于谋划，灵活掌握形势的变化做出决策。本项目主要介绍管理决策的基本理论与组织过程。在决策的基本理论中，将通过了解管理决策的定义、特点与类型，使我们更全面地理解管理决策的含义。决策实际上是一个有一定顺序和条理化过程的一门科学，它需要按照一定的程序进行，才有可能拿出较为合理的解决方案，使组织达到预期的目标。

任务 1 了解决策

任务描述

某工具厂从 1990 年以来一直经营生产 A 产品，虽然产品品种单一，但是市场销路一直很好。后来由于经济政策的暂时调整及客观条件的变化，A 产品完全滞销，企业职工连续半年只能拿 50% 的工资，更谈不上奖金。企业职工怨声载道，积极性受到极大的影响。

新厂长上任后，决心一年内改变工厂的面貌。他发现该厂与其他部门合作的环保产品 B 产品是成功的，于是决定下马 A 产品，改产 B 产品。一年过去，企业总算没有亏损，但工厂日子仍然十分不好过。

后来市场形势发生了巨大的变化。原来的 A 产品市场脱销，用户纷纷来函来电希望该厂能尽快恢复 A 产品的生产。与此同时，B 产品销路不好。在这种情况下，厂长又回过头来抓 A 产品，但一时又无法搞上去，无论数量和质量都不能恢复到原来的水平。为此，集团公司领导对该厂厂长很不满意，甚至认为改产是错误的决策，厂长感到很委屈，总是想不通。

问题一：你认为该厂长的决策是否有错误？请你做详细分析。

问题二：如果你是该厂厂长，你在决策过程中应如何去做？

任务领取

1. 以小组为单位完成任务，4 ~ 6 人为一组，选出一名组长，负责安排组员工作，并进行监督。

2. 查阅资料或课本，了解决策的含义、分类、影响决策的因素等相关知识点。

3. 讨论分析该厂长在决策时存在的问题。

4. 小组把商量的决策方案详细列出来。

5. 小组展示各自的成果，两个小组之间相互评论并提问，最后由教师点评。

知识储备

俗话说："一着不慎，满盘皆输；一着占先，全盘皆活。"它喻示一个道理，无论做什么事情，成功与失败取决于决策的正确与否。对于企业来说，决策是管理者从事管理工作的基础，管理者在从事各项工作时，会面临着大大小小的各种决策，如何在若干个方案中进行决策是管理能力的体现。

决策是管理的基础和核心，整个管理过程都是围绕着决策的制订和组织实施而展开的。诺贝尔经济学奖得主西蒙甚至强调管理就是决策，决策贯穿了整个管理过程。可见，决策在管理中处于十分重要的地位。

一、决策的含义

对于决策的含义，不同的管理学派从不同的角度进行了描述。管理学教授里基·格里芬指出："从两个以上的备选方案中选择一个的过程就是决策。"美国学者亨利·艾伯斯认为决策有狭义和广义之分。狭义地说，决策是在几种行为方案中做出选择。广义地说，决策还包括做出最后选择之前必须进行的一切活动。

综上所述，我们将决策定义为：决策就是决策者为了解决组织面临的问题，实现组织目标，在充分搜集并详细分析相关信息的基础上，提出解决问题和实现目标的各种可行方案，依据评定准则和标准，选定方案并加以实施的过程。实现科学决策需具备以下条件：

（1）目标明确。决策或是为了解决某个问题，或是为了实现一定的目标。没有目标就无从决策，没有问题则无须决策；

（2）可供选择的可行性方案。如果在决策过程中只有一个备选方案，那么这个决策就是无效的。决策时不仅要有若干个方案来相互比较，而且各方案必须是可行的，“多方案抉择”是科学决策的重要原则。

（3）把握重点。在进行决策前必须对决策的重点方向把握好，在方案的选择中，能根据决策的重心，对每个备选方案进行综合的分析与评价，确定每一个方案对目标的贡献程度和可能带来的潜在问题，以明确每一个方案的利弊。而通过对各个方案之间的相互比较，可明晰各方案之间的优劣，为方案选择奠定基础。

（4）遵循满意原则。在现实条件中，人们对未来的预测和实际情况的把握是有限的，这就决定了决策者难以做出最优决策，只能做出相对满意的决策。因此，科学决策应遵循“满意原则”，即追求的诸多方案中，在现实条件下，能够使主要目标得以实现，其他次要目标也足够好的可行方案。

（5）分析判断的过程。可供决策的方案都会各有特点各有优势，决策的过程其实就是对各种方案进行技术、经济等各个方面的综合评价得出的结果。决策的过程受到决策者的价值观念和经验影响，因此决策者要不断提高自身的素质，提高决策能力，使决策对组织产生积极的正面的影响。

管理个案分析

1985 年，由马来西亚国营重工业公司和日本三菱汽车公司合资 2.8 亿美元生产的新款汽车“沙格型”隆重推向市场。马来西亚政府视之为马来西亚工业的“光荣产品”，推出后，销售量却很快跌至谷底。经济学家们经过研究，认为“沙格型”汽车的一切配件都从日本运来，由于日元升值，使它的生产成本急涨，再加上马来西亚本身的经济不景气，所以汽车的销售量很少。此外，最重要的因素是政府在决定引进这种车型时，主要考虑到满足国内的需要。因此，技术上未达到先进国家的标准，无法出口。由于在目标市场决策中出现失误，“沙格型”汽车为马来西亚工业带来的好梦，只是昙花一现而已。

【互动天地】试分析“沙格型”汽车失败的原因。

二、决策在管理中的作用

1. 决策是决定组织管理工作成败的关键

一个组织管理工作成效大小，首先取决于决策的正确与否。决策正确，可以提高组织的管理效率和经济效益，使组织兴旺发达；决策失误，则一切工作都会徒劳无功，甚至会给组织带来灾难性的损失。因此，对每个决策者来说，如何做出合理的、有效率的决策对组织的管理工作起着至关重要的作用。

管理智慧树

美国管理协会《管理评论》杂志社在1999年年初列举了23项企业决策，认为这些决策是20世纪最重要的决策，它们在人类社会进程中深深地打下了自己的烙印。这些决策主要包括：1903年，亨利·福特建立第一条大规模汽车生产线的决策，它使人类走向了汽车时代；1929年，彼埃尔·杜邦建立现代公司会计制度的决策，现代企业从而获得了大发展的财务支持；1946年，美国统计学家戴明提出质量控制的决策，为丰田公司接受，质量控制为企业发展插上了翅膀；1950年，麦克纳马拉做出了使用个人信用卡的决策，它改变了整个世界买卖的本质；1987年，珀西·巴尼维克做出了举世震惊的决策——跨国界合并瑞典的ASEA公司和瑞士的Brown Boveri公司，这一300亿美元合并案催生的巨大ABB公司，被誉为我们这个时代的组织模式。

2. 决策是实施各项管理职能的保证

决策贯穿于组织各个管理职能之中，在组织管理过程中，每个管理职能要发挥作用都是离不开决策的。如确定组织的使命目标，制订各种战略计划，这是计划工作中的决策；组织结构的设置，人员的招聘和培训等，这是组织工作中的决策；如何激励员工，带领团队，这是领导职能中的决策；如何绩效考评，纠正偏差，这是控制工作中的决策。由此可见，无论是计划、组织职能，还是领导和控制等职能，其实现过程都需要决策。决策是管理活动的核心，决定着组织的兴衰成败。

3. 决策是管理人员的首要工作

在企业中，无论是高层管理者、中层管理者还是基层管理者都不可避免要进行各种大量的决策工作。因此，做好决策是管理者的首要工作，也是管理者素质水平的体现。因此，管理者要有广博的知识和正确的思维方式，具有创新精神并不断开拓进取，同时善于听取民意，发扬民主作风，提高群众对决策的拥护和支持，也有利于决策工作的开展和落实。

三、影响决策的因素

（一）环境的影响

环境对决策的影响是双重的，一方面，环境的特点影响着组织的活动选择。比如，就企业而言，则需对经营方向和内容经常进行调整；位于垄断市场上的企业，通常将经营重点致力于内部生产条件的改善、生产规模的扩大以及生产成本的降低，而处在竞争市场上的企业，则需密切注视竞争对手的动向，不断推出新产品，努力改善营销宣传。

另一方面，对环境的习惯反应模式也影响着组织的活动选择。环境发展趋势基本上分为两大类：一类是环境威胁，另一类是市场机会。企业的管理者可以利用“环境威胁矩阵”和“市场机会矩阵”来加以分析、评价，如图 2－13 所示。

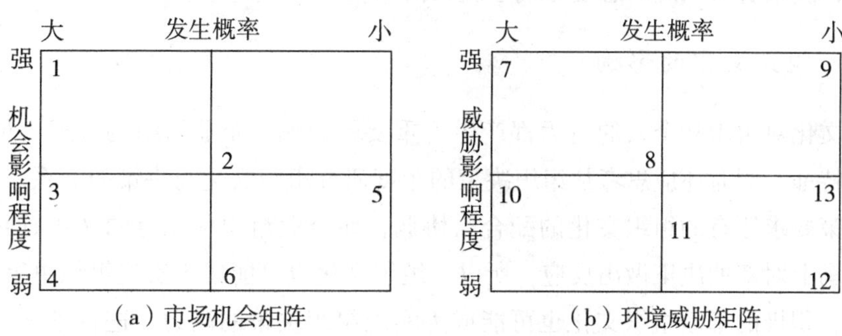

图 2－13　市场机会与环境威胁的矩阵

由图 2－13 中市场机会矩阵可知：1 的机会最好，实现的概率大，对企业具有吸引力；2 的机会较好，但发生的概率小，需要创造条件来实现；3、4 的机会影响弱，但发生的概率大，企业应注意加以利用；5、6 的机会影响弱，发生的概率也小，企业可以不予考虑。同样，由图中环境威胁矩阵可知：在 7、8 位置处，威胁程度强，发生概率大，企业应特别重视；9 的威胁虽强，但发生的概率小，也要制订相应的应变方案；10 影响小，但极有可能发生，企业要加以关注；11、12、13 威胁程度与概率都小，企业就可以不考虑。

由此可见，环境机会和威胁因素对组织决策具有重要的影响。

（二）过去决策的影响

今天是过去的延续，在大多数情况下，组织决策不是在一张白纸上进行初始决策，而是对初始决策的完善、调整或改革。过去的决策对目前决策的影响程度，与决策和现任决策者的关系密切程度相关。如果过去的决策是由现任决策者制订的，而决策者通常要对自己的选择及其后果负管理上的责任，因此，决策者一般不愿对组织活动进行重大调整，而倾向于仍把大部分资源投入到过去方案的执行中，以证明自己的决策的正确和避免不必要的对自身形象的伤害。相反，如果现任决策者与组织过去的主要决策没有很深的关系，则愿意接受改变，创新的力度会更大。

（三）决策者对待风险的态度

所谓世事难料，现实生活中，许多管理决策是在风险条件下做出的。如果遇到的情况与过去相似，决策者可以依靠过去的经验或是对二手资料的分析来判断。但是，企业内外部的环境和信息是不断变化的，同一种方法放在不同的时期所产生的效力可能会相差甚远。因此，不同的决策者对风险的态度，决定了其决策的方式。风险喜好型的决策者敢于冒风险，敢于承担责任，因此有可能抓住机会，但也可能遭到一些损失。风险厌恶型决策者不愿冒风险，不敢承担责任，虽然可以避免一些无谓的损失，但也有可能丧失机会。风险中性的决策者对风险采取理性的态度，既不喜好也不回避。由此可见，决策者对风险的态度影响了决策活动。

（四）组织文化的影响

组织文化对组织和个人的行为都产生着重要的影响。企业组织的管理人员应该把握其文化特征，同时还应思考从组织决策的角度研究组织文化与决策的关系。一方面，一个新决策要求原有的组织文化的配合与协调，而企业组织中原有的文化有它的滞后性，很难马上对新的决策做出反应，所以，组织文化也可能成为实施组织决策的阻力；另一方面，积极的革新组织文化也可能成为实施组织决策的动力。进行管理决策和实施一个新决策时，组织内部的新旧文化必须相互适应，相互协调，这样才能为组织决策获得成功提供保证。

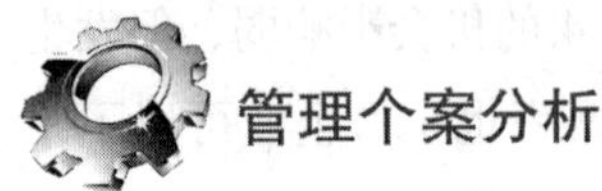

管理个案分析

某城市繁华地段有一个食品厂，因经营不善长期亏损，该市政府领导拟将其改造成一个副食品批发市场，这样既可以解决企业破产后下岗职工的安置问题，又方便了附近居民。为此进行了一系列前期准备，包括项目审批、征地拆迁、建筑规划设计等。不承想，外地一开发商已在离此地不远的地方率先投资兴建了一个综合市场，而综合市场中就有一个相当规模的副食品批发场区，足以满足附近居民和零售商的需求。

面对这种情况，市政府领导陷入了两难境地：如果继续进行副食品批发市场建设，必然亏损；如果就此停建，则前期投入将全部泡汤。在这种情况下，该市政府盲目做出决定，将该食品厂厂房所在地建成一居民小区，由开发商进行开发，但对原食品厂职工没能做出有效的赔偿，使该厂职工陷入困境，该厂职工长期上访不能解决赔偿问题，对该市的稳定形成了隐患。

【互动天地】请用决策的相关知识分析案例。

四、决策的分类

1. 按决策的重要程度划分

按照决策所要解决的问题在组织中所处的地位或重要程度的不同，组织决策可分为战略决策、战术决策和业务决策。

战略决策是指事关企业生存和发展的全局性、长期性和决定性的大方针决策。如企业经营方针和目标的确定、产品结构的改变、重大技术革新、组织体制的重大调整等。这类决策主要由企业最高层领导行使，决定着组织未来发展的方向和内容。

战术决策又称管理决策或策略决策，它是指组织为了实现战略决策对组织资源做出合理安排，以及提高各种具体业务工作的质量或效率的策略性决策。如能源与原材料的合理配置、定额实施与考核、年度或月度计划的确定等。战术决策一般涉及问题较具体，属于常规性和技术性决策，它主要由企业中层领导行使。

业务决策又称日常管理决策，主要是日常生产和业务活动中为提高生产效率、工作效率而做出的决策，涉及范围较窄，只对企业产生局部影响。如成本决策、库存决策、材料采购等，由企业基层管理者负责进行。

2. 按参与决策的主体划分

按照决策主体不同，可分为群体决策和个人决策。

个人决策是一个人做出的决策。个人决策的优点主要体现在决策速度快、责任明确等方面，其缺点一方面表现在个人决策所需的社会条件难以充分具备，社会难以找到杰出的个人决策者，那些具备条件的个人又不一定能成为掌握权力的个人决策者；另一方面表现在决策者受到个人的经验、知识和能力的限制。

群体决策是涉及两个或两个以上的人，集体做出的决策。群体决策在决策过程中可以收集更多的信息，集思广益，发挥群体的智慧，可从更广泛的角度对方案进行评价和论证，提高决策的准确性和创造性，也易于增加群体对方案的认同感。但是群体决策参与人员越多，提出不同观点的可能性越大，需要耗费更多的时间去协调各种观点，效率较低。

3. 按决策的可靠程度划分

按照决策问题所处客观条件的不同，可分为确定型、风险型和不确定型决策。

确定型决策是指各种可行方案的条件都是已知的，并能较准确地预测它们各自的后果，易于分析、比较和抉择的决策。如库存决策、生产任务的最佳分配等。

风险型决策是指各种可行方案的条件大部分是已知的，但每个方案的执行都可能出现几种结果，各种结果的出现有一定的概率，决策的结果只能按概率来确定，这种决策存在着风险。如产品投资决策、企业重组决策等。

不确定型决策与风险型决策类似，每个方案的执行都可能出现不同的后果，但各种结果出现的概率是未知的，需要凭决策者的经验、感觉和估计做出的决策。

4. 按决策的重复程度划分

按照决策问题出现的重复程度不同，可分为程序化决策和非程序化决策。

程序化决策又称常规决策或重复决策。它是指经常重复发生，能按照原来已规定的程序、处理方法和标准进行的决策。其决策步骤和方法可以程序化、标准化，重复使用。如生产作业的制订、对生产过程的质量控制等。

非程序化决策又称非常规决策、例外决策。它是指具有极大偶然性、随机性，又无先例可循且具有大量不确定性的决策活动，其方法和步骤也是难以程序化、标准化，不能重复使用的，这类决策在很大程度上依赖于决策者的知识、经验、洞察力、逻辑思维判断以及丰富的实践经验来进行。如组织经营方向的调整、新产品开发和重大项目投资等。

管理个案分析

小王是某公司的销售审核人员，公司规定，在销售流程中，提货单的审核活动主要是审核客户的资金情况。在原有流程中，只要客户资金不足，审核人员无权加盖财务章，必须经过上级认可，审核人员方可盖章。在一次与客户的交易中，小王发现客户李总最近的资金出现信用危机，但是李总是公司长期合作的老顾客，按照公司的规定，若客户出现资金的问题，审核人员是不能审核盖章提货的，小王顿时不知所措……

【互动天地】假如你是小王，你会怎么解决这类问题呢？如何才能在满足顾客需求的同时降低组织风险？

任务实施

一、明确组员分工

任务实施过程中要明确分工任务，组长要调动组员充分表达不同意见，形成职责清晰的任务分工表。

组员姓名	任务分工	主要方法	提交任务成果的方式

二、过程监督

把总任务完成的时间划分为不同工作阶段，请各组成员在任务实施过程中做好过程记录，组长负责监督，全组共同完成进度监督表。

工作阶段	时 间	进度描述	检查情况记录	改善措施以及建议

三、各组成员记录任务实施过程中的困难及收获

困难：____

小组成员想到的解决方法：____

____

本次活动的收获：____

____

四、制订方案

在完成上述的准备工作后，小组成员共同商量列出存在的问题和决策过程。

五、成果展示

每个小组在完成任务后，在班上进行小组成果展示，另一组同学进行评论，最后教师进行点评。

六、评价反馈

各小组根据以下评价项目，结合各自在活动过程中的表现和实施情况进行自我评价与小组评价，教师对小组表现进行综合评价。

评价项目	评价标准	配分（分）	自我评价（20%）	小组评价（30%）	教师评价（50%）
知识准备完成情况	按完成比例给分	10			
对决策的掌握和解决问题的能力	对决策影响因素的理解 5～10 分； 准备找出存在问题 5～10 分； 正确做出决策 10～20 分	30			
工作过程中所做贡献	贡献最大 30 分以上； 贡献较大 19～30 分； 贡献很少 1～18 分； 基本无贡献 0 分	40			
团队合作责任意识	无团队意识扣 7～10 分； 无责任心扣 7～10 分	10			
现场遵守纪律、执行 6S 情况	违反课堂纪律扣 7～10 分； 着装不规范扣 3～5 分； 工作组台面不整齐、地面有垃圾的扣 5～8 分	20			
合　计					

延伸阅读

印尼阿斯特拉国际公司：管理决策与企业经营

说起谢建隆，在印尼乃至东南亚可以说无人不知。1962 年，谢建隆以 2.5 万美元起家，经过不懈努力，终于建立起一个以汽车装配和销售为主的王国。

鼎盛时期，阿斯特拉集团公司拥有 15 亿美元的资产，年营业额达 25 亿美元，55% 的印尼汽车市场被它占领。公司股票上市后，不少投资者认为，经营上轨道，投资风险小，且获利稳定，颇有投资价值。而谢氏家族占有绝对控制权——直接持有 76% 的公司股票。但自从著名的美国王安公司申请破产以来，与其“遥相呼应”的是印尼第二大集团企业——阿斯特拉国际有限公司也陷入了“泥潭”……

一些有识之士毫不客气地指出：酿成这一悲剧的症结完全在于该公司的创业者，印尼华人富商谢建隆患上了严重的“家族企业症”。

这得从谢建隆的大儿子爱德华谈起。爱德华曾获企业管理硕士学位，回到印尼后，决心大干一番。1979 年，爱德华以 2.5 万美元成立了第一家企业——苏玛银行。

当时印尼经济刚刚开始腾飞，政府信用扩充，天时配合，以及凭着“谢建隆”这个金字招牌所代表的信誉，他以很少的抵押就能贷到大笔资金。接着，他投资金融保险业务和房地产开发，资本迅速膨胀，10 年之内，以苏玛银行为中心的苏玛集团拥有 10 亿美元的资产，事业遍及欧美和东亚地区，成为与阿斯特拉集团相当的集团企业。

殊不知，巨大成功的背后潜伏着重重危机。从一开始，爱德华就犯了一个不可饶恕的错误：他的王国建立在债务上，而不是稳扎稳打得来的。爱德华这 10 年的经营，似乎只知道“以债养债”，不计代价的成长，基础极其脆弱，没有一些像样的经济实体与之配合。如果机会不再，危险便会接踵而来。

果然，到了 1990 年年底，印尼政府意识到经济发展过热，开始实行一系列紧缩政策，银根收紧便是其中之一。苏玛集团顿时陷入难堪的境地——苏玛银行的贷款无法回收，经营的房地产又不易脱手，而高达 5 亿美元的债务，单是 20% 以上的利息就足够拖垮集团……当储户们听说苏玛银行有问题，便开始抢兑，从而一发不可收拾，苏玛集团岌岌可危。

儿子“背时”，老子心急如焚。如今，爱德华大难临头，岂能见死不救？谢建隆唯一能采取的补救措施是以阿斯特拉的股票作抵押来筹措资金。想不到“屋漏偏逢连夜雨”，阿斯特拉公司的股票又因印尼经济萎缩、汽车市场疲软而价格下跌，结果犹如推倒多米诺骨牌那样，不可逆转。这时，正好是 1992 年年底。

30 年辛劳半年毁，长使英雄泪满襟。本来，苏玛集团和阿斯特拉集团无所有权关系，“苏玛”的灾难不应拖垮谢氏集团，谢建隆完全可以不负连带责任。

那么，究竟什么原因促使谢建隆下决心“拯救”呢？看来无非是两个原因：一方面是维持自家信用；另一方面难舍舐犊之情，不肯学壮士断腕。结果事与愿违，不但无济于事，反而将他的老本都赔光。

由此看来，苏玛集团的崩溃并不在于爱德华不会“守业”，而恰恰暴露了像爱德华这样的第二代企业家往往是低估了企业经营的困难与风险。如果再往深层看，症结还是在谢建隆身上。因为，其一，其 1990 年年底苏玛集团发生危机时，低估了事态的严重性，把长期问题当作短期问题来处理，直至 1992 年年底仍不能完全清醒。这样，悲剧发生也就不足为奇了。其二，他不轻易将企业的“权杖”交给儿子，固然不错。但是，作为识途的老马，他理应告诫或阻止爱德华不能靠过度借债来扩充事业。

巩固拓展

一、选择题（不定项选择）

1. 决策应遵循的是（　　）原则。

A. 最优原则　　B. 最高原则

C. 最经济原则　　D. 满意原则

2. 决策按照可靠程度划分为（　　）。

A. 长期决策和短期决策　　B. 群体决策和个人决策

C. 确定型、风险型和不确定型决策　　D. 战略、战术和业务决策

3. 在确定、可控性的条件下进行的决策属于（　　）。

A. 定性决策　　B. 确定型决策

C. 风险型决策　　D. 不确定型决策

二、分析题

有人说：决策其实就是领导拍板。你对这句话是怎么理解的？

三、实训题

组织一次企业战略决策调查，学生可以通过市场调查、网络收集信息等渠道，寻找一个在战略决策或战术决策上成功或失败的代表企业，并对代表企业的决策成功或失败进行分析，撰写一份分析报告，在班上交流分享。

任务 2　掌握决策的方法和过程

任务描述

某饮食文化公司打算在城市广场开设一家餐馆。城市广场是一间集休闲、娱乐、饮食于一体的综合性商场，人气较旺，消费群体以中青年居多，周边已经有很多餐馆，这些餐馆都能在不同程度上满足顾客的需求。这家公司目前已经拥有开设任何一种类型餐馆的资源，如果你们是这家公司的股东，集体商讨决定饭店的类型和定位。

任务领取

1. 以小组为单位完成任务，4 ~ 6 人为一组，选出一名组长，负责安排组员工作，并进行监督。

2. 查阅资料或课本，了解决策的方法和过程等相关知识点。

3. 小组通过头脑风暴法尽可能多地提出各种建议，组员间不能对提议进行批评，鼓励创新和异想天开的建议。

4. 指定一位组员把所提出的各种方案记下来。

5. 小组讨论各种方案的优缺点，集体确定一个最满意的方案。

6. 每组派一位代表向全班汇报，其他小组可以相互提问，教师点评。

知识储备

在管理实践中，由于决策目标、可利用资源及组织内外部环境的复杂多变，有的问题可以通过运用决策者的历史经验和主观判断来完成；有的则需要管理者借助决策模型或数学工具进行周密、全面的分析权衡，以实现对未来不确定性的管理，提高管理的正确性。决策的科学性主要体现在决策过程的理性化和决策方法的科学化上，管理者应为进行正确决策而学会一整套专门的决策方法。一般来说，决策方法可归为两大类：定性决策法和定量决策法。

一、决策的方法

（一）定性决策法

1. 头脑风暴法

头脑风暴法是将对解决某一问题有兴趣的人集合在一起，通常是 5 ~ 10 人为宜，用小型会议的形式，启发大家畅所欲言，充分发挥创造性，经过相互启发，让创造性设想产生连锁反应，从而引发更多的创造设想的灵感火花。这种方法关键要创造一个良好的环境，任何人提出的任何意见都要受到尊重，不得指责或批评，也不准暗示或贬低别人的意见，更不能阻挠发言。目的在于克服群体压力，发掘人们内心的创造力，从而寻找一些异想天开或创新性的想法。

管理智慧树

某年，美国北方格外严寒，大雪纷飞，电线上积满冰雪，电线经常被积雪压断，严重影响通信。后来，电信公司经理应用头脑风暴法来尝试解决这一难题。他召开了一场座谈会，参加会议的是不同专业的技术人员。会议开始后，大家就七嘴八舌地议论开来。有人提出设计一种专用的电线清雪机；有人想到用电热来化解冰雪；也有人建议用振荡技术来清除积雪；还有人提出能否带上几把大扫帚，乘坐直升机去扫电线上的积雪。对于这种“坐飞机扫雪”的设想，大家心里尽管觉得滑稽可笑，但在会上也无人提出批评。相反，有一位工程师在百思不得其解时，听到用飞机扫雪的想法后，大脑突然受到冲击，一种简单可行且高效率的清雪方法冒了出来。他想，每当大雪过后，出动直升机沿积雪严重的电线飞行，依靠高速旋转的螺旋桨即可将电线上的积雪迅速扇落。他马上提出“用直升机扇雪”的新设想，顿时又引起其他与会者的联想，有关用飞机除雪的主意一下子又多了七八条。不到一小时，与会的10名技术人员共提出90多条新设想。后来电信公司经过现场试验，发现用直升机扇雪真能奏效，一个久悬未决的难题，终于在头脑风暴会中得到了巧妙的解决。

2. 德尔菲技术

德尔菲技术是兰德公司在20世纪40年代提出的，用于听取专家对某一问题的意见。为消除成员间相互影响，参加的专家可以互不了解，它运用匿名方式反复多次征询意见和进行背靠背的交流，以充分发挥专家们的智慧、知识和经验，最后汇总得出一个能比较反映群体意志的预测结果。运用这一方法的步骤是：①确定调查目的，拟订调查提纲。首先必须确定目标，拟订出要求专家回答问题的详细提纲，并同时向专家提供有关背景材料，包括预测目的、期限、调查表填写方法及其他希望要求等说明。②选择一批熟悉本问题的专家，一般至少为20人，包括理论和实践等各方面专家。③以通信方式向各位选定专家发出调查表，征询意见。④对返回的意见进行归纳综合、定量统计分析后再寄给有关专家，如此往复，经过三四轮意见比较集中后进行数据处理与综合得出结果。每一轮时间7～10天，总共约一个月即可得到大致结果。

3. 名义小组技术

管理者先召集一些有知识的人，将问题的关键告诉他们，请他们独立思考，要求每个人尽可能地把自己的备选方案和意见写下来。然后再按次序让他们一个接一个地陈述自己的方案和意见。在此基础上，全体小组成员对各种行动方案的可行性，投票表决。在这种技术下，小组的成员互不通气，也不在一起讨论、协商，从而小组只是名义上的。这种名义上的小组可以有效地激发个人的创造力和想象力。

4. 经营单位组合分析法

经营单位组合分析法是由美国波士顿咨询公司首先提出来的，他们认为大部分公司都有两个以上的经营单位，每个经营单位都有相互区别的产品——市场片，公司应该为每个经营单位分别确定经营方向。他们将企业在市场上的相对市场占有率和业务增长情况作为考虑的两个重要因素，以此可将企业的经营分为四种：金牛经营单位、明星经营单位、幼童经营单位和瘦狗经营单位。不同经营单位的决策选择如图2－14所示。

（1）“金牛”经营单位的特点是市场占有率较高，而业务增长率较低。较高的市场占有率能够带来高额利润和高额现金。而较低的业务增长率只需要少量投资。这样，“金牛”经营单位就可以提供大量现金去满足整个公司的经营基础。

（2）“明星”经营单位的特点是市场占有率和业务增长率都较高，因而所需要和所产生的现金数量都很大。这种经营单位代表着最高利润增长率和最佳投资机会，因此，应该增加必要的投资，扩大生产规模，以维持其有利的市场地位。

（3）“幼童”经营单位的特点是业务增长率较高，而目前的市场占有率很低，这可

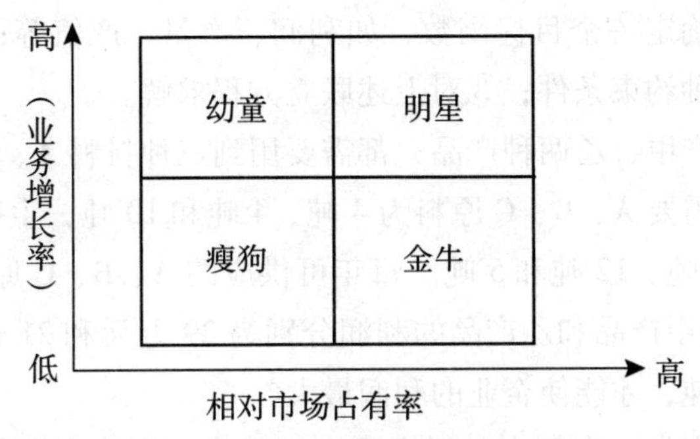

图 2－14 经营单位组合分析矩阵

能是企业刚刚开发的有前途的经营领域。较高的增长速度需要大量投资，而较低的市场占有率只能提供少量的现金。因此，企业应投入必要的资金，以提高市场份额，扩大销售量，使它转成“明星”。如果企业认为这种新的领域不可能转变为“明星”，则应及时采取放弃策略。

（4）“瘦狗”经营单位的特点是市场占有率和业务增长率都比较低。由于市场份额和销售量都比较小甚至出现负增长，因此，这种经营单位只能带来较少的现金收入和利润，而维持生产能力和竞争地位所需的资金甚至可能超过它们所提供的现金收入，从而可能成为资金的陷阱。企业对这种不景气的经营单位应缩小规模或放弃经营。

在运用经营单位组合分析法确定经营方向时，应采取以下五个工作步骤：

（1）把公司分成不同的经营单位。

（2）计算每一单位的市场占有率和业务增长率。

（3）根据在企业中占有资产的多少来衡量各经营单位的相对规模。

（4）绘制公司的整体经营组合图。

（5）根据每一单位在图中的位置，确定应选择的经营方向。

经营单位组合分析法是以“企业的目标是追求增长和利润”这一基本假设为前提的。拥有多个经营单位的企业具有这样的优势：它可以将当前获利较高，而潜在增长率不高的经营单位所创造的利润，投向那些增长率高、潜在利润也高的经营单位，从而使资金在企业内部得到最有效的利用。

（二）定量决策法

1. 确定型决策方法

（1）线性规划法。线性规划法是在线性约束条件下求目标函数为最优的问题。它是在环境条件已定，在满足规定的约束条件下，寻求目标函数最大值（最小值），以求取最优方案的方法。广泛应用于产品制造、原料分配、人员配置计划、运输计划和投资决策等方面。主要解决两类问题：一是资源一定条件下，力求完成更多的任务，取得好的经济效益；二是任务一定的条件下，力求资源节省。

具体步骤为：①确定一个目标函数，如利润、产量、产值等；②建立为实现该目标函数所需满足的各种约束条件；③对上述联立方程求解。

例如：某企业生产甲、乙两种产品，都需要用到三种材料 A、B、C。已知条件为：生产每吨甲产品分别需要 A、B、C 原料为 4 吨、4 吨和 10 吨，生产每吨乙产品分别需要 A、B、C 原料为 6 吨、12 吨和 5 吨。每年可供应的 A、B、C 原料分别为 48 吨、84 吨和 80 吨。假如每吨甲产品和乙产品的利润分别为 29 万元和 21 万元，请决定甲、乙两种产品各生产多少吨，才能使企业的利润最大？

解：①确定决策变量。本例中，目标是利润最大，影响利润的变量是甲、乙产品的数量 X_1 和 X_2。

②列出目标函数方程：企业的利润为 $Z(X_1, X_2)=29X_1+21X_2$

③找出约束条件。本例中，两种产品对原料 A、B、C 的需求量是不同的。

即 $4X_1+6X_2\leqslant 48$

$4X_1+12X_2\leqslant 84$

$10X_1+5X_2\leqslant 80$

此外，要求：$X_1, X_2\geqslant 0$

从而线性规划问题为：如何选取 X_1 和 X_2 使 Z 在上述四个约束条件下达到最大。

④求出最优解——最优产品组合。用图解法进行求解，如图 2－15 所示。

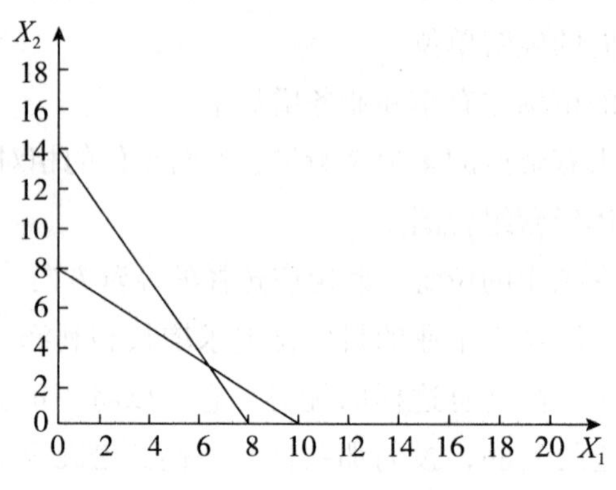

图 2－15　线性规划法图解

由图可求得最优解为：$X_1=6$ 吨，$X_2=4$ 吨。最大利润为 Max $Z(6, 4)=258$ 万元。

线性规划的图解法简单、直观，适用于只有两个变量的线性规划问题。对于三个或三个以上变量的线性规划问题，图解法就无能为力了，此时必须采用单纯形法。对于较复杂的线性规划的实际问题，必须借助于计算机软件进行求解。

（2）盈亏平衡点方法。盈亏平衡点方法是通过分析产品成本、销售量和销售利润这三个变量之间的关系，掌握盈亏变化的临界点（即保本点），掌握盈亏变化的规律，指导企业选择能够以最小的生产成本生产最多产品并可使企业获得最大利润的经营方案。如图 2－16 所示，随着产量的增加，总成本与销售额随之增加，当到达平衡点 A 时，总成本等于销售额（即总收入），此时不盈利也不亏损，正对应此点的产量即为平衡点产量；销售额即为平衡点销售额。同时，以 A 点为分界，形成亏损与盈利两个区域。此模型中的总成本是由固定成本和变动成本构成的。按照是以平衡产量 Q 还是以平衡点销售额 R 作为分析依据，可将盈亏平衡分析法划分为盈亏平衡点产量（销量）法和盈亏平衡点销售额法。

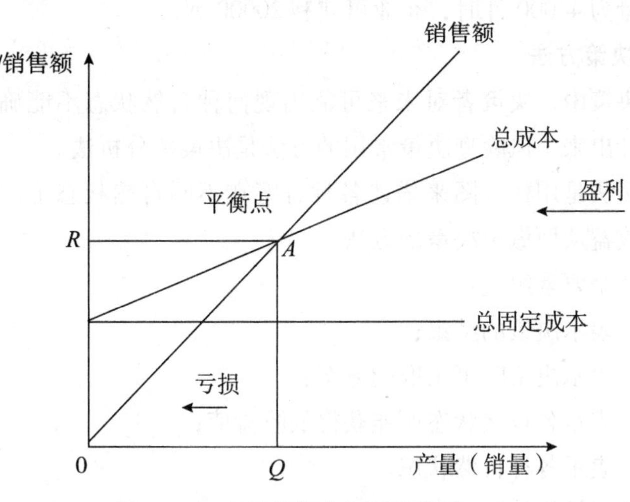

图 2－16 盈亏平衡分析基本模型

盈亏平衡点产量（销量）法。即以盈亏平衡点产量或销量作为依据进行分析的方法。其基本公式为：$Q = \dfrac{C}{P - V}$

式中：Q——盈亏平衡点产量（销量）；

C——总固定成本；

P——产品价格；

V——单位变动成本。

当要获得一定的目标利润时，其公式为：$Q = \dfrac{C + B}{P - V}$

式中：B——预期的目标利润额；

Q——实现目标利润 B 时的产量或销量。

例：某厂生产一种产品。其总固定成本为 200000 元；单位产品变动成本为 10 元；产品销售价格为 15 元。

求：①该厂的盈亏平衡点产量应为多少？

②如果要实现利润 20000 元时，其产量应为多少？

解：① $Q = \dfrac{C}{P - V}$

$$= \frac{200000}{15-10} = 40000\text{（件）}$$

即当生产量为40000件时，处于盈亏平衡点上。

$$② Q = \frac{C+B}{P-V}$$

$$= \frac{200000+20000}{15-10} = 44000\text{（件）}$$

即当生产量为44000件时，企业可获利20000元。

2. 风险型决策方法

在风险型决策中，决策者对未来可能出现何种自然状态不能确定，但其出现的概率可以大致估计出来。风险型决策常用的方法是决策树分析法。

决策树分析法是用树状图来描述各种方案在不同自然状态下的收益，据此计算每种方案的期望收益从而做出决策的方法。

决策树由四个要素组成：

①决策点，表示决策的结果；

②方案枝，表示决策时可采取的方案；

③收益点，表示各自然状态所能获得的收益值；

④概率枝，表示各种自然状态。

决策树的典型结构如图2－17所示。

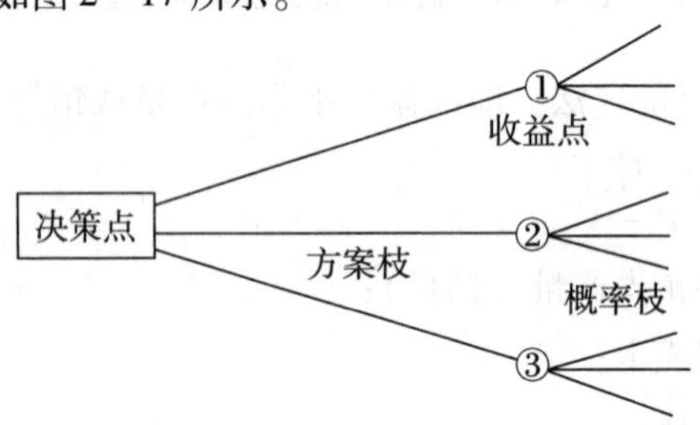

图2－17　决策树的典型结构

用决策树方法比较和评价不同方案的经济效果，需要进行以下几个步骤的工作：

第一步：根据可替换方案的数目和对未来市场状况的了解，绘出决策树形图；

第二步：计算各方案的期望值；

第三步：考虑到各方案所需的投资，比较不同方案的期望收益值；

第四步：剪去期望收益值较小的方案分枝，将保留下来的方案作为被选中的方案。

如果是多阶段或多级决策，则需要重复第二、三、四步工作。

【例题】某企业为扩大某产品的生产，拟建设新厂。据市场预测，产品销路好的概率为0.7，销路差的概率为0.3，有三种方案可供企业选择：

方案一，新建大厂，需投资300万元，据初步估计，销路好时，每年可获利100万元；销路差时，每年亏损 20 万元，服务期为 10 年；

方案二，新建小厂，需投资 140 万元，销路好时，每年可获利 40 万元；销路差时，每年仍可获利 30 万元，服务期为 10 年；

方案三，先建小厂，需投资 140 万元，3 年后销路好时再扩建，需追加投资 200 万元，服务期为 7 年，估计每年获利 95 万元。

请问应如何进行决策？

此问题属于多级决策，因此要用决策树法进行分析。

解：

第一步：画出某企业此问题的决策树，如图 2－18 所示。

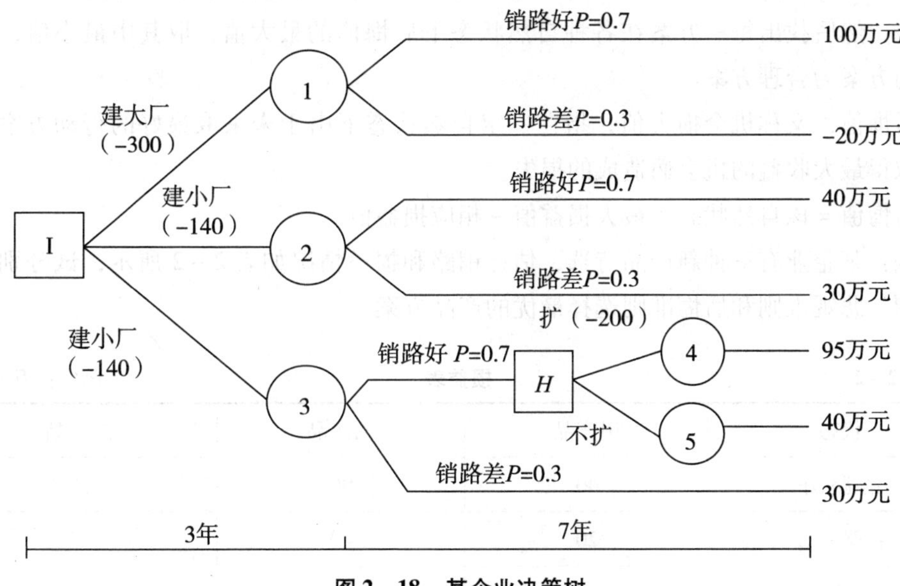

图 2－18 某企业决策树

第二步：先计算节点④、⑤的期望收益值，进行第一级决策。

$E_4 = 95 \times 7 - 200 = 465$（万元）

$E_5 = 40 \times 7 = 280$（万元）

由于 $E_4 > E_5$，故若先建小厂，3 年后销路好时应选择扩建方案。

第三步：计算①、②、③三个点的期望收益值，进行第二级决策。

$E_1 = [0.7 \times 100 + 0.3 \times (-20)] \times 10 - 300 = 340$（万元）

$E_2 = (0.7 \times 40 + 0.3 \times 30) \times 10 - 140 = 230$（万元）

$E_3 = (0.7 \times 40 \times 3 + 0.7 \times 465 + 0.3 \times 30 \times 10) - 140 = 359.5$（万元）

由于 E_3 最大，所以应选择方案三作为决策方案，即先建小厂，3 年后若市场销路好就进行扩建。

3. 不确定型决策方法

不确定型决策是指决策者对未来的情况不仅不能完全确定，而且对其可能出现的概率也不清楚。如某公司投资 100 万元开采煤矿，如顺利找到煤矿可获得 600% 的利润，若找不到则损失 100%。但找到煤矿与找不到煤矿的概率各为多少，事先无法知道。实际上，大多数组织的决策，都属于不确定型决策。对于不确定型决策，关键在于尽量掌握有关信息资料，根据决策者的直觉、经验和判断进行决策。常用的方法有三种，即三个准则：乐观准则、悲观准则和后悔准则。

①乐观准则：又称大中取大法，找出每个方案在各种自然状态下的最大损益值，取其中大者，所对应的方案即为合理方案。

②悲观准则：又称小中取大法，找出每个方案在各种自然状态下的最小损益值，取其中大者所对应的方案即为合理方案。

③后悔准则：又称大中取小法，计算各方案在各种自然状态下的后悔值，列出后悔值表，然后找出每一方案在各种自然状态下后悔值的最大值，取其中最小值，其所对应的方案为合理方案。

后悔值，又称机会损失值，指在一定自然状态下由于未采取最好的行动方案，失去了取得最大收益的机会而造成的损失。

后悔值 = 该自然状态下最大损益值 - 相应损益值。

例：某企业有三种新产品待选，估计销路和损益情况如表 2 - 2 所示，试分别用乐观准则、悲观准则和后悔准则选择最优的产品方案。

表 2 - 2　　损益表　　单位：万元

状态	甲产品	乙产品	丙产品
销 路 好	40	90	30
销路一般	20	40	20
销 路 差	-10	-50	-4

解：①乐观准则：（大中取大）
甲产品最大利润 40 万元
乙产品最大利润 90 万元
丙产品最大利润 30 万元
} 90 万元对应的乙产品为最优的方案

②悲观准则：（小中取大）
甲产品最小利润 -10 万元
乙产品最小利润 -50 万元
丙产品最小利润 -4 万元
} -4 万元对应的方案丙产品为最优的方案

③后悔准则：（大中取小）
甲产品最大利润 40 万元
乙产品最大利润 90 万元
丙产品最大利润 30 万元
} 30 万元对应的方案丙产品为最优的方案

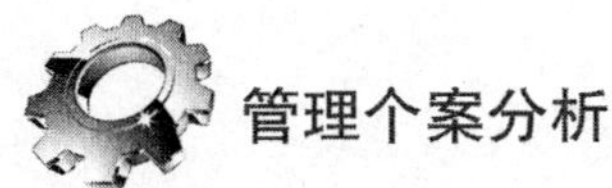

管理个案分析

一位农夫和他的孙子到离村12里地的城镇去赶集。开始时农夫骑着驴，孙子跟在驴后面走。没走多远，就碰到一位年轻的母亲，她指责农夫虐待他的孙子。农夫不好意思地下了驴，让给孙子骑。走了一公里，他们遇到一位老和尚，老和尚见孙子骑着驴，而让老者走路，就骂孙子不孝顺。孙子马上跳下驴，看着农夫。两人决定谁也不骑。

两人又走了四里地，碰到一学者，学者见两人放着驴不骑，走得气喘吁吁的，就笑话他们自找苦吃。农夫听学者这么说，就让孙子骑上驴，自己也翻身上驴。两人一起骑着驴又走了三里地，碰到了一个外国人，这个外国人见他们两人合骑一头驴，就指责他们虐待牲口！

【互动天地】你若是那位农夫，你会怎么做?

二、决策的过程

决策制订是一个过程而不是简单的选择方案的行为。决策过程分为八个步骤，从识别问题开始，到选择能解决问题的方案，最后结束于评价决策效果。如图2－19所示。

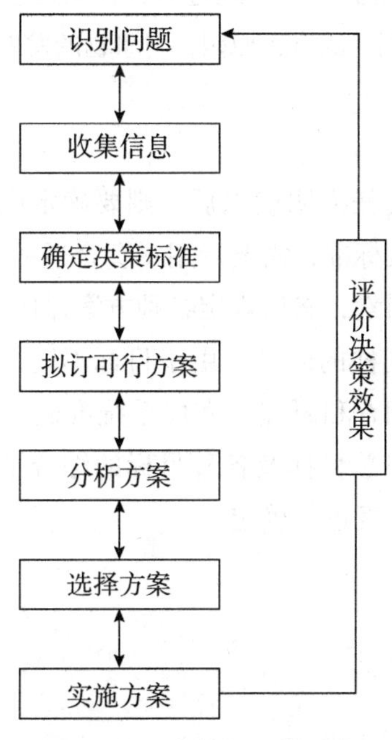

图2－19 决策制订的过程

（一）识别问题

决策的正确与否首先取决于判断的准确程度，因此，识别和分析问题是决策过程中最为重要也是最为困难的环节。及时识别机会或发现问题，正确界定机会或问题的性质及其产生的根源是利用机会、解决问题、提出改进措施的关键。这就要求管理者具备正确的识别机会或诊断提问的能力。问题识别是主观的。作为一个高效率的管理者来说，必须时刻注视形势的变化，以免使自己因毫无思想准备而陷入被动状态。环境因素的许多暗示都会预示着是否面临决策的问题。

那么，管理者如何觉察差距呢？他们可以从以下方面着手：①比较现实状态与标准或理想状态；②明确标准是什么，是过去的绩效，是先前所设立的目标，还是其他部门或其他组织的绩效。

（二）收集信息

准确、充分、及时的信息是决策的基础，是有效决策的保证。一旦确定了需要解决的问题，就必须对问题进行系统的分析，着手调查研究，搜集与解决问题相关的信息，并加以整理。在这个步骤里，我们积累所有能够解决问题所需要的数据资料，其数量和搜集信息的范围主要取决于问题的性质和复杂程度。管理者可以从往日的经验、记录、报纸杂志等获得信息和资料，包括销售、财务、生产、人事等方面的资料。接下来将资料按成本项目、程序、时间、领导能力、质量、产出等进行归类，建立数据库。管理者还应对环境的变化进行认真的分析，只有通过对各种预兆进行分析，才能透过表象看到环境变化的本质，才能找到造成问题的真正原因，对事物的发展做出超前的、正确的预计。

（三）确定决策标准

在所要解决的问题及其责任人明确以后，则要确定应当解决到什么程度，明确预期的结果是什么，即确定决策标准，需要运用一套合适的标准分析和评价每一个方案。首先确定若干与决策相关的因素，然后规定各种方案评比、估价、衡量的标准。

目标的确定十分重要，同样的问题，由于目标不同，可采用的决策方案也会大不相同。目标的确定，要经过调查和研究，掌握系统准确的统计数据和事实，然后进行一定的整理分析，根据对组织总目标及各种目标的综合平衡，结合组织的价值准则和决策者愿意为此付出的努力程度进行确定。

管理个案分析

在好多年前，当时有人正要将一块木板钉在树上当搁板，贾金斯便走过去管闲事，说要帮那个人一把。他说："你应该先把木板头子锯掉再钉上去。"于是，他找来锯子之后，还没有锯两三下又撒手了，说要把锯子磨快些。

于是他又去找锉刀。接着又发现必须先在锉刀上安一个顺手的手柄。于是，他又去灌木丛中寻找小树，可砍树又得先磨快斧头。磨快斧头需将磨石固定好，这又免不了要制作支撑磨石的木条。制作木条少不了木匠用的长凳，可这没有一套齐全的工具是不行的。于是，贾金斯到村里去找他所需要的工具，然而这一走，就再也不见回来了。

【互动天地】通过以上案例你受到什么启发？

（四）拟订可行方案

可行方案是指具备实施条件、能保证决策目标实现的方案。解决任何一个问题，都存在多种途径，其中哪条途径有效，要经过比较，所以要制订各种可供选择的方案。拟订可行方案的过程是一个发现、探索的过程，也是淘汰、补充、修订、选取的过程，应当有大胆设想、勇于创新的精神，又要细致冷静、反复计算、精心设计。对于复杂的问题，可邀请有关专家共同商定。决策者必须开拓思维，充分发挥集体的主观能动性作用，尽可能多地提出可供选择的方案，可供选择的方案越多，解决办法会越完善。

（五）分析方案

备选方案拟订出之后，决策者必须认真地分析每一个方案的可应用性和有效性。对每一方案的可行性要进行充分的论证，并在论证的基础上做出综合评价。对每一个备选方案所希望的结果和不希望的结果出现的可能性估计，运用第三阶段确定的标准来对这些备选方案进行比较。根据决策所需的时间和其他限制性条件，层层筛选。如果所有的备选方案都不令人满意，决策者还必须进一步寻找新的备选方案。论证要突出技术上的先进性、实现的可能性以及经济上的合理性。不仅要考虑方案所带来的经济效益，也要考虑可能带来的不良影响和潜在的问题，从多方案中选取一个较优的方案。

（六）选择方案

选择方案时，就是在各种可供选择的方案中权衡利弊，然后选取其一或对一些各有利弊的备选方案进行优势互补、融会贯通、取其精华、去其不足。这一过程是决策的关键过程，一项经济方案是否科学，小到影响经济发展的速度，而具体的经济行为的效果，大到影响一个企业、一个地区，甚至一个国家的经济发展的成败。因此，有时会在方案全面实施之前，进行局部试行，验证在真实条件下是否真正可行。验证方案若是不可行的，为避免更大损失，则需再次考察上述各个活动步骤，修正或重新拟订方案。

（七）实施方案

选择了满意的方案后，就要对决策实施，付诸行动，使之产生积极的效果。决策的实施要有广大组织成员的积极参与。为了有效地组织决策实施，决策者应通过各种渠道将决策方案向组织成员通报，争取成员的认同，对成员给予支持和具体的指导，调动成员的积极性。对于重大决策，由于其实施往往需要投入大量的人力与物力，如果出现决策方案或目标错误，全面实施决策就会造成巨大损失。为此，应该对重大决策在普遍实施之前，进行局部试验，以验证其可靠性，通过试点，如果确实可行再进行推广。对于那些不宜或无法进行试验的决策方案，则应在实施过程中，加强管理与控制。发现问题，及时反馈，做到早发现、早诊断、早调整，及时采取补救措施。

（八）评价决策效果

决策者最后的职责是定期检查和评价计划的执行情形并将实际情形与计划结果进行对比。所以，在决策实施过程中，决策者应及时了解、掌握决策实施的各种信息，及时发现各种新问题，并对原来的决策进行必要的修订、补充或完善，使之不断地适应变化了的新形势和条件。一项决策实施之后，对其实施的过程和情况进行总结、回顾既可以明确功过，确定奖惩，还可使自身的决策水平得到进一步的提高。这样，一方面，可以及时发现并纠正决策过程中出现的偏差，以保证既定目标的实现；另一方面，对客观条件发生重大变化而导致原决策目标确实难以实现的，则要进一步寻找问题，确定新的决策目标，重新制订可行的决策方案并进行评估和选择。

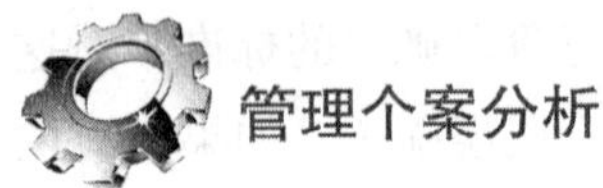

管理个案分析

美国1965年11月间曾发生过这样一个事件：那天整个东北部地区，从圣罗伦斯到华盛顿一带，出现了一次美国历史上最严重的全面停电事故。在大停电的那天早上，纽约市的很多报纸未能出版，唯有《纽约时报》例外。原来在那天停电时，《纽约时报》总编当即决定把报纸改在赫德逊河对岸的纽华克印刷。当时，纽华克还没有停电。但虽有此英明决策，通常发行100多万份的《纽约时报》，那天也只有不到半数的读者得到了报纸。这其中原因在于：当《纽约时报》上了印刷机后，时报总编忽然与他的三位助手发生了争论，争论的问题只是某一英文单词如何分节。据说争论持续了48分钟之久，恰好占去了该报有限的印刷时间的一半。争论的理由是该报有一套英文写作标准，印出的报纸绝不允许有任何文法上的错误。教条地恪守质量标准使得这位总编在出现意外停电的情况时，认识不到保证时报每天的发行数已成为更紧迫的目标，从而使上述“英明”的异地印报决策未能取得预期的效果。

【互动天地】根据决策的过程，分析以上案例存在的问题。

任务实施

一、明确组员分工

任务实施过程中要明确分工任务，组长要调动组员充分表达不同意见，形成职责清晰的任务分工表。

组员姓名	任务分工	主要方法	提交任务成果的方式

二、过程监督

把总任务完成的时间划分为不同工作阶段，请各组成员在任务实施过程中做好过程记录，组长负责监督，全组共同完成进度监督表。

工作阶段	时 间	进度描述	检查情况记录	改善措施以及建议

三、各组成员记录任务实施过程中的困难及收获

困难：____________________

小组成员想到的解决方法：____________________

____

本次活动的收获：____________________

____

四、集体讨论

小组运用头脑风暴法提出尽可能多的方案，互相不能评论。

五、制订方案

在完成上述的准备工作后，小组成员比较各种方案的优缺点，形成一致意见，确定最满意方案。

六、成果展示

每个小组在完成任务后，派一名代表上台展示方案。

七、评价反馈

各小组根据以下评价项目，结合各自在活动过程中的表现和实施情况进行自我评价与小组评价，教师对小组表现进行综合评价。

评价项目	评价标准	配分（分）	自我评价（20%）	小组评价（30%）	教师评价（50%）
知识准备完成情况	按完成比例给分	10			
决策的过程和方案的创新和可行性	对头脑风暴法的掌握 5～10 分； 提出的方案具有创新性和可行性 5～10 分； 方案的展示 10～20 分	30			
工作过程中所做贡献	贡献最大 30 分以上； 贡献较大 19～30 分； 贡献很少 1～18 分； 基本无贡献 0 分	40			
团队合作责任意识	无团队意识扣 7～10 分； 无责任心扣 7～10 分	10			
现场遵守纪律、执行 6S 情况	违反课堂纪律扣 7～10 分； 着装不规范扣 3～5 分； 工作组台面不整齐、地面有垃圾的扣 5～8 分	20			
合　计					

延伸阅读

安娜该如何决策

安娜在一家中等规模的电脑公司当程序设计员。现在，她的年薪为 50000 美元。公司的前景很好，也增加了很多新的管理职位。其中有些职位，除了包括优厚的年终分红，公司每年还要付给 90000 美元。有时，还会提升程序员为分公司的经理。安娜相信，在不久的将来她会得到这样的机会。

安娜的父亲雷森先生自己开了一家电脑维修公司，主要是维修计算机硬件，并为一些大的电脑公司做售后服务，同时也销售一些计算机配件。雷森先生雇了一位刚毕业的大学生来临时经营电脑维修公司，店里的其他部门继续由安娜的母亲经营。雷森想让女儿安娜回来经营她最终要继承的电脑维修公司。而且，由于近年来购买电脑的个人不断增加，电脑维修行业的前景是十分看好的。雷森先生在前几年的经营过程中，建立了良好的信誉，维修公司发展和扩大的可能性是很大的。

安娜和双亲讨论时，得知维修公司现在一年的营业额大约为 400000 美元，而毛利润差不多是 170000 美元。目前，雷森付给他新雇用的大学毕业生的薪金为每年 36000 美元，雷森夫人得到的薪金为每年 35000 美元，雷森先生自己不再从维修公司支取薪金了。

如果安娜决定担任起维修公司的管理工作，雷森先生打算付给她 50000 美元的年薪。他还打算，开始时，把维修公司经营所得利润的 25% 作为安娜的分红；两年后增加到 50%。因为雷森夫人将不再在该公司任职，就必须再雇一个非全日制的办事员帮助安娜经营维修公司，他估计这笔费用大约需要 16000 美元。

雷森先生已知有人试图出 600000 美元买他的维修公司。这笔款项的大部分，安娜在不久的将来是要继承的。对雷森夫妇来说，他们的经济状况并不需要过多地去用这笔资产来养老送终。

思考题：

1. 对安娜来说，有什么行动方案可供选择？
2. 你建议采取哪种备选方案？
3. 安娜的个人价值观会对她做出决策有何影响？

巩固拓展

一、选择题（不定项选择）

1. 依据决策方案的自然状态及后果的不同，决策包括（　　）等。

A. 确定型决策　　B. 风险型决策

C. 非确定型决策　　D. 非风险型决策

2. 定性决策法常用方法有（　　）。

A. 盈亏平衡点法　　B. 德尔菲法

C. 决策树法　　D. 决策收益表法

3. 以下描述正确的有（　　）。

A. 乐观法又称大中取大法　　B. 悲观法又称小中取大法

C. 悲观法又称大中取大法　　D. 乐观法又称小中取大法

二、分析题

我们常会发现，即使决策是正确的，但未必都能达到预先的目标。这是为什么？请结合具体事例分析原因。

三、实训题

某工厂生产×类型新产品，对未来的销售前景预测不准，可能出现高需求、中需求、低需求三种自然状态。组织有三个方案可供选择：新建一个车间；扩建原有车间；对原有车间的生产线进行局部改造。三个方案在五年内的经济效益见下表（单位：万元）。

方案	高需求	中需求	低需求
新建	600	200	-160
扩建	400	250	0
改造	300	150	80

要求：决策者根据不同的决策准则（乐观准则、悲观准则、后悔准则）选择一个满意的方案。

模块三　组　织

项目五　组织能力

项目目标

1. 了解、认识组织工作的含义和内容
2. 掌握组织结构的类型
3. 学会分析组织各种结构
4. 了解组织的运作情况
5. 掌握组织在不断变化的环境下的变革

项目子任务

任务 1　认识组织工作
任务 2　分析组织结构
任务 3　了解组织变革

项目引例

刘备在樊城的时候，曹操兵分八路来攻打，刘备自知抵挡不住，便想逃跑，但又不忍心丢下百姓。当时因为刘备爱民如子，百姓都要跟着他。于是刘备只好带领百姓一同向襄阳撤退。同行军民10余万人，大小车辆数千，挑担背包者不计其数，扶老携幼，拖儿带女，浩浩荡荡，熙熙攘攘，每天才走十几里路。渡江时更是乱乱纷纷，你推我搡，两岸哭声不绝。很快，曹兵就追上来，刘备险些送了性命。

项目提要

以上例子可以看出刘备此行失败的原因在于缺少精密的组织，一个无组织的群体自由涣散，一盘散沙，没有任何战斗力和向心力。组织是一个企业的骨骼系统，缺少骨骼企业就像无水之舟，难以前行。健全的组织结构可以使组织的人、财、物和信息等系统要素有机组合，对于实现组织目标，协调组织内部关系，充分发挥各级人员的主动性，提高组织的应变能力和竞争力，有着重要影响。通过本项目的学习，能了解组织的内涵、组织结构的设计，了解组织在不断变化的环境中如何灵活运行和变革。

任务1　认识组织工作

任务描述

小兰是某高校学生会主席，刚上任不久，学校就要举行100周年校庆活动，在校庆活动中学生会要承办一次大型的文艺晚会，小兰是该项目的总负责人，需要组建筹备小组。请为小兰提供一份组建筹备小组的备忘录。

任务领取

1. 以小组为单位完成任务，4～6人为一组，选出一名组长，负责安排组员工作，并进行监督。
2. 查阅资料或课本，了解组织的含义、组织工作的内容等相关知识点。
3. 小组讨论如何组建本次活动的筹备小组。
4. 小组商讨确定筹备小组备忘录的内容。
5. 小组展示成果，其他小组互评并提问，教师点评。

知识储备

一、组织的含义

组织一词可以分为动词与名词来解释，当作为名词时，是指一个有效的工作集体；作为动词来说，是指将众多的人组织起来，协调其行为，以实现某个共同目标。从现代的意义上来看，广义上说，组织是指由诸多要素按照一定方式相互联系起来的系统。狭义上说，组织就是指人们为实现一定的目标，互相协作结合而成的集体或团体，如党团组织、工会组织、企业、军事组织等。在现代社会生活中，组织是在特定的环境下，为了实现某种目标，而由有合作意愿的人群组成的职务或职位的结构，是人们为了实现共同目标而形成的一个系统集合。

管理学意义上的组织，除了具有一般意义上的组织的内涵之外，还包括如下几点含义。

（一）组织是个利益共同体

组织是由人组成的有效的组织形成后，就能形成一个有效的团体，发挥整体的优势，产生大于个人的力量，发挥最大的效用；组织内的人际关系是由工作的需要联结的。如果要按照一定的原则来指挥组织，需要的是管理者的聪明才智来使组织中的人相互吸引，相互作用。在同一个组织中，个人的利益与组织的利益是息息相关的，个人的进步和成长促进组织的创新与发展，组织的发展又给个人带来新的机遇和更高的平台，两者同呼吸，共命运。

（二）组织具有特定的目标

组织是有目标的，组织之所以能够存在，就是因为它是按照一定的特定目标而设定的，组织目标是一个目标体系，组织所有的活动都会围绕这个目标而展开，并且承担一定的社会功能，大家在这个共同目标的感召下，聚集在一起共同实现目标。

（三）组织是一个责任系统

在这个责任系统中，下级有向上级报告自己工作效果的义务和责任，上级有对下级的工作进行指导的责任，同级之间应进行必要的沟通。正如孔茨所说，正式组织是通过对职务结构的理解而设想出来的。按此含义，可把组织工作看作把为达到目标而必需的各项活动进行组合，把管理每项活动所必需的职权授予该管理者，规定企业结构中的横向的和纵向的协调关系，从而形成一个循环的责任系统。

管理智慧树

系统理论学派的重要代表人物弗里蒙特·卡斯特和詹姆斯·E. 罗森茨韦克对组织下的定义是："组织是：①有目标的，即怀着某种目的的人群；②心理系统，即群体中相互作用的人群；③技术系统，即运用知识和技能的人群；④有结构的活动整体，即在某种特定的关系模式中一起工作的人群。"

二、组织工作

组织工作是指通过设计和维持组织内部的结构和相互之间的关系，把目标、人、财、物和信息等在一定时间和空间进行合理调配，使人们为了实现组织的目标而有效地协调工作的过程。组织工作是重要的管理职能，在企业管理中具有不可忽视的作用。

（一）组织工作的内容

（1）组织设计。即以组织目标为中心，对组织的层次、部门、权力和责任进行分解、划分和分配的过程，组织设计的结果是组织的层次结构、部门结构和权责关系的确立。

（2）组织协调。即组织各部门之间以及组织成员之间的相互分工协作关系、权责关系的组织与协调，规范组织内部的各种关系，激励全体员工为实现组织目标而努力工作。

（3）组织变革。即根据组织的内外部环境变化给组织结构提出的要求，对组织结构做出相应调整和变革，促进组织活动的正常开展。

（二）组织工作的任务

1. 明确责任

组织是建立在众多员工分工协作的基础上，组织中的每个人都围绕组织的目标各负其责。组织工作的任务就是通过组织结构的建立，明确各部门的划分，明确每个人的具体工作职责，以便有序地开展工作。

2. 确定关系

在一个组织中，各成员之间存在着各种各样的联系，从而产生彼此之间的关系。从横向来看，存在同事之间的关系，同事之间要协作分工，共同完成组织的任务；从纵向来看，存在着上下级关系，这属于权力命令关系，组织规定下级要服从上级的指挥和领导，协作并配合上级完成部门的工作任务。

3. 调动积极性

组织效能的发挥有赖于每位成员的努力和付出，是全体工作人员劳动的成果。所以组织要尽可能地激发每位员工的工作热情和积极性，让员工明确组织的目标和使命，并把自身的发展与企业的目标紧密相连，发挥组织最大的产出效能。

三、与组织工作相关的内容

（一）管理幅度

管理幅度是指一个行政主管所能直接领导的下属人员的数量。每个管理者的知识和精力总是有一定限度的，因而其管理幅度也是有限的。由于管理幅度的限制，一个人数众多的企业不可能由一个厂长或经理包揽全部的管理事务，而必须逐级授权、分级管理。

在确定管理幅度时，应综合考虑以下因素：

1. 处理问题的复杂程度和工作量的大小

需要处理的问题比较复杂且工作量大，则管理幅度宜窄一些，反之宜宽。一般来说，越是上层管理，处理的问题越复杂，工作量也越大；越接近基层，处理的问题越简单，工作量也较小。因此，管理层次越高，管理幅度越窄；越接近基层，管理幅度越宽。

2. 计划制订的完善程度

事先有良好、完整的计划，工作人员都明确各自的目标和任务，清楚自己应从事的业务活动，则主管人员就不必花费过多的精力和时间从事指导与纠正偏差，那么主管人员的管辖幅度就可以大一些。管理幅度大，管理层次就相对少一些；反之，计划不明确、不具体，就会限制一个管理人员的管辖范围，管理幅度就相对较小。

3. 企业员工的经验和知识水平

当管理人员的自身素质较强，管理经验丰富，在不降低效率的前提下，可适当增加其工作量，加大管理幅度；同样，下属人员训练有素，工作自觉性高，也可采用较大的管理幅度，让他们在更大程度上实行自主管理，发挥创造性。

4. 完成工作任务需要的协调程度

如工作任务要求各部门或一个部门内部需要协调的程度高，则应减少管理幅度，以较为宽松为宜。

5. 企业信息沟通渠道的状况

当企业沟通渠道畅通，通信手段先进，信息传递及时，可加大管理幅度。如果企业的沟通较为滞后，信息传递不够及时，则不利于加大管理幅度。

（二）职权

职权是管理人员在职务范围内的管理权限，是其履行管理职责的前提。一个正式组织的职权可分为：

（1）直线职权。直线职权是指给予一位管理者指挥其下属工作的权力，也就是通常所说的指挥权。显然，每一管理层的主管人员都具有这种职权，只不过每一管理层次的功能不同，其职权的大小及范围不同而已。

（2）参谋职权。所谓参谋职权是指管理者拥有某种特定的建议权或审核权，可以评价直线方面的活动情况，进而提出建议或提供服务。组织的规模越大，越是在较高的管理层次，参谋人员的角色也就越重要。

（3）职能职权。职能职权是指参谋人员或某部门的主管人员所拥有的原属直线主管的那部分权力。在纯粹参谋的情形下，参谋人员所具有的仅仅是辅助性职权，并无指挥权。但是，随着管理活动的日益复杂，主管人员仅依靠参谋的建议还很难做出最后的决定，为了改善和提高管理效率，主管人员就可能将职权关系做某些变动，把一部分原属自己的直线职权授予参谋人员或某个部门的主管人员，这便产生了职能职权。

（三）集权与分权

集权与分权指的是组织决策权的集中化和分散化。集中化就是趋向于把较多和较大的决策权集中到组织最高层，中下层则处于决策权少而且小的地位；反之，如果趋向于将较多和较大的决策权授予中下层，高层只保留少量较重要的决策权，则称为决策权的分散化。任何组织都要有一定程度的集权，也要保持一定程度的分权，必须处理好集权与分权的关系。

实行较高程度的集权，有利于集中领导统一指挥，顺利贯彻组织共同的发展战略，合理利用各类资源；有利于加强控制和组织内的横向协调。但是，过分强调集权，会限制中下层管理人员的主动性、积极性和创造性的发挥；会使最高层领导者忙于应付日常事务。

加大分权程度，有利于调动中下层管理者的工作热情，让中下层管理者从实际出发灵活决策，从而提高组织的工作效率和适应性；有利于发挥中下层管理人员的主动性和创造性。但是，如果过分分权，也会滋生本位主义，各部门之间的横向协调比较困难，影响组织整体效率和效益的提高，甚至组织命令的贯彻实施。

由此可见，集权与分权是一对矛盾体，它们体现着各自不同的管理要求。所以应该根据组织具体条件，全面考虑影响集权与分权的客观因素，实事求是地确定组织集权与分权的程度。

管理个案分析

某公司在各省市都有销售办事处，并且办事处开销很大，总公司觉得控制不住，就把所有办事处撤销了。公司总经理提出了一个口号叫作“大企业、大营销、大财务”。原来叫分散求生存，现在叫集中求发展。营销权、财务权全部集中在北京总部，原来的弊病消除了。报销全部要总经理签字，总经理每天早晨8点到8点半专门签字，他的办公室排成了长队，单位运行效率很低。外地客户打电话买产品，北京营销公司要专门派一位员工坐飞机去洽谈合同。签了合同，营销人员再飞回北京，向领导报告。货不在销售部门，营销公司要凭总经理的批条，物流中心才开始发货。这样一个流程最快也要一周，效率如此低下，原来的客户纷纷另觅合作伙伴。

【互动天地】试用集权与分权的原理分析以上案例。

四、组织工作的原则

组织结构是组织正常运营和提高经济效益的支撑与载体。组织工作能否有效实施和运转，有赖于健全的组织结构，建立完善的组织结构应遵循以下原则：

1. 战略目标导向原则

组织的建立和工作必须要有明确目标，实现组织的战略目标是组织工作的落脚点。战略是组织全体员工在一定时期内共同活动所要达到的最终目的，并规定组织活动的基准和方向。战略的有效实施，取决于组织结构的合理性和效能。根据组织的战略目标要求，将组织划分为不同的部门，各部门明确各自的目标和岗位要求，每个机构和这个机构的每一部分，都与特定的任务、目标有关，否则就没有存在的意义。

2. 专业化分工与协作原则

专业化分工就是要把企业活动的特点和参与企业活动的员工的特点结合起来，把每一个员工都安排在适当的位置。事实证明，专业化分工不仅有助于提高劳动生产率，而且有助于专职管理人员的培养。此外，组织结构应能充分反映为实现组织目标所必要的各项任务和工作分工，以及相互之间的协调，组织内部的相互配合才能把组织的作用最大限度地发挥出来。

3. 有效管理幅度原则

管理幅度是指管理人员有效地监督、指挥其直接下属的人数。管理人员有效地监督、指挥其直接下属的人数是有限的，并且应该是有效的。管理幅度受到组织规模、管理层次、管理者素质、信息技术等诸多因素的影响。

4. 统一指挥原则

统一指挥原则要求每位下属应该有一个并且仅有一个上级，要求在上下级之间形成一条清晰的指挥链，即任何下级直接接受一个上级的领导，不得出现多头领导现象；在一般情况下，上级可以越级检查下级的工作，但不得越过直属下级进行指挥，下级可以越级向上级反映情况，但不得越过直接上级接受更高一级的指令。事实证明，统一领导是保证企业生产经营正常进行的必要条件。

5. 权、责、利、能对等原则

组织中的每一个部门和部门中的每个人员的职权、职责、利益和其本人的能力必须对称或相等。在进行组织设计时，既要明确每一个部门的职责范围，又要赋予完成其职责所必需的权力；既要考虑到每个员工的利益，也要考虑到员工的胜任能力，追求四者之间的协调一致。

6. 柔性经济原则

所谓组织的柔性，是指组织的各个部门、各个人员都是可以根据组织内外环境的变化而进行灵活调整和变动的。组织的结构应当保持一定的柔性，即在组织结构稳定性的基础上保持对环境的灵活适应性，把因事设职和因人设职相结合，保证组织的精干高效。

7. 才职相称原则

每种职位、职务都有其所要求的能力水平，因此，管理人员的才智、能力应该与担任的职务相适应。对每个职工可以通过考察经历、进行测验以及面谈等，借以了解他的知识、经验、才能和兴趣，在进行评审比较时，使企业能做到将现有或可能有的职工的才能和各种职务的要求相适应，使才智相称。设置的机构尽可能使才智相称，人尽其才，才得其用，用得其所。理想的组织机构设计，必须具有修改和调整的可能性，成立的组织机构必须具有灵活性。

管理个案分析

一天，某公司总经理发现会议室的窗户很脏，好像很久没有打扫过，便打电话将这件事告诉了后勤部负责人。该负责人立即打电话给办公室主任，办公室主任又打电话给维修组长。维修组长便派了两名员工，很快就将会议室的窗户擦干净。过了一段时间，同样的问题又再次出现。

【互动天地】试从组织管理的角度分析该公司在管理方面存在什么问题。

任务实施

一、明确组员分工

任务实施过程中要明确分工任务，组长要调动组员充分表达不同意见，形成职责清晰的任务分工表。

组员姓名	任务分工	主要方法	提交任务成果的方式

二、过程监督

把总任务完成的时间划分为不同工作阶段，请各组成员在任务实施过程中做好过程记录，组长负责监督，全组共同完成进度监督表。

工作阶段	时　间	进度描述	检查情况记录	改善措施以及建议

三、各组成员记录任务实施过程中的困难及收获

困难：____

小组成员想到的解决方法：________________________________

____

本次活动的收获：____

____

四、制订方案

在完成上述的准备工作后，小组成员共同商量确定活动筹备小组备忘录。

五、成果展示

每个小组在完成任务后，在班上进行小组成果展示。其他小组认真倾听并适时提问，教师点评。

六、评价反馈

各小组根据以下评价项目，结合各自在活动过程中的表现和实施情况进行自我评价与小组评价，教师对小组表现进行综合评价。

评价项目	评价标准	配分（分）	自我评价（20%）	小组评价（30%）	教师评价（50%）
知识准备完成情况	按完成比例给分	10			
组织的理解和备忘录的内容	对组织含义的理解 5～10 分； 备忘录的内容 5～10 分； 展示的亮点突出 10～20 分	30			

续　表

评价项目	评价标准	配分（分）	自我评价（20%）	小组评价（30%）	教师评价（50%）
工作过程中所做贡献	贡献最大30分以上； 贡献较大19~30分； 贡献很少1~18分； 基本无贡献0分	40			
团队合作责任意识	无团队意识扣7~10分； 无责任心扣7~10分	10			
现场遵守纪律、执行6S情况	违反课堂纪律扣7~10分； 着装不规范扣3~5分； 工作组台面不整齐、地面有垃圾的扣5~8分	20			
合　计					

延伸阅读

韦伯的行政组织理论

被称为“组织理论之父”的韦伯与泰勒、法约尔是西方古典管理理论的三位先驱。马克斯·韦伯（Max Weber，1864—1920），生于德国，曾担任过教授、政府顾问、编辑，对社会学、宗教学、经济学与政治学都有相当的造诣。韦伯的主要著作有《新教伦理与资本主义精神》《一般经济史》《社会和经济组织的理论》等，其中官僚组织模式（Bureaucratic Model）的理论（即行政组织理论）对后世产生了较为深远的影响。有人甚至将他与杜克海姆、马克思一起奉为社会学的三位“现世神明”。韦伯行政组织理论产生的历史背景，正是德国企业从小规模世袭管理，到大规模专业管理转变的关键时期，因此，了解韦伯的思想更具有重要的现实意义。

韦伯认为，任何组织都必须以某种形式的权力作为基础，没有这种权力，任何组织都不能达到自己的目标。人类社会存在三种为社会所接受的合法权力：传统权力（Traditional Authority）：由传统惯例或世袭得来；超凡权力（Charisma Authority）：来源于别人的崇拜与追随；法定权力（Legal Authority）：由理性——法律规定的权力。

对于传统权力，韦伯认为：人们对其服从是因为领袖人物占据着传统所支持的权力地位，同时，领袖人物也受着传统的制约。但是，人们对传统权力的服从并不是以与个人无关的秩序为依据，而是习惯于义务领域内的个人忠诚。领导人的作用似乎只为了维护传统，因而这种权力形式效率较低，不宜作为行政组织体系的基础。

而超凡权力的合法性，完全依靠对于领袖人物的信仰，他必须以不断的奇迹和英雄之举赢得追随者。超凡权力过于带有感情色彩并且是非理性的，不是依据规章制度而是依据神秘的启示。所以，超凡的权力形式也不宜作为行政组织体系的基础。

韦伯认为，只有法定权力才能作为行政组织体系的基础，其最根本的特征在于它提供了慎重的公正。原因在于：

(1) 管理的连续性使管理活动必须有秩序地进行。

(2) 以“能”为本的择人方式提供了理性基础。

(3) 领导者的权力受到约束，并非无限。

有了适合于行政组织体系的权力基础，韦伯勾画出的理想官僚组织模式（Bureaucratic Ideal Type)，具有下列特征：

(1) 组织中的成员应有固定和正式的职责并依法行使职权。组织是根据合法程序确定的，应有其明确目标，并靠着这一套完整的法规制度，组织与规范成员的行为，以期有效地追求与达到组织的目标。

(2) 组织的结构是由上而下逐层控制的体系。在组织内，按照地位的高低规定成员间命令与服从的关系。

(3) 强调人与工作的关系，成员间只有对事的关系而无对人的关系。

(4) 成员的选用与保障：每一职位均根据其资格限制（资历或学历)，按自由契约原则，经公开考试合格予以使用，务求人尽其才。

(5) 专业分工与技术训练：对成员进行合理分工并明确每人的工作范围及权责，并不断通过技术培训来提高工作效率。

(6) 成员的工资及升迁：按职位支付薪金，并建立奖惩与升迁制度，使成员安心工作，培养其事业心。

韦伯认为，凡具有上述六种特征的组织，不但可使组织体现出高度的理性化，且其成员的工作行为也能达到预期效果，组织目标也能顺利实现。韦伯对理想官僚组织模式的描绘，为行政组织指明了一条制度化的组织准则。这是他在管理思想上的最大贡献。

作为韦伯组织理论的基础，官僚制在19世纪已盛行于欧洲。韦伯从事实出发，把人类的行为规律性地服从于一套规则作为社会学分析的基础。他认为一套支配行为的特殊规则的存在，是组织概念的本质所在，没有它们，将无从判断一个组织的行为。这些规则对行政人员的作用是双重的：一方面他们自己的行为受规则的制约；另一方面他们有责任监督其他成员服从于这些规则。韦伯理论的主要创新之处在于他不去纠结有关官僚制效率的争论，而把目光投向其准确性、连续性、纪律性、严整性与可靠性。韦伯这种强调规则、强调能力、强调知识的行政组织理论为社会发展提供了一种高效率、合乎理性的管理体制。现在我们普遍采用的高、中、低三层次管理就是源于他的理论。

巩固拓展

一、选择题（不定项选择）

1. 从管理的角度看，组织是一个具有特定（　　）的群体。

A. 计划　　B. 目标

C. 行为　　D. 需求

2. （　　）职权是指给予一位管理者指挥其下属工作的权力。

A. 参谋　　B. 职能

C. 直线　　D. 组织

3. 组织工作的任务包括（　　）。

A. 明确责任　　B. 确定关系

C. 调动积极性　　D. 制订计划

二、分析题

俗话说："一个和尚挑水喝，两个和尚抬水喝，三个和尚没水喝。"请从组织原理的角度分析原因。

三、实训题

以小组为单位，围绕"节能，低碳，环保"的主题，在班上组织一次集体活动，形式和内容可以灵活创新，要求分工明确，指挥适当，活动效果好，深受学生欢迎。最后由大众投票和专业评委选出优胜组，颁发最佳组织奖。

任务 2　分析组织结构

任务描述

潇湘在广州某中型贸易公司上班。这家贸易公司总部在香港，除了决策公司的总战略之外，还兼负责国内市场的开拓，生产地设在东莞，主要业务是设计流行服装。同时，在法国还有一家公司，主要负责国外市场的开拓。

假如你是潇湘，请画出该公司的组织结构图。

任务领取

1. 以小组为单位完成任务，4 ~6 人为一组，选出一名组长，负责安排组员工作，并进行监督。
2. 查阅资料或课本，了解组织结构的概论、组织结构的模型等相关知识点。
3. 组员各自查阅课本或上网搜索相关的知识。
4. 小组商讨确定该公司的组织结构图。
5. 小组绘制该公司的组织结构图。
6. 小组完成任务后，上台展示成果，并介绍该结构图的特点和优缺点。

知识储备

组织结构是一个组织的“骨骼系统”，健全组织结构可以使组织的人、财、物和信息等生产要素之间实现有机结合，对于组织实现经营目标，协调组织内部关系，充分发挥各级人员的积极性有着重要的意义。

一、组织结构的概述

组织结构是指组织的全体成员为实现组织目标而进行分工协作，从而在机构设置、职责范围、权力安排、业务流程及绩效评估等方面所形成的有机的结构体系。它是为了完成组织目标而设计的，是组织内各构成要素以及它们之间的相互关系。从组织结构的定义可以看出，它包含以下几个关键要素：

①组织结构决定了组织中的正式报告关系；

②组织结构明确了将个体组合成部门、部门再组合成整个组织的方式；

③组织结构包含了确保跨部门沟通、协作的制度设计；

④ 组织结构的本质是组织成员的分工协作关系；

⑤ 组织结构的内涵是人们在职、责、权方面的结构体系。

管理智慧树

七个和尚分粥，僧多粥少，如何才能让每一个人分到的一样多。第一种分法，选一位德高望重之人分粥。结果是，刚开始还算公平，后来在有些人的贿赂下，逐渐不均，最终引起公愤。第二种分法，七人轮流分粥，每人一天，结果每人只有一天吃饱，吃撑，其他六天都只能挨饿。于是改为第三种分法，三人组成分粥委员会，四人组成监督委员会。结果是，两组人经常为不均争执，等分好了，粥也凉了。第四种分法，抓阄决定谁来分粥。结果是时饱时饥，时间长了容易得胃病。最后一种分法，七人轮流分粥，只是分粥的人必须在分好后，选最后一份。结果是，分得惊人的平均，因为有一点不均，将导致自己的那一份减少。

二、影响组织结构设计的因素

在组织结构设计的过程中，必须考虑到各种因素的影响，如战略、环境、技术、组织规模等，综合考虑这些因素才能产生良好的组织绩效。

1. 战略因素

战略是关于组织长远目标、发展方向、资源配置的设想与筹划。组织结构必须服从组织所选择的战略的需要，在满足组织战略目标的基础上对组织各部门进行划分，以及职责权限的设置，优化组织结构，健全组织架构，更好地实现战略目标。

2. 环境因素

任何组织都是在一定的环境中生存和发展的，组织结构必须响应环境变化，才能和环境的动态匹配，在环境中生存下来。如果环境是稳定的，组织就可以采用机械组织结构。在快速变化的环境中，组织就需要设计有机的组织结构。组织的结构设计应随环境的变化而适时做出调整，才能提高组织的效率。

3. 技术因素

技术是指组织将输入转化为输出的知识、工具、技能和活动。技术不仅影响组织活动的效果和效率，而且影响组织结构的设定。通常，组织所采用的技术方法与水平不同，组织结构的形式也会不同，或集权式，或分权式等。

4. 规模因素

组织的规模不同，与之相适应的组织结构形式亦有很大的差别。一般来说，规模越大的组织，管理层次越多、工作和部门的数量越多、职能和技能的专业化程度越高、组织正规化程度越高、组织分权程度越高、高层领导的比例越小、专业技术支持人员的比例越高、书面沟通的文件越多。当然，规模不是决定组织结构设计的唯一因素，它与战略、环境、技术等因素一同决定着组织结构的设计。

三、组织结构设计的方法

（一）职能结构设计

职能结构设计是进行组织结构设计的首要步骤，是对组织的运作流程及管理业务进行总体设计，以确定组织各项管理职能及其结构，包括企业的经营职能和管理职能的设计，如企业的市场研究、经营决策、产品开发、质量管理、营销管理、人事管理等职能的设计。

职能结构设计是在职能分析的基础上进行的，包括基本职能设计、关键职能设计和职能分解三个部分。

1. 基本职能设计

它是根据组织设计的权变因素如环境、战略、规模、员工素质等因素，确定特定企业应具备的基本职能。而企业的行业特点、技术特点及外部环境特点制约并调整着基本职能的设计。例如企业的财务、研发、生产、销售及售后服务等职能设计。组织的职能设计应以组织的目标分解为基本前提，完善的组织目标体系可为组织结构中的职能划分提供可靠的依据，从而避免部门划分的盲目性。在组织结构的设计中，职能目标的划分和确定对部门划分有着最直接的影响。

2. 关键职能设计

在企业运作中，各项基本职能虽然都是实现企业目标所不可缺少的，但由于在实现企业战略任务和目标中所起的重要性不同，可将其分为基本职能和关键职能。关键职能是由企业的经营战略决定的。战略不同，关键职能则不同。在实际工作中，关键职能设计可以分为以下六种类型：质量管理（电器生产厂）、技术开发（电子、仪器）、市场营销（日常消费品）、生产管理（油田、电厂）、成本管理、资源管理。一个企业的关键职能设计的类型是相对稳定的，但却不是一成不变的，而是动态的，随着内外部环境的变化，战略会有所调整，关键职能的设计也会随之改变。

3. 职能分解

职能分解是将已确定的基本职能和关键职能逐步分解，细化为独立的、可操作的具体业务活动。职能分解的过程一般采用逐步分解法，即将基本职能设计出的职能作为一级职能；为完成一级职能必须开展的几方面的管理工作作为二级职能；将二级职能再进行细化，就可分解为具体的业务活动，即三级职能。通过这种职能分解的方法，就可以将组织的各项职能细化到具体可操作性的工作上，为部门的划分、职权分配等打下基础。

（二）部门结构设计

部门结构是按照水平专业化分工的原则，将每个管理层次划分为若干个管理单位。部门划分通常采用以下方法。

1. 职能部门化

职能部门化是遵循专业化的原则，以组织的经营职能为基础划分部门。按职能划分部门是企业组织广泛采用的方式，几乎所有企业组织结构的某些层次都存在职能分工的形式。这种划分方法有利于专业化分工，有利于各专业领域的最新思想和工具的引入，能够促进专业领域的深入发展。它的缺点在于部门的局部利益可能导致部门之间的协调困难，从而降低组织整体效能的发挥。如图 3－1 所示。

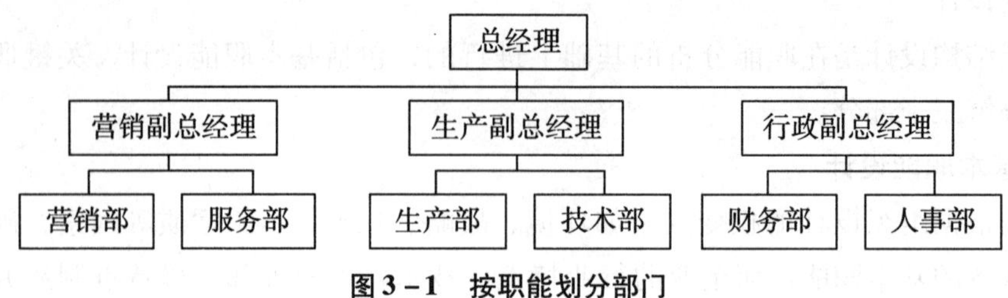

图 3－1　按职能划分部门

2. 产品部门化

产品部门化即按照行业或产品划分管理单位，即根据一个产品或一类产品建立部门，把涉及该产品的所有生产经营活动组织在一起，并给予相应的责权。它是随着科学技术的发展，为了适应新产品的生产而产生的。这种划分方法有利于发挥专用设备效益，发挥个人的技能和专业知识，并有利于部门内的协调。但是它要求更多的人具有全面管理的能力，各产品部门独立性较强而整体性较差，从而增加了主管部门协调控制的困难。如图 3－2 所示。

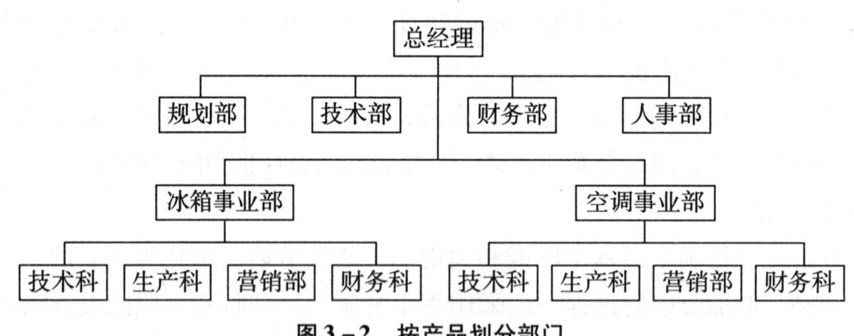

图 3－2　按产品划分部门

3. 地区部门化

地区部门化是按照企业活动分布的地区为依据来划分部门的。这种划分能够调动地方、区域的积极性，能够因地制宜以谋取地方化经营的最佳经济效果。但是由于地域的分散性，增加了主管部门控制的困难，容易出现各自为政的局面，不利于企业总体目标的实现。这种划分方法多用于大的集团公司和跨国公司。如图 3－3 所示。

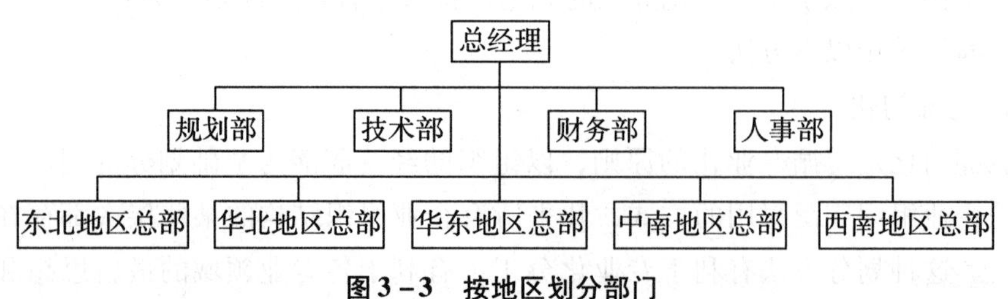

图 3－3　按地区划分部门

4. 人数部门化

人数部门化是按照组织中人数的多少来划分部门，即抽取一定数量的人在主管人员的指挥下去执行一定的任务。这是最原始、最简单的划分方法，军队中某一兵种的师、旅、团、营、连、班、排就是以这种方法划分的。

5. 顾客部门化

顾客部门化越来越受到重视。它是基于顾客需求的一种划分方法，即按组织服务的对象类型来划分部门。这种划分能够满足顾客特殊而又多样化的需求。但是这一部门与其他部门的协调极为困难。

6. 工艺过程部门化

工艺过程部门化是按照生产技术工艺特点划分管理单位，即将具有相同工艺特点的人员、设备、工作业务集中在一个部门内，以便提高工艺专业化水平。

（三）职务设计

职务设计又称为岗位设计，是在工作任务细分的基础上，给员工分配所要完成的任务，并规定员工的责任和职责。岗位设计的科学性直接决定着人力资源管理工作的有效性，决定着人力资源的管理工作作用的发挥。管理人员在职务设计时，应有意识地为提高员工的积极性而改变职务设计。

职务设计的方法概括起来有以下几种：

1. 职务专业化

职务专业化盛行于20世纪上半叶，它是以亚当·斯密的分工理论和弗雷德里克·泰勒的科学管理理论为前提而出现的。职务专业化就是将工作进行细分，使其专业化，员工承担的工作往往是范围狭小和极其有限的。如建筑施工中的监工、电工、木工、装修工等。职务专业化有利于员工专业技能的纵深发展。但是长期从事单调的工作，容易引起员工的不满情绪，导致组织效率下降。职务专业化是职务设计的最基本的方法，在对企业基层职务设计中普遍采用。

2. 职务轮换制

为了暂时解决和缓和工人的不满情绪，实行了职务轮换制。职务轮换制是指工作任务的暂时性变化。通过这一方法，员工的活动得以多样化，拓宽了员工的工作领域，获得新的技能，为员工在企业的进一步发展奠定了基础。

3. 职务丰富化

伴随着管理理论基础的发展和完善，继梅奥人际关系学说之后，20世纪40年代马斯洛的需求层次理论、50年代赫茨伯格的双因素理论等激励理论相继提出，可见，满足员工需求成为职务设计的主导因素。职务丰富化又称为垂直职务承载，它充实了工作内容，增加了职务深度，使职务设计更具有挑战性、成熟感、责任感和自主性，从而提高了员工的满意度和工作积极性，有力地改善了职务专业化的弊端，但是职务丰富化在某些单位并没有提高劳动生产率。

4. 职务扩大化

职务扩大化是指增加工作的范围，为员工提供更多的工作种类。相对于职务丰富化来说，它主要是指员工的职务范围增大，是工作范围的水平扩展，因此又称为水平职务承载。职务扩大化赋予员工更多的工作自主权，能充分调动员工的积极性和主动性，给员工更多发挥和创新的空间。

四、组织结构设计的程序

为了保证组织结构设计能顺利进行，必须遵循正确的程序，才能达到组织设计的高效化。组织结构设计的程序如下。

1. 业务流程的总体设计

业务流程设计是组织结构设计的开始，只有总体业务流程达到最优化，才能实现企业组织高效化。业务流程是指企业生产经营活动在正常情况下，不断循环流动的程序或过程。企业的活动主要有物流、资金流和信息流，它们都是按照一定流程流动的。企业实现同一目标，可以有不同的流程。因此，在企业组织结构设计时，首先要对流程进行分析对比、择优确定，即优化业务流程。业务流程包括主导业务流程和保证业务流程。主导业务流程是产品和服务的形成过程，如生产流程；保证业务流程是保证主导业务流程顺利进行的各种专业流程，如物资供应流程、人力资源流程、设备工具流程等。首先，要优化设计的是主导业务流程，使产品形成的全过程周期最短、效益最高；其次，围绕主导业务流程，设计保证业务流程；最后，进行各种业务流程的整体优化。

2. 按照优化原则设计岗位

岗位是业务流程的节点，又是组织结构的基本单位。由岗位组成车间、科室，再由车间、科室组成各个子系统，进而由子系统组成全企业的总体结构。岗位的划分要适度，不能太大也不能太小，既要考虑流程的需要，也要考虑管理的方便。

3. 规定岗位的输入、输出和转换

岗位是工作的转换器，就是把输入的业务经过加工转换为新的业务输出。通过输入和输出就能从时间、空间和数量上把各岗位纵横联系起来，形成一个整体。所以岗位的设置对组织任务的完成起着重要的中间作用。

4. 岗位人员的定质与定量

定质就是确定本岗位需要使用的人员的素质。由于人员的素质不同，工作效率就不同，因而定员人数也就不同。人员素质的要求主要根据岗位业务内容的要求来确定。要求太高，会造成人员的浪费；要求太低，保证不了正常的业务活动和一定的工作效率。

定量就是确定本岗位需用人员的数量。人员数量的确定要以岗位的工作业务量为依据，同时也要以人员素质为依据。人员素质与人员数量在一定条件下成反比。定量就是在工作业务量和人员素质平衡的基础上确定的。

5. 设计控制业务流程的组织结构

这是指按照流程的连续程度和工作量的大小，来确定岗位形成的各级组织结构。整个业务流程是个复杂的系统，结构是实现这个流程的组织保证，每个部门的职责是负责某一段流程并保证其畅通无阻。岗位是保证整个流程实施的基本环节，应该先有优化流程，后有岗位，再组织车间、科室，而不是倒过来。流程是客观规律的反映，因人设机构，是造成组织结构设置不合理的主要原因之一，必须进行改革。

以上五个步骤，既有区别又有联系，必须经过反复的综合平衡、不断地修正，才能获得最佳效果。

五、组织结构的基本模式

（一）直线制

直线制结构是最为简单也是最早出现的集权式组织结构形式，又称军队式结构。其基本特点是组织中的各种职位按垂直系统直线排列，不设专门的职能机构。如图3－4所示。

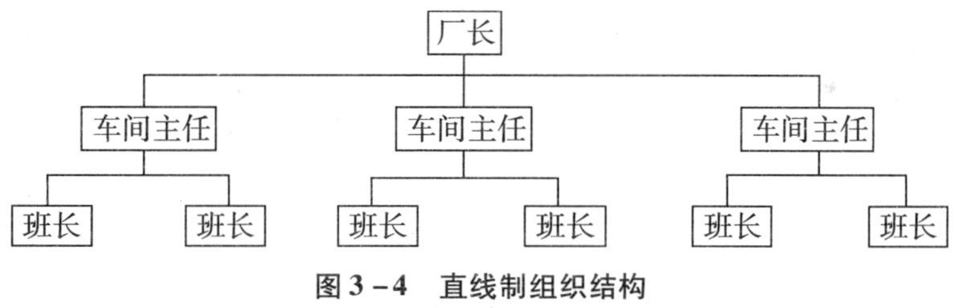

图3－4 直线制组织结构

（1）特点。领导的职能都由企业各级主管一人执行，上下级权责关系呈一条直线。下属单位只接受一个上级的指令。

（2）优点。结构简化，权力集中，命令统一，决策迅速，责任明确。

（3）缺点。没有职能机构和职能人员当领导的助手。在规模较大、管理比较复杂的企业中，主管人员难以具备足够的知识和精力来胜任全面的管理，因而不能适应日益复杂的管理需要。

这种组织结构形式适合于产销单一、工艺简单的小型企业。

（二）职能制

该模式是在直线制形式的基础上，为各职能领导者设置相应的职能机构和人员。

如图 3 – 5 所示。

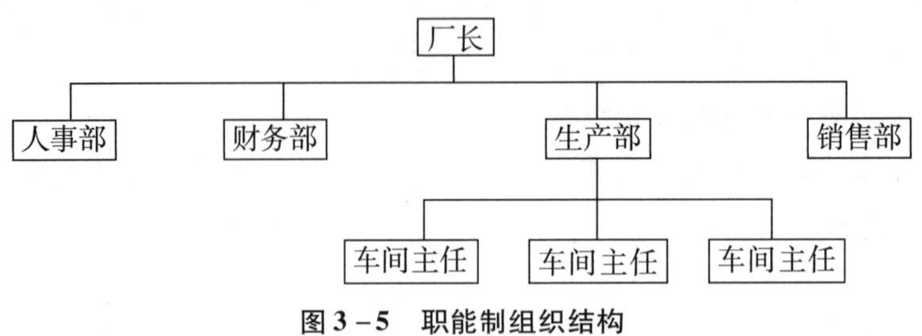

图 3 – 5 职能制组织结构

（1）特点。企业内部各个管理层次都设职能机构，并由许多通晓各种业务的专业人员组成。各职能机构在自己的业务范围内有权向下级发布命令，下级都要服从各职能部门的指挥。

（2）优点。不同的管理职能部门行使不同的管理职权，管理分工细化，从而能大大提高管理的专业化程度，能够适应日益复杂的管理需要。

（3）缺点。政出多门，多头领导，管理混乱，协调困难，导致下属无所适从；上层领导与基层脱节，信息不畅。

因此，这种模式在现代企业很少运用。

（三）直线职能制

直线职能制又称直线参谋制或生产区域制结构。该模式综合上述两种模式的优点，一方面保持了直线制领导、统一指挥的优点，另一方面又吸收了职能管理专业化的长处，实行厂长统一指挥与职能部门参谋、指导相结合的组织结构形式。如图 3 – 6 所示。

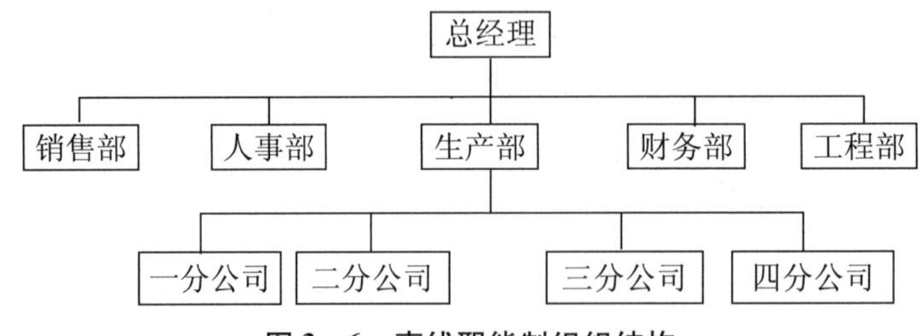

图 3 – 6 直线职能制组织结构

（1）特点。企业的全部机构和人员可以分为两类：一类是直线机构和人员；另一类是职能机构和人员。直线机构和人员在自己的职责范围内有一定的决策权，对下属有指挥和命令的权力，对自己部门的工作要负全面责任；而职能机构和人员，则是直线指挥人员的参谋，对直线部门下级没有指挥和命令的权力，只能提供建议和在业务上进行指导。

（2）优点。各级直线领导人员都有相应的职能机构和人员作为参谋与助手，因此能够对本部门进行有效的指挥，以适应现代企业管理比较复杂和细致的特点；而且每一级又都是由直线领导人员统一指挥，满足了企业组织的统一领导原则。

（3）缺点。职能机构和人员的权力、责任究竟应该占多大比例，管理者不易把握。

直线职能制在企业规模较小、产品品种简单、工艺较稳定又联系紧密的情况下，优点较突出；但对于大型企业，产生或服务品种繁多、市场变幻莫测，就不适应了。

（四）事业部制

事业部制结构亦称 M 型结构，是按照“集中决策、分散经营”的原则，将企业划分为若干事业群，每一个事业群建立自己的经营管理机构与队伍，独立核算，自负盈亏。目前大部分企业集团尤其是跨国公司采取了事业部制结构。如图 3－7 所示。

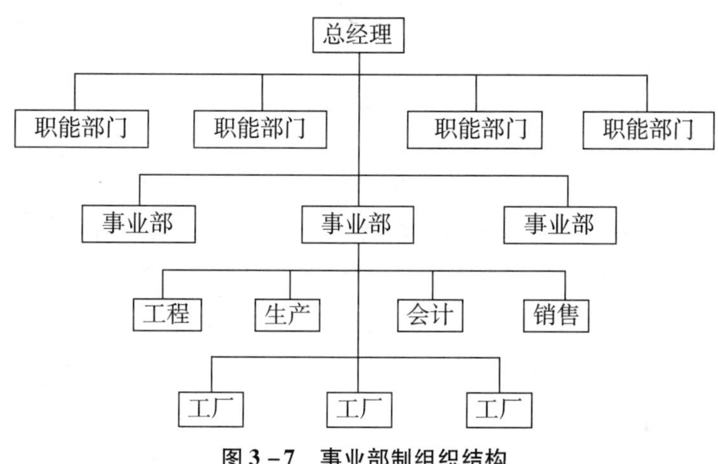

图 3－7　事业部制组织结构

（1）特点。把企业的生产经营活动按照产品或地区的不同，建立经营事业部。每个经营事业部是一个利润中心，在总公司领导下，独立核算自负盈亏。

（2）优点。有利于调动各事业部的积极性，事业部有一定经营自主权，可以较快地对市场做出反应，一定程度上增强了适应性和竞争力；同一产品或同一地区的产品开发、制造、销售等一条龙业务属于同一主管，便于综合协调，也有利于培养有整体领导能力的高级人才；公司最高管理层可以从日常事务中摆脱出来，集中精力研究重大战略问题。

（3）缺点。各事业部容易产生本位主义和短期行为；资源的相互调剂会与既得利益发生矛盾；人员调动、技术及管理方法的交流会遇到阻力；企业和各事业部都设置职能机构，机构容易重叠，且费用增大。

事业部制适用于企业规模较大、产品种类较多、各种产品之间的工艺差别较大、市场变化较快及要求适应性强的大型联合企业。

（五）矩阵制

矩阵制结构又称规划目标结构组织。在矩阵形式中，有两条权力线——一条是从各职能经理那里来的垂直权力线，一条是来自工程权力部门的水平权力线。一套是纵向的职能系统，另一套是为完成某一任务而组成的横向项目系统。如图3－8所示。

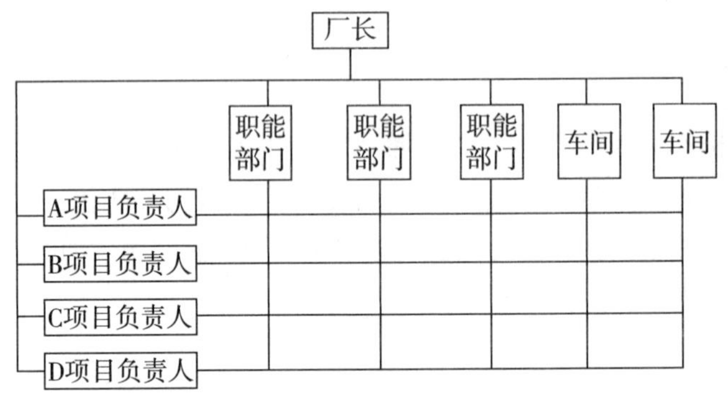

图3－8　矩阵制组织结构

（1）特点。既有按照管理职能设置的纵向组织系统，又有按照规划目标（产品、工程项目）划分的横向组织系统，两者结合，形成一个矩阵。横向系统的项目组所需工作人员从各职能部门抽调，这些人既接受本职能部门的领导，又接受项目组的领导，一旦某一项目完成，该项目组就撤销，人员仍回到原职能部门。

（2）优点。加强了各职能部门间的横向联系，便于集中各类专门人才加速完成某一特定项目，有利于提高成员的积极性。在矩阵制组织结构内，每个人都有更多机会学习新的知识和技能，因此有利于个人发展。

（3）缺点。由于实行项目和职能部门双重领导，当两者意见不一致时令人无所适从；工作发生差错也不容易分清责任；人员是临时抽调的，稳定性较差；成员容易产生临时观念，影响正常工作。

它适用于设计、研制等创新型企业，如军工、航空航天工业的企业。

（六）多维立体制

多维立体制结构是职能制组织结构、矩阵式组织结构和事业部制结构的综合发展，是为了适应新形势的发展需要而产生的组织结构形式。多维立体结构就是一个企业的组织结构包括三类以上的管理机构。如图3－9所示。

多维立体制组织结构是系统理论在管理组织中的一种应用。主要包括：

（1）按产品划分的事业部——产品事业利润中心。

（2）按职能划分的专业参谋机构——专业成本中心。

（3）按地区划分的管理机构——地区利润中心。

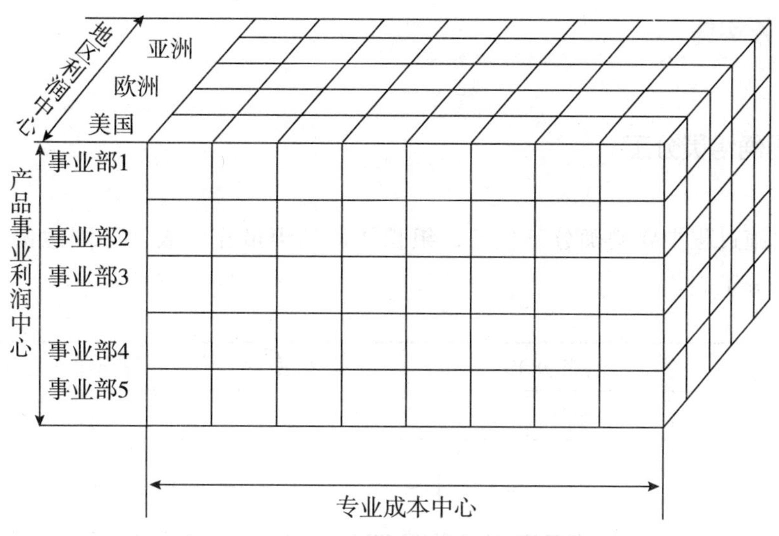

图 3－9　多维立体制组织结构

通过多维立体结构，可以把产品事业部经理、地区经理和总公司参谋部门这三者较好地统一和协调成管理整体。该种组织结构形式适合于规模巨大的跨国公司或跨地区公司。

管理个案分析

某地方生产传统工艺品的企业，伴随着我国对外开放政策，逐渐发展壮大起来。销售额和出口额近十年来平均增长 15% 以上。员工也由原来的不足 200 人增加到了 2000 多人。企业还是采用过去的类似直线型的组织结构，企业一把手王厂长既管销售，又管生产，是一个多面全能型的管理者。最近企业发生了一些事情，让王厂长应接不暇。其一，生产基本是按订单生产，由厂长传达生产指令。碰到交货紧，往往是厂长带头，和员工一起挑灯夜战。虽然按时交货，但质量不过关，产品被退回，并被要求索赔。其二，以前企业招聘人员人数少，所以王厂长一人就可以决定了。现在每年要招收大中专学生近 50 人，还要牵涉人员的培训等，以前的做法就行不通了。其三，过去总是王厂长临时抓人去做后勤等工作，现在这方面工作太多，临时抓人去做，已经做不了、做不好了。凡此种种，以前有效的管理方法已经失去作用了。

【互动天地】该企业目前是属于哪种组织结构？请从组织工作的角度说明企业存在的问题以及建议措施。

任务实施

一、明确组员分工

任务实施过程中要明确分工任务，组长要调动组员充分表达不同意见，形成职责清晰的任务分工表。

组员姓名	任务分工	主要方法	提交任务成果的方式

二、过程监督

把总任务完成的时间划分为不同工作阶段，请各组成员在任务实施过程中做好过程记录，组长负责监督，全组共同完成进度监督表。

工作阶段	时　间	进度描述	检查情况记录	改善措施以及建议

三、各组成员记录任务实施过程中的困难及收获

困难：______________________________

小组成员想到的解决方法：______________________________

____

本次活动的收获：______________________________

____

四、制订方案

在完成上述的准备工作后，小组成员共同绘制该公司的组织结构图。

五、成果展示

每个小组在完成任务后，在班上进行小组成果展示，并介绍该组织结构图的优缺点。

六、评价反馈

各小组根据以下评价项目，结合各自在活动过程中的表现和实施情况进行自我评价与小组评价，教师对小组表现进行综合评价。

评价项目	评价标准	配分（分）	自我评价（20%）	小组评价（30%）	教师评价（50%）
知识准备完成情况	按完成比例给分	10			
组织结构图的理解和组织结构图的绘制	对组织结构图的理解 5～10 分； 绘制组织结构图 5～10 分； 准确说明组织结构图的优缺点 10～20 分	30			
工作过程中所做贡献	贡献最大 30 分以上； 贡献较大 19～30 分； 贡献很少 1～18 分； 基本无贡献 0 分	40			
团队合作责任意识	无团队意识扣 7～10 分； 无责任心扣 7～10 分	10			
现场遵守纪律、执行 6S 情况	违反课堂纪律扣 7～10 分； 着装不规范扣 3～5 分； 工作组台面不整齐、地面有垃圾的扣 5～8 分	20			
合　计					

延伸阅读

中欧基金总经理刘建平：剖析事业部改制的“得”与“失”

刘建平，北京大学法学硕士，具有近20年证券市场从业经验，2009年加入中欧基金，见证了中欧基金从百亿元规模公司到千亿级别公司的蜕变。刘建平给人的印象：思路清晰，逻辑性强，真诚、务实。谈及公司管理，其有深刻的体会“经营是蛮复杂的，必须有目标、有方向、有方法”。谈及事业部改制，“事业部很容易复制，没什么秘密，难的是如何保证这个机制长期有效地做下去”。

系统化改革思路

一提起中欧基金，大家首先想到的是事业部制改革。刘建平认为，除了天时地利之外，改革成功最核心的两大关键在于“系统化的制度设计”和选择“适合自身的发展路径”。刘建平坦陈了中欧基金系统化制度设计的五个环节，依次是所有权结构的调整、治理结构完善、激励机制改革、推进扁平化的架构以及合伙人文化建设。其中，激励机制的改革，尤其是事业部的激励机制最容易受到市场的关注。

“激励机制的设定是有多重目的的，要能有效地吸引和筛选人才，要适应并促进公司战略的实施，要兼顾股东、员工和投资人的利益等，因此要综合考虑，比如激励导向、方式、力度是否合适等。”刘建平告诉记者，中欧采取短期和长期相结合的考核方式，短期考核相对简单易操作，激励大家“做事情”；同时，引导事业部对业绩做好长期规划。“我们对基金经理的考核是，3年一次小考，5年一次大考。如果5年达不到业绩目标，事业部负责人就有可能被要求离开，这是在最初签订合伙协议时就有的约定。”这样的机制设定不仅让事业部更专注于长期业绩，也让他们能自然地融入公司的企业文化之中，实现事业部发展和公司战略的步调一致。同时，公司鼓励事业部负责人、基金经理将收入奖金投资于自己管理的产品，并锁定一定的期限，从而将基金经理和持有人的利益绑定在一起，使得他们更关注长期目标，谋求长期发展。

在推行事业部激励机制之后，中欧又系统化地设计和完善了研究、营销和运营三大平台的激励制度，这种整体机制使得投资事业部与三大平台的激励和利益导向一致，也保证了彼此之间的高效协作。

困难与遗憾

在中欧基金脱胎换骨的改革背后，经历过哪些困难与遗憾？刘建平表示，在这个行业做了近二十年，体会“蛮复杂”。

中欧基金在2012年开启“持基计划”，并开始为股权改制的实施做进一步准备，终于在2014年4月，成为自新《基金法》颁布以来，国内首家成功实现股权改革的公募基金公司。在这个过程中，中欧遇到过各种各样的困难，也经历了困惑，遭受过质疑。

“2014 年事业部改制初期是公司管理团队最艰难的时刻，虽然公司未来改革的大框架、结构等已经有了初步方向，但不是所有的同事都能够清晰地理解改革的目的和原因。那段时间最主要的工作就是和团队进行深度、多次的沟通，让整个团队统一步伐和方向。”刘建平坦言：在引导公司转型的过程中，不光是制度的创新改革，有时候更是人员和文化的问题。在这个磨合的过程中，会有一些伙伴因为各种原因离开，比如有更好的发展机会，比如对公司的改制不是非常理解产生一定的困惑，等等。“他们的离开让人遗憾，但这是一个必经的过程。有时候我也会偶生困惑，但即便是半夜醒来，稍作思考依然会清晰地告诉自己，改革是对的，而且必须这样做。”

高度重视风控

在改革初期，中欧基金就明确提出了必须建立一个全新、严格的风控体系，以适应公司架构的变化。这个体系必须和传统的基金业风控体系不同，虽然各个事业部有一定的独立运作的权限，但是必须置于公司整体的风控标准之下，公司整体的风控流程是统一的，架构是完整的，所有事业部的运作都必须在这个大框架下进行。随着组织构架的变化，公司将风控部门独立出来，由总经理刘建平亲自担任风控委员会的主席，并进一步梳理完善公司的整体风控流程和标准。

经过两三年的运行，事业部机制和风控机制的匹配越来越好，事业部的同事都树立了很强的风控意识。“他们知道，自身利益和风控是紧密相关的，如果事业部风控出了问题，他们要承担相应的责任。”

迎接“大资管”挑战

面对大资管时代的挑战，刘建平表现得坦然而淡定，他解释说：“大资管时代在几年前就开启了，虽然目前大资管发展的势头有所趋缓，但是这个趋势不可逆转。在这种情况下，基金公司会面临很大的压力和挑战，其中最关键的，还是要提高自己的核心竞争力。”

中欧基金致力于两大核心竞争力的提升：一是长期投资能力；二是为客户提供优质服务的能力。未来，中欧基金还将适时布局海外业务、养老金业务，持续发展电商业务，争取经过 3~5 年的发展，中欧基金能成为业内最优秀的公司之一，真正实现投资精品店的梦想。

巩固拓展

一、选择题（不定项选择）

1. 易出现多头领导，不能实行统一指挥的组织结构是（　　）。

A. 直线制　　　　B. 职能制

C. 直线职能制　　D. 事业部制

2. 一家产品单一的跨国公司在世界许多地方拥有客户和分支机构，该公司的组织结构应考虑按（　　）划分部门。

A. 职能　　B. 产品

C. 地区　　D. 人数

3. 职能结构设计是在职能分析的基础上进行的，包括（　　）三个部分。

A. 基本职能设计　　B. 关键职能设计

C. 职能分解　　D. 职能划分

二、分析题

如果你正在创业，新成立了一家公司，大概 20 人的规模，你会选择哪种组织结构？请做分析说明。

三、实训题

实地走访一家企业，对该企业的组织结构及其制度进行了解。收集以下信息：①企业的主要经营活动；②企业的组织结构图；③部门的职权；④企业的主要制度。调查结束后，形成一份调研报告，在课堂上进行交流讨论。

任务 3　了解组织变革

任务描述

王红和几个人创立了一家公司，这家公司在 10 年内把企业营业额从 500 万美元提高到了 6000 万美元，一跃成为零售史上发展最快的公司之一。这家公司平均每 7 个星期增设一家大的商店，很快扩展到 30 家商店。刚开始，这家企业采用集权式管理，总部操纵着所有的经营活动和政策，商店经理和其他管理人员只有很少的权力。创办人经常四处巡视，亲临现场指挥和管理。随着公司规模的日益扩大，所面临的问题也越来越复杂。这家公司在经营上的问题日趋严重，最后公司无法挽救，被其他公司收购了。

问题一：请分析王红公司衰落的原因。

问题二：如果你是王红，将如何对公司进行变革。

任务领取

1. 以小组为单位完成任务，4 ~ 6 人为一组，选出一名组长，负责安排组员工作，并进行监督。

2. 查阅资料或课本，了解组织变革的原因和对策等相关知识点。

3. 小组商讨该公司衰落的原因。

4. 小组根据组织衰落的原因分析，寻找适合该企业发展的组织变革方式。

5. 小组上台各自展示成果，解说该企业的变革情况。

知识储备

组织作为一个开放的系统，需要不断地与外界环境发生作用。而现代市场环境变化迅速，以往组织所面临的环境正发生着巨大的变化，组织原有的稳定和平衡已经渐渐不能适应新形势变化的要求，必须进行组织变革。

管理智慧树

科学家将四只猴子关在一个密闭房间里，每天喂食很少食物，让猴子饿得吱吱叫。几天后，实验者在房间上面的小洞放下一串香蕉，一只饿得头昏眼花的大猴子一个箭步冲向前，可是当它还没拿到香蕉时，就被预设机关所泼出的滚烫热水烫得全身是伤，当后面三只猴子依次爬上去拿香蕉时，一样被热水烫伤。于是众猴只好望“蕉”兴叹。

几天后，实验者换进一只新猴子进入房内，当新猴子肚子饿得也想尝试爬上去吃香蕉时，立刻被其他三只老猴子制止，并告知有危险，千万不可尝试。实验者再换一只猴子进入，当这只新猴子想吃香蕉时，有趣的事情发生了，这次不仅剩下的两只老猴子制止它，连没被烫过的半新猴子也极力阻止它。实验继续，当所有猴子都已换新之后，没有一只猴子被烫过，上头的热水机关也取消了，香蕉唾手可得，却没猴子敢前去享用。

一、组织变革的概念

组织变革是指组织依据外部环境变化和内部状况的变化，及时调整并完善自身的结构和功能，以提高生存和发展能力的过程。它狭义上仅限于正式结构的变革，广义上还包括行为变革和技术变革。组织原有的稳定和平衡不能适应形势变化的要求了，就要通过变革来打破它们，但打破原有的稳定和平衡本身不是目的，目的是建立适应新形势的新的稳定和平衡，应当把组织的变动性和稳定性有机地结合起来。

二、组织变革的动力

1. 外部环境

组织要求生存和发展离不开外部环境，需要不断地与外部的信息、人员、物资等方面进行交换，从而使得组织与外部环境达到动态平衡。组织的外部环境大体上可以分为三个层次：科学技术、社会行为和社会制度。科学技术的发展、社会行为价值观念的变迁以及社会的体制因素是外界环境变动的三个来源。因此，组织要不断调整自身，才能适应外部环境的变化。

2. 科技的发展

科学技术是组织变革的另一个动因，它对组织结构和社会心理系统所产生的影响是重大的，以空前的深度和广度影响并改变着社会生产与生活的各个方面。科学技术的变化可能造成组织的部门合并，使层级数目减少、控制幅度扩大等一系列的组织变革。

3. 组织目标

组织变革的又一大动因是组织目标的变化。组织目标的变化包括目标的转换和承续。而价值观系统的变化又有可能引起目标的变化，或保持目标不变，最终导致人们往“适宜”的行为方面变化。

4. 社会心理因素

组织的发展依赖每一位员工，充分发挥人的作用是任何一个组织成功地实现其预定目标的关键。组织成员的士气、动机、态度、行为等的改变，对于整个组织及其变革都是具有重要意义的。当组织进行一项技术革新时，若组织的全体成员都持有消极或抵制或事不关己的态度，技术改革就不会有效果，这时就需要进行组织变革。

5. 管理

组织的管理方式要适应组织的发展，一个组织要找到一种符合组织活动的要求，并能带来高效能的管理方式是不容易的。企业在特定的时期有特定的管理方式，如果管理方式改变了，组织也应该随之进行变革。

管理个案分析

1971 年，通用电气进行的“战略事业单位”改革，是因为它遇上了威斯汀豪斯电气公司的激烈竞争。这时候企业所面临的最大问题就是“如何战胜竞争对手，巩固市场地位”。基于这样的一个战略重点，通用电气就致力于提升企业对市场信息的反应速度和企业市场竞争策略的灵活性，于是，“战略事业单位”这种“特种部队”形式的组织单元就应运而生。

20世纪70年代中期，美国遭遇能源危机与通货膨胀，经济一片萧条。这种时刻并不适合继续扩大投资和再生产，“如何避免资源浪费和制定长期的发展策略”成为通用的核心问题。在这样的情况下，时任总裁琼斯推行了“执行部制”的组织改革，企业最高层的领导从繁忙的日常事务里解脱出来，把精力聚焦于长期战略的制定和资源在集团内的调控，为通用电气这条商界的巨轮驶出经济衰退的浅水区指明方向。

到了20世纪80年代，美国经济再度复兴，加上世界经济一体化的发展，企业的经营环境日新月异，经常会出现“战略赶不上环境”的情况。在这种快速变化的经营环境下，琼斯当初的组织改革给通用电气带来的积极意义已经逐渐消失。同时，由于通用电气两次组织变革所走的方向是正好相反的——“战略事业部”的改革是放权，而“执行部”的改革是集权。这种相互制衡的结果使通用电气出现明显的官僚化倾向。为了适应环境的变化，并消除组织内部的官僚习气，韦尔奇为通用开出了著名的“扁平化”药方。

【互动天地】请分析通用电气组织变革的原因。

三、组织变革的阻力

组织变革就是要改变那些不能适应企业的内外环境，阻碍企业可持续发展的各种因素，如企业的管理制度、企业文化、员工的工作方式、工作习惯等。这种变革必然会涉及企业的各个层面，引起企业内部个人和部门利益的重新分配。因此，必然会遭到来自企业各个方面的阻力。

1. 个人层面

人们对待组织变革的态度与其个性有十分密切的关系。那些敢于接受挑战，乐于创新，具有全局观念，有较强适应能力的人通常变革的意识较为强烈；而那些有强烈成就欲望的人，或是一些因循守旧、心胸狭窄、崇尚稳定的人对变革的容忍度较低，变革的抵触情绪较大；一些依赖性较强，没有主见的员工常常在变革中不知所措而依附于组织中群体的态度倾向。除此之外，由于变革会打破现状，破坏已有的均衡，必然会损害一部分人的既得利益，这类人常常是组织变革的最大抵触者，他们常常散布谣言，制造混乱，甚至采取强硬措施抵制变革。个人层面的阻力主要来源于员工的个性心理和经济利益的驱使，变革阻力的力度较小，但却是构成组织变革阻力的基本因素。

2. 组织层面

在组织层面上产生变革阻力的因素有很多，既包括组织结构、规章制度等显性阻力，还包括组织文化、氛围、员工的工作习惯等隐性阻力。由于组织变革会对组织内部各部门、各个群体的利益进行重新分配，那些原本在组织中权力较大、地位较高的部门和群体必然会将变革视为一种威胁，为了保护自身利益常常会抵制变革；另外，企业的业务流程再造必然会重组企业的组织结构，对某些部门、某些层次予以合并、撤减，以及重新进行权责界定，一些处于不利地位的部门和层次就会反对变革。相对组织内的显性阻力而言，组织内的隐性阻力就更加隐蔽，而且一时难以克服。

四、克服组织变革阻力的对策

组织变革取得成功的关键在于，尽可能地不要让那些导致反对变革的因素发挥作用，最大限度地缩小反对变革的力量，使变革的阻力尽量降低。在一定意义上说，组织变革的过程，就是增强动力与克服或减少阻力的过程。其基本对策有以下几个方面：

1. 客观分析变革各种因素

在组织的变革中既有动力也有阻力，两者是相互作用，相互影响的。这要求领导者经常分析环境以及动力、阻力的强弱，并分清哪些因素是可以改变的，哪些因素是不能变动的，不要把过多力量耗费于无法控制的那些因素上，而集中全力于可以改变的因素上。同时，管理者应全面地了解变革的阻力和压力的相互作用关系，才能增强动力对组织变革的推动作用，减少阻力的制约作用，加快组织变革的进程。

2. 精心设计方案，加强改革宣传

运用科学的理论和方法认识现实中的问题，制订合理而完善的方案，是保证改革成功的基本前提。一些组织改革未能取得成功的一个重要原因，就是没有一个科学而行之有效的改革方案。同时，改革前的宣传工作十分重要。社会心理学研究表明，参与组织管理和变革活动有多方面的作用，既可以吸收和集中普通工作人员的智慧，又可以增强他们的心理满足感和成就感，减少思想阻力，从而促进变革顺利进行。

3. 妥善安置，善用激励

在组织变革过程中，难免有些人员因为改革带来的冲击，从而对改革产生强烈的抵触心理，这是变革失败和受阻的主要因素。因此，在组织变革过程中，一方面，我们要慎重而妥善地考虑安置那些因改革和发展而被触动切身利益的人，以减少来自利益方面的阻力，保证改革与发展的顺利进行；另一方面，企业可以在变革实施的过程中，提高员工的工资和福利待遇，使员工感受到变革的好处和希望，或对一些员工予以重用，以稳住关键员工，消除他们的顾虑，使他们安心地为企业工作。

4. 引入变革代言人，力求客观公正

变革代言人即通常所谓的咨询顾问。由以上分析我们已经知道，在变革的过程中，一些员工认为变革的动机带有主观性质，他们认为变革是为了当局者能更好地牟取私利。还有一些员工认为变革发动者的能力有限，不能有效地实施变革。而引入变革代言人就能很好地解决上述问题。一方面，咨询顾问通常都是由一些外部专家组成的，他们的知识和能力不容置疑；另一方面，由于变革代言人来自第三方，通常能较为客观地认识企业所面临的问题，也能正确地找到解决的办法。

5. 培植企业的精神领袖

在企业变革的过程中，如果企业有一位强力型的领导者，相对而言，变革的阻力就会很小。由于企业的精神领袖通常具有卓越的人格魅力和非常优秀的工作业绩，由他们发动变革，变革的阻力就会很小。当然，客观而论，在企业中培植精神领袖并不一定是一件好事，但在组织变革的过程中确实能起到立竿见影的效果。

五、组织结构变革的途径

如何实行企业组织变革，全面系统地解决企业组织结构及其运行中的各种问题，我们认为应从以下几个方面着手。

1. 职能结构的变革

战略决定结构，经过分析企业及其管理组织实现战略目标所必需具备的基本职能，从这些基本职能中寻找并确定对实现战略目标起着决定作用的关键职能，然后再进一步设计执行这些职能的机构，战略才能实现。就目前的企业而言，建立科学合理的职能必须解决：①走专业化、社会化、商品化道路，分离由辅助产业、生产与生活服务、附属机构等构成的企业非生产主体；②适应市场经济的需要，优化基本职能结构，加强街道过程之前的市场研究；③突出关键职能，建立富有企业特色的职能结构。

2. 组织机构的变革

组织变革不仅要正确解决企业纵向组织结构问题，还应同时考虑横向上每个层次应管理哪些部门，部门内部应设置哪些职务和岗位，以及怎样处理好它们之间的关系，以保证彼此间的协调配合。长期以来，我们的企业的横向结构上普遍存在的问题是，分工过细、过死，机构臃肿，人浮于事，效率低。对于机构设置，变革的方向之一是贯彻“一贯管理”原则，推行机构综合化，对此，要适当强化专业分工，实行连续一贯的管理，实现物流畅通和管理过程一体化。

3. 管理流程的变革

积极探索业务流程再造的成功之路，是当代我国企业组织变革的重要内容之一，为此须解决以下问题：针对企业各个部门只对上级负责，割裂了市场与用户信息传递的问题，建立横向的“市场链”，确保市场与用户需求等信息顺畅地传递到每一个管理部门和环节；不仅规定本部门、本岗位的工作要求，还要明确提出各部门各岗位之间相互协作的具体要求，形成上下左右相互衔接，流程畅通的管理网络；针对原有流程环节多、成本高、效益差的问题，真正从用户需求出发，采用一体化、自动化等措施，对管理流程进行彻底改造，给用户带来更多的方便和利益，使企业获得更多的商机和效益。

任务实施

一、明确组员分工

任务实施过程中要明确分工任务，组长要调动组员充分表达不同意见，形成职责清晰的任务分工表。

组员姓名	任务分工	主要方法	提交任务成果的方式

二、过程监督

把总任务完成的时间划分为不同工作阶段，请各组成员在任务实施过程中做好过程记录，组长负责监督，全组共同完成进度监督表。

工作阶段	时　间	进度描述	检查情况记录	改善措施以及建议

三、各组成员记录任务实施过程中的困难及收获

困难：______________________________

小组成员想到的解决方法：______________________________

____

本次活动的收获：______________________________

____

四、制订方案

在完成上述的准备工作后，小组成员讨论该公司的变革方式。

五、成果展示

每个小组在完成任务后，在班上进行小组成果展示介绍该公司变革的方式。

六、评价反馈

各小组根据以下评价项目，结合各自在活动过程中的表现和实施情况进行自我评价与小组评价，教师对小组表现进行综合评价。

评价项目	评价标准	配分（分）	自我评价（20%）	小组评价（30%）	教师评价（50%）
知识准备完成情况	按完成比例给分	10			
组织变革的理解和运用	对组织变革的理解 5～10 分； 能够运用组织变革进行分析案例 10～20 分	30			
工作过程中所做贡献	贡献最大 30 分以上； 贡献较大 19～30 分； 贡献很少 1～18 分； 基本无贡献 0 分	40			
团队合作责任意识	无团队意识扣 7～10 分； 无责任心扣 7～10 分	10			
现场遵守纪律、执行 6S 情况	违反课堂纪律扣 7～10 分； 着装不规范扣 3～5 分； 工作组台面不整齐、地面有垃圾的扣 5～8 分	20			
合　计					

延伸阅读

华为管理变革的轨迹

长期以来，组织效率低下不仅困扰着中石油，而且是国内大部分企业要面临的问题。如何在做大的同时做强企业，建立起高效运作体系？实践证明，只有伴随企业发展过程，坚持不间断的管理变革，才能打造出有核心能力的运作体系，华为22年的持续管理变革也证实了这一点。

华为自1988年十几个人举债2万元创业，至2009年全球销售收入1491亿元人民币（约合218亿美元），海外收入比例为53.5%，净利润183亿元人民币，成为国际排名仅次于爱立信的世界级移动设备企业。华为之所以能在高技术、高品质、高服务水平、高竞争环境的国际通信行业中胜出，成为行业标杆企业，是华为22年间进行的不间断管理变革的结果。回顾华为的管理变革，主要经过了自主优化、引进复制、创新发展三个阶段。

自主优化阶段：该阶段从1988年持续到1998年，本阶段的主要变革工作：《华为基本法》起草、QC品质圈实施、ISO质量体系认证、各职能优化。

本阶段的管理变革以解决具体问题为主。如研发管理变革，强调了战略机会点把握、注重研发速度与集中优势兵力，这在华为发展初期取得了良好效果，也为企业快速增长立下了汗马功劳。自主优化也是痛苦的，摸着石头过河，进展缓慢而且经常走弯路，以《华为基本法》为例，聘请了中国人民大学六位教授，耗时三年，八易其稿才得以出炉，然而出炉不久便被打入冷宫，很少被任正非提及，实际上并未发挥“指导华为前进”的理论作用。

1988年至1998年管理变革的主体是华为，虽然由于员工们的局限性以及经常被事务性工作所困扰，无法在管理模式上取得突破性进展，但对于创业期的华为来说，这次管理变革满足了当时的管理需要，也为企业建立了良好的变革文化。

引进复制阶段：引进复制西方管理体系阶段是从1998年开始至2008年。华为陆续与IBM、Hay、Mercer、PwC、德勤、FhG、盖洛普、NFO－TNS、Oracle等公司合作，进行了业务流程、组织、品质控制、人力资源、财务、客户满意度六个方面的变革。

在这一轮管理变革中，华为将自身定位为一个包括研发、销售和核心制造的高技术企业，并以建立流程化组织为目标。同样以研发工作为例，主要是成立由市场、开发、服务、制造、财务、采购、质量组成的团队（PDT），运用各种先进的管理理念及工具对产品整个开发过程进行管理和决策，确保产品研发全过程的信息透明与客户需求目标的一次性满足。

同时本阶段也进行了信息化实施工作，将经过实践检验的流程固化在信息系统中，实现了流程管理电子化、业务信息数据化。建立了从客户端（需求）到客户端（供应）的简洁、规范的信息化控制体系，摆脱了对人的依赖，实现了企业的职业化与专业化改造。

复制阶段变革的主体是咨询公司，它们帮助华为建立起了各种体系化、标准化的管理体系，使管理的可控性与透明性得到了明显改善。然而，随着西方管理体系在华为建立，其缺陷也逐渐显现出来。体系中过多的流程控制点，不但降低了运行效率，而且易于滋生官僚主义及教条主义，这使得管理变革又一次提上了日程。

创新发展阶段：金融危机是中西管理模式的分水岭，企业家开始客观评价西方管理模式，基于西方管理模式的管理创新成为中国企业管理变革的新特点。华为在本阶段的主要工作是进行了以一线作战需求为中心的组织与流程变革。

为有效执行各地区部、代表处、产品线、后方平台的一线作战模式，本阶段主要确定了以代表处系统部铁三角为基础的，轻装及能力综合化的海军陆战队式的一线组织结构；借用了美军参谋长联席会议的组织模式，提出了片区的改革方案；并提出了“蜂群”的迅速集结与撤离的一窝蜂战术要求。

在这一阶段，任正非不再强调西方管理的先进性，而是强调创新与自我复制，提出“要善于总结我们为什么成功，以后怎样持续成功，再将这些管理哲学的理念，用西方的方法规范，使之标准化、基线化，有利于广为传播与掌握”。这不但是本次变革的指导思想，也为华为未来管理变革指明了方向。

就华为22年的管理变革轨迹来看，企业管理变革是一项长期工作，根据企业不同阶段的需要进行持续变革，使企业始终处于高效运作状态，这样才能确保在竞争中获得优势。

（作者：吕谋笃，该文发表在《中国房地产报》2010年8月2日刊）

巩固拓展

一、选择题（不定项选择）

1. 组织结构变革的途径包括（　　）。

A. 职能结构变革　　B. 组织结构变革

C. 管理流程变革　　D. 组织流程变革

2. 广义上的组织变革包括（　　）。

A. 职能变革　　B. 行为变革

C. 技术变革　　D. 制度改革

3. 组织结构变革的阻力有（　　）。

A. 个人层面　　B. 组织层面

C. 技术层面　　D. 管理层面

二、分析题

在19世纪，杜邦公司是一个家族公司，基本上实行个人决策式经营，这一点在亨利这一代尤为明显。亨利在公司任职的40年中，挥动军人严厉粗暴的铁腕统治着公司。他实行的一套管理方式被称为“恺撒型经营管理”。公司的主要决策和许多细微决策都要由他亲自制定，所有支票都得由他亲自开，所有契约也都由他签订。他一人决定利润的分配，亲自周游全国，监督公司的数百家经销商。在每次会议上，总是他发问，别人回答。他全力加速回收账款，严格支付条件，促进交货流畅，努力降低价格。亨利接任时，公司负债高达50多万美元，但亨利后来却使公司成为火药制造业的领头羊。

在亨利时代，个人决策式的经营基本上是成功的。这主要是因为：第一，公司规模不大，直到1902年合资时才2400万美元；第二，产品比较单一，基本上是火药；第三，公司产品质量居于绝对领先地位，竞争者难以超越；第四，市场需求变化不甚复杂。单人决策之所以取得了较好效果，这与亨利的非凡精力也是分不开的。直到72岁时，亨利仍不要秘书的帮助；任职期间，他亲自写的信不下25万封。亨利的侄子尤金是公司的第三代继承人。尤金试图承袭其伯父的经营作风，也采取绝对的控制，亲自处理细枝末节，亲自拆信复函，但他终于陷入公司错综复杂的矛盾。1902年，尤金去世，合伙者也都心力交瘁，两位副董事长和秘书兼财务长也相继累死。这不仅是由于他们的体力不胜负荷，还由于当时的经营方式已与时代不相适应。正当公司濒临危机、无人敢接重任、家族拟将公司出卖给别人的时候，三位堂兄弟出来廉价买下了公司，并果断地抛弃了亨利的那种单枪匹马的管理方式，精心地设计了一个集团式经营的管理体制。

集团式经营最主要的特点是建立了“执行委员会”，隶属于最高决策机构董事会之下，是公司的最高管理机构。在董事会闭会期间，大部分权力由执行委员会行使，董事长兼任执行委员会主席。1918年时，执行委员会有10个委员、6个部门主管、94个助理，高级经营者年龄大多在40岁上下。此外，杜邦公司抛弃了当时美国流行的体制，建立了预测、长期规划、预算编制和资源分配等管理方式。在管理职能分工的基础上，建立了制造、销售、采购、基本建设投资和运输等职能部门。在这些职能部门之上，是一个高度集中的总办事处，控制销售、采购、制造、人事等工作。

由于在集团经营的管理体制下，权力高度集中，实行统一指挥、垂直领导和专业分工的原则，所以秩序井然，职责清楚，效率显著提高，大大促进了杜邦公司的发展，公司的资产到1918年增加到3亿美元。

可是，杜邦公司在第一次世界大战中的大幅度扩张，以及逐步走向多角化经营，使组织机构遇到了严重问题。每次收购其他公司后，杜邦公司都因多角化经营而严重亏损。这种困扰除了由于战后通货从膨胀到紧缩之外，主要是由于公司的原有组织没有弹性，对市场需求的变化缺乏适应力。

杜邦公司经过周密的分析，提出了一系列组织机构设置的原则，创造了一个多分部的组织结构。在执行委员会下，除了设立由副董事长领导的财力和咨询两个总部外，还按各产品种类设立分部。在各分部下，则有会计、供应、生产、销售、运输等职能处。各分部是独立核算单位，分部的经理可以独立自主地统管所属部门的采购、生产和销售。新分权化的组织使杜邦公司很快成为一个具有效能的集团，所有单位构成了一个有机的整体，公司组织具有很大的弹性，能适应市场需要而变化。

20 世纪 60 年代初，杜邦公司接二连三地遇到了难题，许多产品的专利权纷纷满期，在市场上受到日益增多的竞争者的挑战，可以说是四面楚歌，危机重重。为了摆脱危机，杜邦公司除了实施新的经营方针外，还不断完善和调整原有的组织机构，进行组织结构的创新。1967 年年底，科普兰把总经理一职史无前例地让给了非杜邦家族的马可，财务委员会议议长也让别人担任，自己专任董事长一职，从而形成了一个"三驾马车式"的体制。在新的体制下，最高领导层分别设立了办公室和委员会，作为管理大企业的"有效的富有伸缩性的管理工具"。科普兰说："'三驾马车式'的组织体制，是今后经营世界性大规模企业不得不采取的安全设施。"

依据此案例回答以下问题：

1. 杜邦公司的亨利时代所建立的"恺撒型经营管理"体制的特点是什么？

2. 这种管理体制使"公司成为火药制造业的领头羊"，但后来"公司濒临危机、无人敢接重任"，这中间的主要原因是什么？

三、实训题

以小组为单位收集经历过组织变革的企业，分析和阐述其变革的原因和取得的成果，以 PPT 的形式进行汇报和分享。

项目六 人员配备

项目目标

1. 了解组织人员配备的步骤流程
2. 掌握人员培训的方法和要求
3. 学会组建团队
4. 掌握团队管理的能力

项目子任务

任务 1 组织人员配备
任务 2 掌握人员培训和绩效考评
任务 3 学会团队管理

项目引例

从前有一位国君，愿意用千金买一匹千里马。可是三年过去了，千里马也没有买到。这位国君手下有一位不出名的人，自告奋勇请求去买千里马，国君同意了。这个人用了三个月的时间，打听到某处人家有一匹良马。可是，等他赶到这一家时，马已经死了。于是，他就用 500 金买了马的骨头，回去献给国君。国君看了用很贵的价钱买的马骨头，很不高兴。这个人却说，我这样做，是为了让天下人都知道，大王您是真心实意地想出高价钱买马，并不是欺骗别人。果然，不到一年时间，就有人送来了很多匹千里马。

项目提要

21 世纪是人才竞争的世界，人才是组织强大的生命力，重视人才的招募和培养是企业一项长期坚持的工作。在企业众多资源当中，人力资源起着关键性的支配作用。因此，如何有效地开发人力资源，利用有限的资源创造更大的价值，加强对企业人才的培养，提高企业的竞争力，加强企业中的团队建设，增强员工的凝聚力和向心力，这些都是组织生存发展中的关键因素。

任务 1　组织人员配备

任务描述

某公司拟招聘经理助理一名，主要协助经理完成日常事务，企业接待工作，档案管理等。要求大专以上学历，文秘或相关专业，年龄在 30 岁以下，有相关工作经验者优先考虑。

请模拟进行一次该公司人员的招聘工作。

任务领取

1. 以小组为单位完成任务，4 ~ 6 人为一组，选出一名组长，负责安排组员工作，并进行监督。

2. 小组成员分别扮演招聘人员和应聘者两种角色，招聘人员负责拟订面试提纲及现场面试；应聘者负责准备个人求职简历。

3. 开展模拟面试招聘，每个小组轮流开展面试，其他未参加的小组在一旁观摩学习，面试结束后由教师选择同学进行点评。

4. 教师对面试的情况进行综合评价。

知识储备

一、人员配备的定义

人员配备是组织根据目标和任务需要正确选择、合理使用、科学考评和培训人员，以合适的人员去完成组织结构中规定的各项任务，从而保证整个组织目标和各项任务完成的职能活动，是企业为了实现生产经营的目标，采用科学的方法，根据岗得其人、人得其位、适才适所的原则，实现人力资源与其他物力、财力资源的有效结合而进行的一系列管理活动的总称。

根据定义，可以从两个方面来理解人员配备。

1. 从组织的需要来看

从组织的需要来看，人员配备关系到组织工作的效率和决策的质量。组织机构中的每个工作岗位都有相应的人去填充，完成组织目标所需要的每项活动都有合格的人去完成，这是人员配备的基本任务。人员配备应尽量适应各类职务的性质要求，使各职务应承担的职责得到充分履行，组织设计的要求才能实现，组织结构的功能才能发挥出来。

2. 从个人的需要来看

从个人的需要来看，组织成员有不同的能力、性格、工作愿望等特征，通过人员配备，个人的知识和能力应该能得到公正的评价和运用。工作的需求与自身能力是否相符，是否感到“大材小用”，从而“怀才不遇”，工作目标是否具有挑战性，职业生涯是否有足够的发展空间。这些因素与人们在工作中的积极、主动、投入程度有着极大的关系。

管理智慧树

松下公司对某一岗位的人员选择，或对某一项产品选择开发人员，一般不用“顶尖”人才，而是取中等的，可以打70分的人才。为什么不选“顶尖”的人才？松下认为，有些“顶尖”人才比较自负，他们容易抱怨环境影响自己的发挥，抱怨职务、待遇与自己的才能不相称。有这种心态的人，一般说来缺乏责任心和工作热忱，干起工作来未必会出色，虽有才能，但心理因素会影响其充分发挥。而聘用能力仅及优秀人才70%的人才，他们没有一流人才的傲气，不自恃清高，也容易满足，甚至有一股子要与“一流”人才较劲，比一比谁干得更好的劲头。他们重视组织给予的职位，会努力把自己的工作干得漂亮一些。这正如一辆100匹马力的汽车却能正常全速开动的道理一样。

松下认为：“组织能雇用到70分的中等人才，说不定反而是组织的福气，何必非找100分的人才不可呢！”

二、人员配备职能的内容

1. 人力资源的获取

根据组织目标确定的所需员工条件，通过规划、招聘、考试、测评、选拔，获取组织所需人员。获取职能包括工作分析、人力资源规划、招聘与甄选、配置与使用等活动。

（1）工作分析。工作分析是人力资源管理的基础性工作。在这个过程中，要对每一职务的任务、职责、环境及任职资格做出描述，编写岗位说明书。

（2）人力资源规划。人力资源规划是将组织对人员数量和质量的需求与人力资源的有效供给相协调。需求源于组织工作的现状与对未来的预测，供给则涉及内部与外部的有效人力资源。

（3）招聘与甄选。招聘与甄选应根据对应聘人员的吸引程度选择最合适的招聘方式，如利用报纸广告、网上招聘、职业介绍所等。甄选有多种方法，如利用求职申请表、面试、测试和评价中心等。

（4）配置与使用。经过上岗培训，给合格的人安排工作。

2. 人力资源的整合

通过组织文化、信息沟通、人际关系和谐、矛盾冲突的化解等有效整合，使组织内部的个体、群体目标、行为、态度趋向组织的要求和理念，使之形成高度的合作与协调，发挥集体优势，提高组织效益。

3. 人力资源的保持

通过薪酬、考核、晋升等一系列管理活动，保持员工的积极性、主动性和创造性，维护劳动者的合法权益，保证员工在工作场所的安全、健康、舒适，以增进员工满意度，使之安心满意地工作。保持职能包括两个方面的活动：一是保持员工的工作积极性，如公平的报酬、有效的沟通与参与、融洽的劳资关系等；二是保持健康安全的工作环境。

4. 人力资源的评价

对员工工作成果、劳动态度、技能水平以及其他方面做出全面考核、鉴定和评价，为做出相应的奖惩、升降、去留等决策提供依据。评价职能包括工作评价、绩效考核、满意度调查等。其中绩效考核是核心，它是奖惩、晋升等人力资源管理及其决策的依据。

5. 人力资源的发展

通过员工培训、工作丰富化、职业生涯规划与开发，促进员工知识、技巧和其他方面素质提高，使其劳动能力得到增强和发挥，最大限度地实现其个人价值和对组织的贡献率，达到员工个人和组织共同发展的目的。

管理智慧树

1943 年，德鲁克受邀在通用汽车内部研究管理课题。通过考察，他发现了通用汽车拥有众多人才的秘诀：郑重其事。通用汽车首席执行官（CEO）艾尔弗雷德·斯隆本人几乎把大半的时间用于人事问题，在他的记事本上，有某一年份 143 个人事决策的备忘录，没有其他任何事情在他的时间表里占到这么大的分量。斯隆虽然在高管会议上积极参与策略讨论，却总把主导权交给专家们，但是一谈到人事的问题，主导的一定是他本人。通用汽车的高管会议多半时间也是花在人事问题的讨论上，而非公司政策的研究上。有一次，会议针对基层员工工作和职务分派的问题讨论了好几个小时，令德鲁克颇为不解。对此，斯隆的解释是："公司给我这么优厚的待遇，就是要我做重大决策，而且不要发生失误。请你告诉我，哪些决策比人的管理更重要?"

三、人员配备的原则

组织人员配备工作的好坏，关系到员工个人的职业生涯发展，关系到组织资源利用的效率，进而关系到组织的生存和发展。因此，为做好人员配备工作，必须遵循以下基本原则。

1. 因事择人原则

因事择人即人员的选择要按照空缺职位和工作的实际要求，而不是组织现有人员的状况。暂时找不到符合职位要求的人员时，也不应该降低工作标准。要使工作卓有成效地完成，就要使选择的人员具备相应的知识和技能。

2. 量才使用原则

量才使用就是根据每个人的能力大小而安排合适的岗位。人的差异是客观存在的，一个人只有处在最能发挥其才能的岗位上，才能最大限度地调动员工的积极性和发挥员工的潜能，进而可以维持和提高员工对组织的忠诚度。同时，在用人时，要注意扬长避短，用人所长，不要求全责备。人无完人，要充分发挥员工的长处，使员工各得其所，各遂其志，人尽其才，才尽其用。

3. 客观公正原则

客观公正原则要求在人员配备过程中，明确表明组织的用人理念，为员工提供平等的就业、上岗和培训机会。建立人才合理流动机制，建立公正和客观的评估与选拔人员的方法，对素质能力和工作绩效进行客观的评价，以最大限度地获得社会和员工的理解与支持。

4. 动态平衡原则

动态平衡原则要求组织根据组织和员工的变化，对人与事的匹配进行动态调整。首先，组织所处的外部环境是不断变动的，为适应环境组织要进行不断地调整，组织中职务和工作会发生相应的调整和变化，因此相应的人员也要做出调整。其次，在工作中每个员工的知识和能力也在不断地积累和提高，但是由于个体的学习能力的差别，员工知识和能力的提高速度和水平是不同的，所以在组织中建立人员的动态流动机制是很有必要的，提倡"能者上，愚者下"的用人观念，实现人和事的动态平衡。最后，由于人的知识总是要老化的，并且随着科技的快速发展，老化的速度也更快，因此要对员工进行不断地培养和训练，提倡员工终身学习，构建学习型组织。

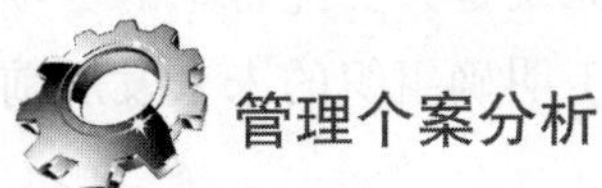

管理个案分析

德国女数学家爱米·诺德，虽已获得博士学位，但无开课“资格”，因为她需要另写论文后，教授才会讨论是否授予她讲师资格。当时，著名数学家希尔伯特十分欣赏爱米的才能，他到处奔走，要求批准她为哥廷根大学的第一名女讲师，但在教授会上还是出现了争论。一位教授激动地说：“怎么能让女人当讲师呢？如果让她当讲师，以后她就要成为教授，甚至进大学评议会。难道能允许一个女人进入大学最高学术机构吗？”另一位教授说：“当我们的战士从战场回到课堂，发现自己拜倒在女人脚下读书，会作何感想呢？”希尔伯特站起来，坚定地批驳道：“先生们，候选人的性别绝不应成为反对她当讲师的理由。大学评议会毕竟不是洗澡堂！”

【互动天地】通过以上案例你有什么启发？在人才配备上应注意什么问题？

四、人员配备的程序

1. 制订人力资源规划

做好人员配备的第一步是制订人力资源规划，根据组织的情况设置岗位和岗位编制数。人力资源规划主要包括：分析现有的人力资源配备情况；根据组织发展战略估计未来所需的人力资源；分析当前人才市场的供给情况；制订满足未来人力资源需求的方案。如果为一个新建的组织选配人员，需要利用职务设计的分类数量表去直接向社会公开招用、选聘。如果对现有组织机构的人员配备重新调整，就应在进行了组织的重新设计后，检查和对照企业内部现有的人力资源情况，找出差额，确定需要从外部选聘的人员类别与数量。

2. 选配合适人员

岗位的分析和设置明确提出了组织需要的人才素质与特点，为了保证担任职务的人员具备职务要求的知识和技能，必须对组织内外的候选人进行筛选，做出最恰当的选择，因此，需要进行人员招募和甄选。待聘人员可能来自企业内部，也可能来自外部社会。从外部新聘员工或从内部进行调整，各有其优势和局限性。在招募过程中制订客观公正的评价体系，对待聘人员进行全面的素质考核和甄选，才能为岗位寻找到合适的人才，做到人岗相匹配。

3. 制订和实施人员培训计划

人员培训是指组织为了使员工的能力和素质适合企业发展的需要，根据企业的战略发展目标，有计划、有针对性地对员工进行指导和训练。培训是组织开发现有的人力资源、提高员工的素质和同化外来人员的基本途径。维持成员对组织忠诚的一个重要方面是使他们看到自己在组织中的发展前途，员工的培训无疑是人员配备中的一项重要工作。通过培训为员工提供学习和提升的机会，也让员工明确组织的未来发展前景，使员工的个人发展与企业的长远发展紧密联系起来。

4. 建立客观的考核体系

组织应建立客观公平、全方位的员工考核体系，员工考核是指按照一定的方法及程序对现有员工的工作情况做出客观评价，从而为员工改进工作提供指导，为培训、奖惩和人事晋升提供客观依据。通过员工考核体系可以了解现有员工是否适应岗位要求，员工的工作能力和专业技能是否符合企业发展需要，员工是否具备管理才能等情况。同时，考核可以作为员工提拔、转岗、加薪的一个重要参考指标。

管理个案分析

某假日酒店是河北省某城市规模最大、档次最高、种类最全、环境最好的新型假日酒店。总营业面积达7000余平方米，是集SPA沐浴、名仕餐饮、格调客房、概念休闲、养生保健为一体的假日休闲酒店。

该酒店根据其所提供的服务种类，内部共分为运营部、技师部、财务部、工程部、人事部、管家部六个部门，其中运营部又下设前厅部、男宾部、女宾部、综合部、保安部4个部门。作为服务型行业，其每天的客流量是随着时间段的不同而变化的；由于酒店实行的是二十四小时的服务工作体制，所以对于运营部、技师部这些部门采取的是倒班制的工作方式。正是由于不同时间段的客流量的不同，导致该酒店在人员安排时，经常出现忙时忙死，闲时闲死的局面，人员忙闲不均，导致人工成本增加，在工作量与人员配置方面无法实现有效的平衡；而且，在各个服务部门工作衔接的过程时，往往出现因部门之间人员工作配合不到位，导致客人从一个部门转到另一个部门享受服务时，总是出现无人接待的现象，造成客人满意度降低，影响服务质量，进而影响了企业效益；另外，在内部管理过程时，不同的管理人员在进行工作的检查监督时，往往会出现不同的结果，即当张经理去检查监督工作时，员工工作就很到位，但是当李经理去检查工作、监督工作时，员工的工作就出现了问题，类似这样的情况时有发生，致使工作的好坏与管理人员的检查关系密切相关，使得专人管理的成本增加，无法将管理权限有效地下放。这些问题一直困扰着企业的总经理王总，也很牵扯他的精力，常常为此而心情郁闷。

【互动天地】试从人员配备的角度分析该酒店存在的问题。

任务实施

一、明确组员分工

任务实施过程中要明确分工任务，组长要调动组员充分表达不同意见，形成职责清晰的任务分工表。

组员姓名	任务分工	主要方法	提交任务成果的方式

二、过程监督

把总任务完成的时间划分不同工作阶段，请各组成员在任务实施过程中做好过程记录，组长负责监督，全组共同完成进度监督表。

工作阶段	时 间	进度描述	检查情况记录	改善措施以及建议

三、各组成员记录任务实施过程中的困难及收获

困难：______________________________________

小组成员想到的解决方法：____________________________

____

本次活动的收获：__________________________________

____

四、制订方案

在完成上述的准备工作后，招聘人员负责拟订面试提纲，应聘者准备个人求职简历。

五、成果展示

每个小组轮流进行模拟面试，其他小组从旁观摩学习，并进行评价，最后由教师进行综合评价。

六、评价反馈

各小组根据以下评价项目，结合各自在活动过程中的表现和实施情况进行自我评价与小组评价，教师对小组表现进行综合评价。

评价项目	评价标准	配分（分）	自我评价（20%）	小组评价（30%）	教师评价（50%）
知识准备完成情况	按完成比例给分	10			
人员配备的理解和角色扮演效果	对人员配备的理解 5～10 分 面试的准备工作 5～10 分 角色扮演的技巧 10～20 分	30			
工作过程中所做贡献	贡献最大 30 分以上 贡献较大 19～30 分 贡献很少 1～18 分 基本无贡献 0 分	40			
团队合作责任意识	无团队意识扣 7～10 分 无责任心扣 7～10 分	10			
现场遵守纪律、执行 6S 情况	违反课堂纪律扣 7～10 分 着装不规范扣 3～5 分 工作组台面不整齐、地面有垃圾的扣 5～8 分	20			
合　计					

延伸阅读

万科集团的用人之道

万科是房地产企业。房地产项目周期非常长，一般需要 5 年左右，因此人才队伍很难像其他行业如制造业那样迅速复制和膨胀，而万科不仅满足了自身的人才需求，还在客观上成为同行人才的“黄埔军校”。是什么原因使得万科在如此高速的发展中，职业的管理者源源不断涌现呢？

万科的秘诀可以用“50”和“500”两个数字来概括。每年，在集团人力资源部的牵头下，根据员工的业绩、上级主管的推荐和人力资源部的审核，万科会从一线挑选出一支具有上升潜质的管理后备队伍，这支队伍包括两部分，一部分是从基层上升到中层的大概500人，一部分是从中层上升到高层的大概50人。对于这500人，万科采取问卷评估与反馈、职业发展对话等方式，对员工的能力进行一定的了解，并制订针对性的发展计划，如轮岗、双向交流等。对于这50人，万科通过360度访谈、领导力发展中心以及其他培养方式等，在对其能力加以了解的同时，也发展了其能力。在领导力发展中心实施期间，公司总经理、主管人力资源的副总经理等都会到现场，考察这些管理者的特点、能力所长、需要改进的地方等。更为重要的是，在这些潜力人员晋升到更高的岗位之前，公司有较多的时间来考察他们，员工也能得到大量的实践机会，因此，公司很容易找出那些一贯业绩优异，且确有管理能力的人选，在公司用人之际，予以任命。通过“50”和“500”两个数字的持续滚动，万科实现了管理人才梯队的延续和扩张。

巩固拓展

一、选择题（不定项选择）

1. 人力资源的获取职能包括（　　）。

A. 工作分析　　B. 人力资源规划

C. 招聘　　D. 选拔与使用

2. 人员配备的原则有（　　）。

A. 因事择人　　B. 客观公正

C. 动态平衡　　D. 量才使用

3. 人员配备的第一步是指（　　）。

A. 选配人员　　B. 制订人力资源规划

C. 人员培训　　D. 人员考核

二、分析题

人们常把从外部引进的人才称为“空降兵”，将内部培养的人才称为“子弟兵”，你是怎么理解“空降兵”与“子弟兵”两者之间的关系的？

三、实训题

每个小组模拟成立公司，根据公司的组织结构和岗位设置，制订公司的人员招聘计划。

任务2　掌握人员培训和绩效考评

任务描述

某高校为了开阔学生视野，增长见识，在校内形成正确的舆论导向，建立了集教学、娱乐、时事热点、校园趣闻于一体的校园电视台。校园电视台在完成了设备购置，演播室的设计和改造，组织结构的搭建等前期工作后，在校园内面向全体学生进行公开招募，通过笔试、面试、演讲等环节选配了一批有朝气、有活力、有创新力的团队，其中包括主持人、小记者、摄影师、编辑等工作人员。小记者是校园电视台的中坚力量，一共由20名来自不同专业的学生组成。在此之前，学生并没有经过专业的培训，基础比较薄弱，但是兴趣浓厚，积极性很高。

请你为校园电视台的小记者们设计一份培训方案。

任务领取

1. 以小组为单位完成任务，4～6人为一组，选出一名组长，负责安排组员工作，并进行监督。
2. 查阅资料或课本，了解员工培训的特点、培训的流程等相关知识点。
3. 组员分析该校园电视台的培训需求。
4. 小组按照培训的流程设计一份适合该校园电视台的培训方案。
5. 小组完成任务后，上台展示成果，并介绍各自培训方案的亮点和创新点。

知识储备

一、人员培训

（一）人员培训的定义

人员培训是指一定组织为开展业务及培育人才的需要，采用各种方式对员工进行有目的、有计划的培养和训练的管理活动，其目标是使员工不断地更新知识，开拓技能，改进员工的动机、态度和行为，使企业适应新的要求，使员工更好地胜任现职工作或担负更高级别的职务，从而促进组织效率的提高和组织目标的实现。

管理智慧树

老鹰是世界上寿命最长的鸟类，它一生的年龄可达70岁。要活那么长的寿命，它在40岁时必须做出困难却重要的决定。当老鹰活到40岁时，它的爪子开始老化，无法有效地抓住猎物。它的喙变得又长又弯，几乎碰到胸膛。它的翅膀变得十分沉重，因为它的羽毛长得又浓又厚，使得飞翔十分吃力。它只有两种选择：等死，或经过一个十分痛苦的更新过程。

150天漫长的操练。它必须很努力地飞到山顶，在悬崖上筑巢。停留在那里，不能飞翔。

老鹰首先用它的喙击打岩石，直到完全脱落。然后静静地等候新的喙长出来，它会用新长出的喙把爪子上的指甲一根一根地拔出来。当新的指甲长出来后，它们便把羽毛一根一根地拔掉。

5个月以后，新的羽毛长出来了，老鹰开始飞翔，度过剩下30年的岁月。

（二）人员培训的意义

企业在面临全球化、高质量、高效率的工作系统挑战中，培训显得更为重要。培训使员工的知识、技能与态度明显提高与改善，由此提高企业效益，获得竞争优势。具体体现在以下方面。

1. 适应企业外部环境的发展变化

企业是在一定环境中生存和发展的，环境的变化促使企业也处于不断变化之中。一方面，企业要充分利用外部环境所给予的各种机会和条件，抓住时机；另一方面，企业也要通过自身的变革去适应外部环境的变化。企业要在市场竞争中立于不败之地，关键在于企业内部的机制问题。企业的生存和发展归结到人的作用上，具体可落实到如何提高员工素质、调动员工的积极性和发挥员工的创造力上。企业作为一种权变系统，作为企业主体的人也应当是权变的，即企业必须不断培训员工，才能使他们跟上时代，适应技术及经济发展的需要。

2. 能提高员工的职业能力

员工培训的直接目的就是要发展员工的职业能力，使其更好地胜任现在的日常工作及未来的工作任务。在能力培训方面，传统上的培训重点一般放在基本技能与高级技能两个层次上，但是未来的工作需要员工具备更广博的知识，需要员工学会知识共享，创造性地运用知识来调整产品或服务的能力。同时，培训使员工的工作能力提高，为其取得好的工作绩效提供了可能，也为员工提供更多晋升和较高收入的机会。

3. 满足员工自我成长的需要

在现代企业中，员工的工作目的更重要的是为了实现自我价值。培训不断教给员工新的知识与技能，使其能适应或能接受具有挑战性的工作与任务，实现自我成长和自我价值，这不仅使员工在物质上得到满足，而且使员工在精神上获得成就感。

4. 提高企业素质

员工通过培训，知识和技能都得到提高，这仅仅是培训的目的之一。培训的另一个重要目的是使具有不同价值观、信念，不同工作作风及习惯的人，按照时代及企业经营要求，进行文化养成教育，以便形成统一、和谐的工作集体，使劳动生产率得到提高，人们的工作及生活质量得到改善。要提高企业竞争力，企业一定要重视教育培训和文化建设，充分发挥由此铸就的企业精神的巨大作用。

（三）人员培训对象的特性

人员培训的对象是在职人员，其性质属于继续教育的范畴。它具有鲜明的特征。

（1）广泛性。即指员工培训涉及的面广，不仅决策层的管理者需要培训，而且一般员工也需要受训；员工培训的内容不仅涉及企业经营活动，而且涉及将来需要的知识、技能以及其他问题，员工培训的方式与方法也具有更大的广泛性。

（2）层次性。即指员工培训的深度。它也是培训网络现实性的具体表现。不仅企业战略不同，培训的内容及重点不同，而且不同知识水平和不同需要的员工，所承担的工作任务不同，知识和技能需要也各异。

（3）协调性。即指员工培训是一项系统工程。它要求培训的各环节、培训项目应协调，使培训网络运转正常。首先要从企业经营战略出发，确定培训的模式、培训内容、培训对象；其次应适时地根据企业发展的规模、速度和方向，合理确定受训者的总量与结构；最后要准确地根据员工的培训人数，合理地设计培训方案、培训时间、培训地点等。

（4）实用性。即指员工的培训投资应产生的一定回报。员工培训系统要发挥其功能，即培训成果转移或转化成生产力，并能迅速促进企业竞争优势的发挥与保持。首先，企业应设计好的培训项目，使员工掌握的技术、技能、更新的知识结构能适应新的工作；其次，应让受训者获得实践机会，为受训者提供或其主动抓住机会来应用培训中所学的知识、技能和行为方式；最后，为培训成果转化创造有利的工作环境，构建学习型组织。

（5）长期性和速成性。即指随着科学技术的日益发展，人们必须不断接受新的知识，不断学习，任何企业对其员工的培训将是长期的，也是永恒的。员工学习的主要目的是为企业工作，所以，培训一般具有针对性较强、周期短、速成的特点。许多培训是随经营的变化而设置的，如为改善经济技术指标急需掌握的知识和技能以及为掌握已决定进行的攻关课题、革新项目急需的知识和技能，为强化企业内部管理急需掌握的管理基本技能等。

（6）实践性。即指培训应根据员工的生理、心理以及一定工作经验等特点，在教学方法上应注重的实践教学方法。应针对工作实际多采用启发式、讨论式、研究式以及案例式的教学，使员工培训有效果。

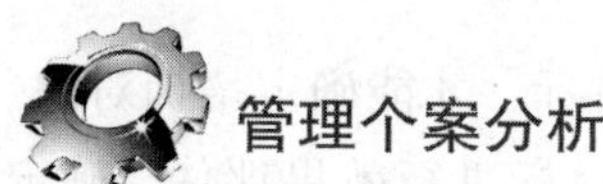

管理个案分析

杜邦公司拥有一套系统的培训体系。虽然公司的培训协调员只有几个人，但他们却把培训工作开展得有声有色。每年，他们会根据杜邦公司员工的素质、各部门的业务发展需求等拟出一份培训大纲。上面清楚地列出该年度培训课程的题目、培训内容、培训教员、授课时间及地点等。并在年底前将大纲分发给杜邦公司各业务主管。根据员工的工作范围，结合员工的需求，参照培训大纲为每个员工制订一份培训计划，员工会按此计划参加培训。

杜邦公司还给员工提供平等的、多元化的培训机会。每位员工都有机会接受像公司概况、商务英语写作、有效的办公室工作等内容的基本培训。公司还一直很重视对员工的潜能开发，会根据员工不同的教育背景、工作经验、职位需求提供不同的培训。培训范围从前台接待员的“电话英语”到高级管理人员的“危机处理”。此外，如果员工认为社会上的某些课程会对自己的工作有所帮助，就可以向主管提出，公司就会合理地安排人员进行培训。

为了保证员工的整体素质，提高员工参加培训的积极性，杜邦公司实行了特殊教员制。公司的培训教员一部分是公司从社会上聘请的专业培训公司的教师或大学的教授、技术专家等，而更多的则是杜邦公司内部的资深员工。在杜邦公司，任何一位有业务或技术专长的员工，小到普通职员，大到资深经理都可作为知识教师给员工们讲授相关的业务知识。

【互动天地】1. 杜邦公司的培训体系有什么特点？
2. 简述完善的培训体系给公司和员工带来的影响。

（四）人员培训的流程

1. 培训需求分析

培训需求分析需要从企业、工作、个人三个方面进行。首先，要进行企业分析，确定企业范围内的培训需求，以保证培训计划符合企业的整体目标和战略要求。其次，要进行工作分析，分析员工取得理想的工作绩效所必需掌握的知识和技能。最后，要进行个人分析，将员工现有的水平与预期未来对员工技能的要求进行比照，看两者之间是否存在差距。当能力不能满足工作需要时，就要进行培训。

2. 培训方案组成要素分析

培训方案是培训目标、培训内容、培训指导者、培训对象、培训日期与时间、培训场所与设备以及培训方法的有机结合。在培训需求分析的基础上，要对培训方案的各组成要素进行具体分析。

（1）培训目标的确定。

确定培训目标会给培训计划提供明确的方向。有了培训目标，才能确定培训对象、内容、时间、教师、方法等具体内容，并在培训之后对照此目标进行效果评估。确定了总体培训目标，再把培训目标进行细化，就成了各层次的具体目标。目标越具体越具有可操作性，越有利于总体目标的实现。

（2）培训内容的选择。

一般来说，培训内容包括三个层次，即知识培训、技能培训和素质培训。

①知识培训是企业培训中的第一个层次。员工听一次讲座或者看一本书，就可能获得相应的知识。知识培训有利于理解概念，增强对新环境的适应能力。②技能培训是企业培训中的第二个层次。招进新员工、采用新设备、引进新技术等都要求进行技能培训，因为抽象的知识培训不可能立即适应具体的操作。③素质培训是企业培训中的最高层次。素质高的员工即使在短期内缺乏知识和技能，也会为实现目标有效、主动地进行学习。培训内容一般是由不同受训者的具体情况决定的。一般来说，管理者偏向于知识培训和素质培训，一般职员偏向于知识培训和技能培训。

（3）培训指导者的确定。

培训资源可分为内部资源和外部资源。内部资源包括企业的领导、具备特殊知识和技能的员工，外部资源是指专业培训人员、公开研讨会或学术讲座等。外部资源和内部资源各有优缺点，应根据培训需求分析和培训内容来确定。

（4）培训对象的确定。

根据培训需求、培训内容，可以确定培训对象。岗前培训可以向新员工介绍企业规章制度、企业文化、岗位职责等内容，使其迅速适应环境。对于即将转换工作岗位的员工或者不能适应当前岗位的员工，可以进行在岗培训或脱产培训。

（5）培训日期的选择。

通常情况下，有下列四种情况之一时就需要进行培训：新员工加入企业、员工即将晋升或岗位轮换、环境的改变要求不断地培训老员工、满足发展的需要。

（6）培训方法的选择。

企业培训的方法有很多种，如讲授法、演示法、案例分析法、讨论法、视听法、角色扮演法等。各种培训方法都有其自身的优缺点。为了提高培训质量，达到培训目的，往往需要将各种方法配合起来灵活运用。

（7）培训场所和设备的选择。

培训场所有教室、会议室、工作现场等。若以技能培训为内容，最适宜的场所为工作现场，因为培训内容的具体性，许多工作设备是无法搬进教室或会议室的。培训设备包括教材、模型、幻灯机等。不同的培训内容和培训方法决定最终的培训场所和设备。

总之，员工培训是培训目标、培训内容、培训指导者、培训对象、培训日期、培训方法和培训场所及设备的有机结合。企业要结合实际，制订一个以培训目标为指南的系统的培训方案。

3. 培训方案的评估和完善

从培训需求分析开始到最终制订出一个系统的培训方案，并不意味着培训方案的设计工作已经完成，还需要不断测评、修改。只有不断测评、修改，才能使培训方案逐渐完善。培训方案的测评要从三个角度来考察：一是从培训方案本身的角度来考察，看方案的各个组成要素是否合理，各要素前后是否协调一致；看培训对象是否对此培训感兴趣，培训对象的需要是否得到满足；看以此方案进行培训，传授的信息是否能被培训对象吸收。二是从培训对象的角度来考察，看培训对象培训前后行为的改变是否与所期望的一致，如果不一致，找出原因，对症下药。三是从培训实际效果的角度来考察，即分析培训的成本收益比。培训的成本包括培训需求分析费用、培训方案设计费用、培训方案实施费用等。

二、绩效考评

所谓绩效考评，是一种正式的员工评估制度，它通过系统的方法、原理来评定和测量员工在职务上的工作行为和工作效果，它是企业管理者与员工之间进行管理沟通的一项重要活动。绩效考核的结果可以直接影响薪酬调整、奖金发放及职务升降等诸多员工的切身利益，其最终目的是改善员工的工作表现，在实现企业经营目标的同时，提高员工的满意程度和未来的成就感，最终达到企业和个人发展的“双赢”。

（一）绩效考评的意义

1. 绩效考评是人员任用和职务升降的依据

用人的标准是德才兼备，能者居上。通过绩效考评对人员的政治素质、思想素质、知识素质、业务素质、工作作风、工作态度以及履行岗位职责的情况进行评价，并在此基础上对员工的能力和专长进行判断，从而做出人员任用决定。另外，通过全面的、严格的绩效考核，为职务的升降提供客观依据，有利于职务的调整和岗位的调动。

2. 绩效考评是薪酬分配的依据

绩效考评通过系统全面的评价系统，对员工的表现进行综合评价，是可以量化的指标和数据，为员工薪酬的分配提供充实和有力的支撑。同时，绩效考评也体现了薪酬管理的公平原则，减少主观性，较容易获得员工的认同。

3. 绩效考评是员工职业生涯发展的需要

在绩效考评过程中让员工明白自己为适应这些变化中存在的不足和急需解决的矛盾，明白自身素质与新岗位和高层次的要求存在的差距。只有经过不断的绩效考评，才能帮助员工不断提高自身素质，让员工不断接受企业培训和自我培训，帮助员工完成自我定位，最终实现员工个人职业生涯目标和企业目标。

4. 绩效考评是对员工进行激励的手段

绩效考评本身也是一种激励因素，通过考评，肯定成绩，肯定进步，指出长处，鼓舞斗志，坚定信心；通过考评，指出存在的不足，纠正过失并寻找差距，明确努力的方向，鞭策后进，促进进步。只有这样，先进的斗志更昂扬，后进的变压力为动力，使员工保持旺盛的工作热情，出色地完成工作目标。

（二）绩效考评的方法

1. 相对评价法

（1）序列比较法。

序列比较法是对按员工工作成绩的好坏进行排序考评的一种方法。在考核之前，首先要确定考核的模块，但是不确定要达到的工作标准。将相同职务的所有员工在同一考核模块中进行比较，根据他们的工作状况排列顺序，工作较好的排名在前，工作较差的排名在后。最后，将每位员工几个模块的排序数字相加，就是该员工的考核结果。总数越小，绩效考核成绩越好。

（2）相对比较法。

相对比较法是对员工进行两两比较，任何两名员工都要进行一次比较。两名员工比较之后，相对较好的员工记“1”，相对较差的员工记“0”。所有的员工相互比较完毕后，将每个人的得分相加，总分越高，绩效考核的成绩越好。

（3）强制分布法。

强制分布法是指根据被考核者的业绩，按照一定的比例，将被考评的员工强制分配到各个类别中。类别一般是五类，从最优到最差的具体百分比可根据需要确定。

2. 绝对评价法

（1）目标管理法。

目标管理法是通过将组织的整体目标逐级分解直至个人目标，最后根据被考核人完成工作目标的情况来进行考核的一种绩效考核方式。在开始工作之前，考核人和被考核人应该对需要完成的工作内容、时间期限、考核的标准达成一致。在时间期限结束时，考核人根据被考核人的工作状况及原先制订的考核标准来进行考核。

（2）关键绩效指标法。

关键绩效指标法是以企业年度目标为依据，通过对员工工作绩效特征的分析，据此确定反映企业、部门和员工个人一定期限内综合业绩的关键性量化指标，并以此为基础进行绩效考核。

（3）等级评估法。

等级评估法根据工作分析，将被考核岗位的工作内容划分为相互独立的几个模块，在每个模块中用明确的语言描述完成该模块工作需要达到的工作标准。同时，将标准分为几个等级选项，如“优”“良”“合格”“不合格”等，考核人根据被考核人的实际工作表现，对每个模块的完成情况进行评估。总成绩便为该员工的考核成绩。

（4）平衡计分卡。

平衡计分卡从企业的财务、顾客、内部业务过程、学习和成长四个角度进行评价，并根据战略的要求给予各指标不同的权重，实现对企业的综合测评，从而使得管理者能整体把握和控制企业，最终实现企业的战略目标。

3. 描述法

（1）全视角考核法。

全视角考核法（360°考核法），即上级、同事、下属、自己和顾客对被考核者进行考核的一种考核方法。通过这种多维度的评价，综合不同评价者的意见，则可以得出一个全面、公正的评价。

（2）重要事件法。

重要事件法是指考核人在平时注意收集被考核人的“重要事件”，这里的“重要事件”是指那些会对部门的整体工作绩效产生积极或消极的重要影响的事件，对这些表现要形成书面记录，根据这些书面记录进行整理和分析，最终形成考核结果。

4. 目标绩效考核法

目标绩效考核法是自上而下进行总目标的分解和责任落实过程，相应地，绩效考核也应服从总目标和分目标的完成。因此，作为部门和职位的关键绩效指标（KPI）考核，也应从部门对公司整体进行支持、部门员工对部门进行支持的立足点出发。同时公司的领导者和部门的领导者也应对下属的绩效考核负责，不能向下属推卸责任。绩效考核区分了部门考核指标和个人考核指标，也能够从机制上确保上级能够积极关心和指导下级完成工作任务。

管理个案分析

A企业从2006年开始实施绩效考核，主要做法是：每个部门都有一张相应的通用绩效考核表，由人力资源部提供考核工具，组织各个部门设计本部门的绩效考核指标；各个部门设计好本部门的绩效考核指标再反馈给行政人事部；由总经理、董事长审核修订好考核指标后再反馈给各个部门。

每个季度末，直接上级对员工的考核进行定量评定。考核结果与员工月度的工资不挂钩。员工年底奖金发放时，会参考绩效考核的结果，但没有具体的计算依据。

平常由于考核与大家切身利益并不相关，员工大多不关注绩效考核。到年底发奖金时，大多数员工对绩效考核结果颇有争议，认为其绩效考核结果不能反映个人的绩效表现。管理人员对绩效考核也不重视，普遍认为绩效考核就是对员工“打打分”，起不到实质性的作用。

【互动天地】请用绩效考评的知识分析 A 公司存在的问题。

任务实施

一、明确组员分工

任务实施过程中要明确分工任务，组长要调动组员充分表达不同意见，形成职责清晰的任务分工表。

组员姓名	任务分工	主要方法	提交任务成果的方式

二、过程监督

把总任务完成的时间划分为不同工作阶段，请各组成员在任务实施过程中做好过程记录，组长负责监督，全组共同完成进度监督表。

工作阶段	时　间	进度描述	检查情况记录	改善措施以及建议

三、各组成员记录任务实施过程中的困难及收获

困难：____

小组成员想到的解决方法：____

____

本次活动的收获：____

____

四、制订方案

在完成上述的准备工作后，小组成员共同设计一份小记者培训方案。

五、成果展示

每个小组在完成任务后，在班上进行小组成果展示，并介绍各自培训方案的亮点和创新点。

六、评价反馈

各小组根据以下评价项目，结合各自在活动过程中的表现和实施情况进行自我评价与小组评价，教师对小组表现进行综合评价。

评价项目	评价标准	配分（分）	自我评价（20%）	小组评价（30%）	教师评价（50%）
知识准备完成情况	按完成比例给分	10			
培训流程理解和方案的设计	对培训流程的掌握 5 ~ 10 分； 能正确分析校园电视台的培训需求 5 ~ 10 分； 设计培训的亮点和创新点 10 ~ 20 分	30			
工作过程中所做贡献	贡献最大 30 分以上； 贡献较大 19 ~ 30 分； 贡献很少 1 ~ 18 分； 基本无贡献 0 分	40			
团队合作责任意识	无团队意识扣 7 ~ 10 分； 无责任心扣 7 ~ 10 分	10			
现场遵守纪律、执行 6S 情况	违反课堂纪律扣 7 ~ 10 分； 着装不规范扣 3 ~ 5 分； 工作组台面不整齐、地面有垃圾的扣 5 ~ 8 分	20			
合　计					

延伸阅读

迪士尼乐园的员工培训

到东京迪士尼去游玩，人们不大可能碰到迪士尼的经理，门口卖票和剪票的也许只会碰到一次，碰到最多的还是清洁工。东京迪士尼对清洁员工非常重视，将更多的训练和教育大多集中在他们的身上。

1. 从扫地的员工培训起

东京迪士尼有些扫地员工是暑假打工的学生，虽然他们只打扫两个月，但是培训他们扫地要花 3 天时间。

◆ 学扫地。第一天上午要培训如何扫地。扫地有三种扫把：一种是用来扒树叶的；一种是用来刮纸屑的；一种是用来掸灰尘的，这三种扫把的形状都不一样。怎样扫树叶，才不会让树叶飞起来？怎样刮纸屑，才能把纸屑刮得很好？怎样掸灰，才不会让灰尘飘起来？这些看似简单的动作都受到严格培训。而且还另有规定：开门时、关门时、中午吃饭时、距离客人 15 米以内等情况下都不能扫。这些规范都要认真培训，严格遵守。

◆ 学照相。第一天下午学照相。十几台世界最先进的数码相机摆在一起，各种不同的品牌，每台都要学，因为客人会叫员工帮忙照相，可能会带世界上最新的照相机，来这里度蜜月、旅行。如果员工不会照相，不知道这是什么东西，就不能照顾好顾客，所以学照相要学一个下午。

◆ 学包尿布。第二天上午学怎么给小孩子包尿布。孩子的妈妈可能会叫员工帮忙抱一下小孩，但如果员工不会抱小孩，动作不规范，不但不能给顾客帮忙，反而增添顾客的麻烦。抱小孩的正确动作是：右手要扶住臀部，左手要托住背，左手食指要顶住颈椎，以防闪了小孩的腰，或弄伤颈椎。不但要会抱小孩，还要会替小孩换尿布。给小孩换尿布时要注意方向和姿势，应该把手摆在底下，尿布折成十字形，最后在尿布上面别上别针，这些地方都要认真培训，严格规范。

◆ 学辨识方向。第二天下午学辨识方向。有人要上洗手间，“右前方，约 50 米，第三号景点东，那个红色的房子”；有人要喝可乐，“左前方，约 150 米，第七号景点东，那个灰色的房子”；有人要买邮票，“前面约 20 米，第十一号景点，那个蓝条相间的房子”……顾客会问各种各样的问题，所以每一名员工要把整个迪士尼的地图都熟记在脑子里，对迪士尼的每一个方向和位置都要非常地明确。训练 3 天后，发给员工 3 把扫把，开始扫地。如果在迪士尼里面，碰到这种员工，人们会觉得很舒服，下次会再来迪士尼，也就是所谓的引客回头，这就是所谓的员工面对顾客。

2. 会计人员也要直接面对顾客

有一种员工是不太接触客户的，就是会计人员。迪士尼规定，会计人员在前两三个月中，每天早上上班时，要站在大门口，对所有进来的客人鞠躬、道谢。因为顾客是员工的“衣食父母”，员工的薪水是顾客掏出来的，让会计人员感受到什么是客户后，再回到会计室中去做会计工作，这样做，就是为了让会计人员充分了解客户。

其他重视顾客、重视员工的规定：

◆ 怎样与小孩讲话。迪士尼里有很多小孩，有些小孩要跟大人讲话。迪士尼的员工碰到小孩在问话，统统都要蹲下，蹲下后员工的眼睛跟小孩的眼睛要保持一个高度，不要让小孩子抬着头去跟员工讲话。因为这些小孩是未来的顾客，将来都会再回来的，所以要特别重视。

◆ 怎样送货。迪士尼乐园里面有喝不完的可乐，吃不完的汉堡，享受不完的三明治，买不完的糖果，但从来看不到送货的。因为迪士尼规定在客人游玩的地区里是不准送货的，送货统统在围墙外面。迪士尼的地下像一个隧道网一样，一切食物、饮料统统从围墙的外面运到地道，在地道中搬运，然后再从地道里面用电梯送上来，所以客人永远有吃不完的东西。可以看出，迪士尼多么重视客户，所以客人就不断去迪士尼。去迪士尼玩10次，大概也看不到一次经理，但是只要去一次就看得到他的员工在做什么。这就是前面讲的，顾客站在最上面，员工去面对客户，经理人站在员工的底下来支持员工，员工比经理重要，客户比员工又更重要。

巩固拓展

一、选择题（不定项选择）

1.（　　）是对员工进行两两比较，任何两位员工都要进行一次比较。

A. 目标管理法　　B. 相对比较法

C. 等级评估法　　D. 关键事件法

2. 培训内容包括三个层次，即（　　）。

A. 知识培训　　B. 技能培训

C. 素质培训　　D. 能力培训

3.（　　）即指员工的培训投资应产生的一定回报。

A. 广泛性　　B. 层次性

C. 实用性　　D. 协调性

二、分析题

有人说：绩效考评其实就是对工作结果的考评。你如何理解这句话。

三、实训题

请自主选择一家企业，为该企业设计一个新员工培训方案。

任务3 学会团队管理

任务描述

常青从销售主管升任销售经理3个月后的一天，上司让他去办公室。常青琢磨着上司叫自己会有什么事呢？不会是因为同事关系的事，因为自从上任以来，为了体现自己没有架子，常青对每个下属都很亲切，没有什么过节儿；即使下属犯了错误，常青最多说句，“下回改正”。也不会是为了业绩的事，虽然自己上任以来，业绩没有大幅度增长，但也没比上任差，而且也完成了公司交给的任务。常青一边琢磨着，一边推开了上司办公室的门。

上司没跟常青客气，开门见山地说：“你知道吗，你的下属对你意见挺大的。”常青听了吓了一跳，脑袋快速转了几转也想不出下属会对自己有什么意见？“我对他们很好啊！”常青在上司面前叫起了屈，“都很少对他们红脸。”“就是因为这个。”上司没给常青继续说下去的机会，“你的下属是这样投诉你的，说你是个老好人，对他们要求不够严格，跟着你这样的上司他们觉得成长慢。记住，你现在是管理者了，对下属的成长是负有责任的。”听着上司最后这句话，常青若有所思。

问题一：常青在团队管理中存在什么问题？

问题二：如果你是常青，接下来你应该怎么做？

任务领取

1. 以小组为单位完成任务，4～6人为一组，选出一名组长，负责安排组员工作，并进行监督。

2. 查阅资料或课本，了解团队管理的相关知识点。

3. 小组讨论分析常青在团队管理中存在的问题。

4. 小组根据常青存在的问题，按照团队管理的知识寻找合适的方法。

5. 小组展示各自的应对方法，其他小组提问互评，教师点评。

知识储备

当代美国著名管理学者斯蒂芬·罗宾斯认为，团队是指一种为了实现某一目标而由相互协作的个体所组成的正式群体。团队是一种特殊的群体。它强调集体绩效，表现出的作用往往是积极的。它的责任既可能是个体的，也可能是共同的。它主张个体的技能相互补充。

管理智慧树

有一个人想看看天堂与地狱的区别。他先来到地狱，地狱的人正在吃饭，但奇怪的是一个个面黄肌瘦、饿得嗷嗷直叫。原来他们使用的筷子有一米长，虽然争先恐后夹着食物想往自己嘴里吃，但因筷子太长就是吃不着。“地狱真惨啊!”这人想。

然后，他又来到天堂。天堂的人也正在吃饭，一个个红光满面、欢声笑语。但奇怪的是天堂的人使用的筷子与地狱一模一样，也是一米长，不同之处在于天堂的人是相互喂对方。

一、团队的定义及特征

要对团队进行管理，首先要清楚什么是团队。团队是指一种为了实现某一目标而由相互协作的个体所组成的正式群体，是由员工和管理层组成的一个共同体，它合理利用每一个成员的知识和技能协同工作，解决问题，发挥成员协同作用后的更大绩效，达到共同目标。

一个高效的团队必须具备一些显著的要素，而正是由于有了这些要素一个群体组织才能称为团队或高绩效团队。

1. 清晰的目标

有效的团队对于要达到的目标有清楚的了解，并坚信这一目标包含着重大的意义和价值。而且，这种目标的重要性还激励着团队成员把个人目标升华到团队目标中去。在有效的团队中，成员愿意为团队目标做出承诺，清楚地知道希望他们做什么工作以及他们怎样共同工作最后才能完成任务。

2. 互补的技能

有效的团队是一群有能力的成员组成的，并且每个成员之间都具有互补的技能。他们具备实现理想目标所必需的技术和能力，而且相互之间有能够良好合作的个性品质，从而能够出色完成任务。一个好的团队不仅需要精湛的技能，更需要高超的人际关系处理能力，需要各种能力的相互配合才能共同完成组织的任务。

3. 良好的沟通

团队完成任务的过程也是信息沟通的过程，只有确保信息的畅通无阻，才能实现组织的目标。团队成员通过畅通的渠道交换信息，包括各种语言和非语言信息。此外，管理层与团队成员之间健康的信息反馈也是良好沟通的重要特征，有助于管理者指导团队成员行动，消除误解。

4. 共同的承诺

有效团队的成员对团队表现出高度的忠诚和承诺，为了能使团队获得成功，他们愿意去做任何事情。我们把这种忠诚和奉献称为共同的承诺。对成功团队的研究发现，团队成员对他们的群体具有认同感，他们把属于该群体的身份看作自我的一个重要方面。因此，承诺一致的特征表现为对团队目标的奉献精神，愿意为实现这个目标而调动和发挥自己的最大潜能。

5. 恰当的领导

有效的领导能够让团队跟随自己共同渡过最艰难的时期，因为他能为团队指明前途所在。他们向成员阐明变革的可能性，鼓舞团队成员自信心，帮助他们更充分地了解自己的潜力。优秀的领导者不一定非得指示或控制，有效团队领导者往往担任的是教练和后盾的角色，他们对团队提供指导和支持，当团队遇到困境时要挺身而出，做出英明的决策。

6. 相互的信任

成员间相互信任是有效团队的显著特征，就是说，每个成员对其他人的行为和能力都深信不疑。要维持团队内的相互信任，需要管理层足够的重视。组织文化和管理层的行为对形成相互信任的团队内氛围很有影响。如果组织崇尚开放、诚实、协作的办事原则，同时鼓励员工的参与和自主性，它就比较容易形成信任的环境。目标团队应该有一个既定的目标，为团队成员导航，知道要向何处去。没有目标，这个团队就没有存在的价值。

管理个案分析

前中国足球队外籍教练米卢在一次与记者的对话中，谈到团队与群体的区别。米卢问记者："你知道团队和群体有什么区别吗？"记者回答道："团队是有凝聚力的，而群体也许只是一帮乌合之众。"米卢使劲地点头说："一个优秀球员具备的首要素质就是能够为团队这个整体服务，无论是场上还是场下。这是我在自己的球员和教练员生涯中总结出来的真理，往昔的辉煌和成功都因为具备了这个基础。"

【互动天地】通过米卢与记者的对话，你认为足球队是团队吗？你对团队有什么认识？

二、团队中的八大角色

团队中的成员具有不同的性格和特点，形成互补关系，在团队中分别担任着不同的角色。

1. 实干者

实干者非常现实、传统甚至有点保守，他们崇尚努力，计划性强。喜欢用系统的方法解决问题；实干者有很好的自控力和纪律性。对团队忠诚度高，为团队整体利益着想而较少考虑个人利益。

2. 协调者

协调者能够引导一群不同技能和个性的人向着共同的目标努力。他们代表成熟、自信和信任，办事客观，不带个人偏见；除权威之外，更有一种个性的感召力。在团队中能很快发现各成员的优势，并在实现目标的过程中妥善运用。

3. 推进者

推进者是行动的发起者，敢于面对困难，并义无反顾地加速前进；敢于独自做决定而不介意别人的反对。推进者是确保团队快速行动的最有效成员。遇到困难时，总能找到解决办法；推进者大都性格外向且干劲十足，喜欢挑战别人，好争端，而且一心想取胜，缺乏人际间的相互理解，是一个具有竞争意识的角色。

4. 创新者

创新者拥有高度的创造力，思路开阔，观念新，富有想象力，是“点子型的人才”。他们爱出主意，其想法往往比较偏激和缺乏实际感。创新者不受条条框框约束，不拘小节，难守规则。

5. 信息者

信息者有与人交往和发现新事物的能力，善于迎接挑战，经常表现出高度热情，是一个反应敏捷、性格外向的人。他们的强项是与人交往，在交往的过程中获取信息。信息者对外界环境十分敏感，一般最早感受到变化。

6. 监督者

监督者严肃、谨慎、理智、冷血质，不会过分热情，也不易情绪化。他们与群体保持一定的距离，在团队中不太受欢迎。监督者有很强的批判能力，善于综合思考谨慎决策，善于权衡利弊来选择方案。

7. 凝聚者

凝聚者善于调和各种人际关系，在冲突环境中其社交和理解能力会成为资本；凝聚者信奉“和为贵”，有他们在的时候，人们能协作得更好，团队士气更高。他们是团队中最积极的成员，他们善于与人打交道，善解人意，关心他人，处事灵活，很容易把自己同化到团队中。凝聚者对任何人都没有威胁，是团队中比较受欢迎的人。

8. 完美者

完美者具有持之以恒的毅力，做事注重细节，力求完美；他们不大可能去做那些没有把握的事情；喜欢事必躬亲，不愿授权；他们无法忍受那些做事随随便便的人。通常会花很多时间去完成一件事，做得尽善尽美。

从以上的描述可知：实干者善于行动，团队中如果缺少实干者，则会大乱；协调者善于寻找到合适的人，团队中如果缺少协调者，则领导力不强；推进者善于让想法立即变成行动，团队中如果缺少推进者，则工作效率将会不高；创新者善于出主意，团队中如果缺少创新者，则思维会受到局限；信息者善于发掘最新“情报”，团队中如果缺少信息者则会比较封闭；监督者善于发现问题，团队中如果缺少监督者，则工作绩效不稳定甚至可能大起大落；凝聚者善于化解矛盾，团队中如果缺少凝聚者，则人际关系将会变得紧张；完美者强调细节，团队中如果缺少完美者，则工作会比较粗糙。所以以上各种角色缺一不可，都是一个优秀团队必不可少的人才，我们要善于发挥每个人的特长，实现团队的高效管理。

管理智慧树

一个男孩问迪士尼创办人华特：“你画米老鼠吗？”

“不，我不画。”华特说。

“那么你负责想所有的笑话和点子吗？”男孩接着问。

“不，我也不做这些。”华特回答。

男孩追问：“迪士尼先生，你到底都做些什么啊？”

华特笑了笑回答：“有时我把自己当作一只小蜜蜂，从片厂一角飞到另一角，搜集花粉，给每个人打打气，我猜，这就是我的工作。”

三、团队管理及其意义

企业团队管理是指在工作中紧密协作并相互负责的一小群人，他们拥有共同的目的、绩效目标以及工作方法，且以此自我约束。因为团队管理有助于管理人员增强组织的民主气氛，提高工人的积极性，而且具有快速组合、重组及解散的优点，所以，团队在现代企业的组织发展中日益受到欢迎。团队管理具有以下的重要意义。

1. 团队具有目标导向功能

团队精神的培养，使员工齐心协力，拧成一股绳，朝着一个目标努力。一个团队的行为和任务都是围绕着目标开展的，在共同目标的驱使下，团队成员能达成共识，上下一心。

2. 团队具有凝聚功能

任何组织群体都需要一种凝聚力。团队精神则通过对群体意识的培养，通过员工在长期的实践中形成的习惯、信仰、动机、兴趣等文化心理，来沟通人们的思想，引导人们产生共同的使命感、归属感和认同感，反过来逐渐强化团队精神，产生一种强大的凝聚力。

3. 团队具有激励功能

团队精神要靠员工自觉地要求进步，力争与团队中最优秀的员工看齐。而且这种激励不是单纯停留在物质的基础上，还要得到团队的认可，获得团队中其他员工的尊敬。

4. 团队具有控制功能

员工的个体行为需要控制，群体行为也需要协调。团队精神所产生的控制功能，是通过团队内部所形成的一种观念的力量、氛围的影响，去约束、规范、控制职工的个体行为。这种控制不是自上而下的硬性强制力量，而是由硬性控制向软性内化控制的转变；由控制职工行为，转向控制职工的意识；由控制职工的短期行为，转向对其价值观和长期目标的控制。因此，这种控制更为持久有意义，而且容易深入人心。

管理个案分析

马云接受访问时曾说：“企业仅凭一人之力，永远做不大，团队才是成长型企业必须突破的瓶颈。”马云和他的“妖精”团队，凭借着热情、激情以及一种疯狂的精神将阿里巴巴打造成为被国际媒体称为“第四种互联网模式”的电子商务网站。

在阿里巴巴的内部经常会举办各种活动，单身派对、春节晚会、阿里日庆祝等，这些活动的举办不仅活跃了组织内部的气氛，更是加强了团队成员内部的沟通和交流，让团队成员在组织里感受到家的温暖以及奋斗的激情，组织凝聚力的提高，极大地提高了其运转绩效。马云也说：造就一个优秀的企业，并不是打败所有的对手，而是形成自己独特的竞争优势，建立自己的团队、机制和文化。由此可见，马云对于团队的重视，而且其对于建设优秀团队也是有着自己的见解的。

【互动天地】结合案例谈谈马云的团队建设。

四、建设高效团队的途径

1. 巩固和强化“目标共识”

团队的目标赋予团队一种高于团队成员个人总和的认同感。这种认同感为如何解决个人利益和团队利益的碰撞提供了有意义的标准，使得一些威胁性的冲突有可能顺利地转化为建设性的冲突。目标能够为团队成员指明方向，是团队运行的核心动力。

目标的制订应该有团队成员的共同参与，才能使团队的目标更具有激励作用，从而对目标达成共识。只有把握这一关键，才能不断增强团队的凝聚力和向心力，保持团队在共同愿景的激励下不断前进。

2. 培养企业团队精神

团队精神是一个团队的灵魂。团队精神的核心是团队的凝聚力，团队的凝聚力是维持团队存在发展的必要条件，是团队的黏合剂。如果一个团队失去了凝聚力，对其成员没有吸引力，那么，这个团队实际上已失去了团队的力量和功能。一般认为，较高的凝聚力一定会带来较高的团队绩效。而协同工作、有效的沟通、尊重团队成员的自我价值等是营造和形成良好的团队凝聚力的前提。

3. 提高企业团队亲和力

团队是由不同的性格和特点的个人组成，个人的看法、处事方法的不同是产生矛盾的根源。解决办法就是相互沟通、协调，这体现为对团队成员的合理授权和委任。在企业管理中，沟通不畅或沟通失效会导致严重后果。因此，营造充分沟通的环境是团队必须处理好的问题。作为团队领头人，要开诚布公，利用多种方式，让每位员工充分了解企业内外信息，解释团队做出某项决策的原因，鼓励发表自己的看法，做到充分沟通，坦诚相待，荣辱与共；确立“以人为本”的价值观，增强成员的荣誉感和参与意识，实行民主决策；在进行绩效评估时，做到客观公平、不偏不倚；让每位成员感觉到团队内部人与人之间的真诚和情谊。注意培养团队和其外部交往的技能，提高工作的有效性。强化企业团队激励机制与学习型组织的创建，提高企业团队的生命力。

4. 建立合理有效的团队激励政策

美国哈佛商学院詹姆斯教授的一项研究表明，一个人如果受到激励，就会发挥他全部潜能的80%，没有受到激励，其潜能只能发挥出20%，可见激励对于团队工作而言是不可或缺的条件。激励是指通过一定的手段使员工的需要和愿望得到满足，以调动他们工作的积极性，使其主动而自发地把个人的潜能发挥出来，从而确保团队实现目标。高效团队的运作必须建立起有效的激励机制与约束机制，以调动成员的积极性，激发成员的创造力。激励成员应认清个体差异，每一个成员都是一个不同于他人的独特个体，激励应该从每个成员的个性特征出发，建立完善健全的绩效考核制度，做到公平公开，奖惩分明，充分调动员工的积极性。

5. 谋求正确的领导力

企业未来战略目标的实现不能仅依靠企业家个人的能力，必须有一支有远大抱负和共同追求的管理团队，要靠高素质的企业家群体来完成，而这群人最基本的特质就是具有正确的领导力。要谋求正确有效的领导力，授权是必然要面对的问题。在团队建设中有效授权对领导、员工及公司等多方面都有利。在领导方面，授权可以让他们空出较多的时间做策略性思考；在员工方面，授权可以使他们学习新的技巧和专长，让他们有机会发挥自己的能力；在公司方面，授权可以增进团队整体的工作绩效和凝聚力。

6. 培养强烈的竞争意识

谈及团队精神，很多人认为团队内部不能有竞争，避免“内斗”。但如果一个团队内部没有竞争，在开始的时候，团队成员也许会凭着一股激情努力工作，但时间一长，他会发现无论是干多干少，干好干坏，结果都一样，那么他的热情就会减退。竞争是人类生存和发展中普遍存在的实践活动，它是促进生产力提高、科学昌盛、文化繁荣的一种力量，也是促进人们创新能力发展的重要推动力。在团队中，既存在着竞争又存在着协作，团队的成功就是凝聚力和竞争力相互协调的结果。

管理个案分析

一天晚上，索尼董事长盛田昭夫按照惯例走进职工餐厅与职工一起就餐、聊天。他多年来一直保持着这个习惯，以培养员工的合作意识和与他们的良好关系。这天，盛田昭夫忽然发现一位年轻职工郁郁寡欢，满腹心事，闷头吃饭，谁也不理。于是，盛田昭夫就主动坐在这名员工对面，与他攀谈。几杯酒下肚之后，这个员工终于开口了：“我毕业于东京大学，有一份待遇十分优厚的工作。但是，进入索尼之前，对索尼崇拜得发狂。当时，我认为进入索尼，是我一生的最佳选择。但是，现在才发现，我不是在为索尼工作，而是为课长干活。坦率地说，我这位课长是个无能之辈，更可悲的是，我所有的行动与建议都得课长批准。我自己的一些小发明与改进，课长不仅不支持、不解释，还挖苦我癞蛤蟆想吃天鹅肉，有野心。对我来说，这名课长就是索尼。我十分泄气，心灰意懒。这就是索尼？这就是我的索尼？我居然放弃了那份优厚的工作来到这种地方！”这番话令盛田昭夫十分震惊，他想，类似的问题在公司内部员工中恐怕不少，管理者应该关心他们的苦恼，了解他们的处境，不能堵塞他们的上进之路，于是产生了改革人事管理制度的想法。之后，索尼开始每周出版一次内部小报，刊登公司各部门的“求人广告”，员工可以自由而秘密地前去应聘，他们的上司无权阻止。另外，索尼原则上每隔两年就让员工调换一次工作，特别是对于那些精力旺盛、干劲十足的人才，不是让他们被动地等待工作，而是主动地给他们施展才能的机会。在索尼公司实行内部招聘制度以后，有能力的人才大多能找到自己较中意的岗位，而且人力资源部门可以发现那些“流出”人才的上司所存在的问题。

【互动天地】阅读以上案例，你受到什么启示？

任务实施

一、明确组员分工

任务实施过程中要明确分工任务，组长要调动组员充分表达不同意见，形成职责清晰的任务分工表。

组员姓名	任务分工	主要方法	提交任务成果的方式

二、过程监督

把总任务完成的时间划分为不同工作阶段，请各组成员在任务实施过程中做好过程记录，组长负责监督，全组共同完成进度监督表。

工作阶段	时　间	进度描述	检查情况记录	改善措施以及建议

三、各组成员记录任务实施过程中的困难及收获

困难：＿＿＿＿＿＿＿＿＿＿＿＿＿＿＿＿＿＿＿＿＿＿＿＿＿＿＿＿

小组成员想到的解决方法：＿＿＿＿＿＿＿＿＿＿＿＿＿＿＿＿＿＿＿＿

＿＿＿＿＿＿＿＿＿＿＿＿＿＿＿＿＿＿＿＿＿＿＿＿＿＿＿＿＿＿＿

本次活动的收获：＿＿＿＿＿＿＿＿＿＿＿＿＿＿＿＿＿＿＿＿＿＿＿＿

＿＿＿＿＿＿＿＿＿＿＿＿＿＿＿＿＿＿＿＿＿＿＿＿＿＿＿＿＿＿＿

四、制订方案

在完成上述的准备工作后，小组成员根据情景寻找解决办法。

五、成果展示

每个小组在完成任务后，在班上进行小组成果展示解说策略，其他小组提问互评，教师点评。

六、评价反馈

各小组根据以下评价项目，结合各自在活动过程中的表现和实施情况进行自我评价与小组评价，教师对小组表现进行综合评价。

评价项目	评价标准	配分（分）	自我评价（20%）	小组评价（30%）	教师评价（50%）
知识准备完成情况	按完成比例给分	10			
对团队管理的理解和运用	对团队管理的理解 5 ~ 10 分； 能够运用团队管理知识分析案例 10 ~ 20 分	30			
工作过程中所做贡献	贡献最大 30 分以上； 贡献较大 19 ~ 30 分； 贡献很少 1 ~ 18 分； 基本无贡献 0 分	40			
团队合作责任意识	无团队意识扣 7 ~ 10 分； 无责任心扣 7 ~ 10 分	10			
现场遵守纪律、执行 6S 情况	违反课堂纪律扣 7 ~ 10 分； 着装不规范扣 3 ~ 5 分； 工作组台面不整齐、地面有垃圾的扣 5 ~ 8 分	20			
合　计					

延伸阅读

高效团队建设中的5W1H法则

高效团队建设中的5W1H是：Who（我们是谁）、Where（我们在哪里）、What（我们成为什么）、When（我们什么时候行动）、How（我们怎样行动）、Why（我们为什么行动）。通过明确这几个方面的问题来建立高效团队。

(1) Who（我们是谁）？即团队成员自我的深入认识，明确团队成员具有的优势和劣势、对工作的喜好、处理问题的解决方式、基本价值观差异等；通过这些分析，最后获得在团队成员之间形成共同的信念和一致的对团队目的的看法，以建立起团队运行的游戏规则。

(2) Where（我们在哪里）？每一个团队都有其优势和弱点，而团队要取得任务成功又面对外部的威胁与机会，通过分析团队所处环境来评估团队的综合能力，找出团队目前的综合能力对要达到的团队目的之间的差距，以明确团队如何发挥优势、回避风险、提高迎接挑战的能力。

(3) What（我们成为什么）？以团队的任务为导向，使每个团队成员明确团队的目标、行动计划，为了能够激发团队成员的激情，应树立阶段性里程碑，使团队对任务目标看得见、摸得着，创造出令成员兴奋的幻想。

(4) When（我们什么时候行动）？合适的时机采取合适的行动是团队成功的关键：团队任务的启动；团队遇到困难或障碍时，应把握时机来进行分析与解决；团队面对内、外部冲突时应在什么时机进行舒缓或消除；何时与何地取得相应的资源支持等都必须因势利导。

(5) How（我们怎样行动）？怎样行动涉及团队运行问题，即团队内部如何进行分工、不同的团队角色应承担的职责、行使的权力、协调与沟通等，因此，团队内部各个成员之间也应有明确的岗位职责描述和说明，以建立团队成员的工作标准。

(6) Why（我们为什么行动）？对于这个问题，目前在很多企业团队建设中都容易被忽视，这可能也是导致团队运行效率低下的原因之一。团队要高效运作，必须要让团队成员清楚地知道他们为什么要加入这个团队，这个团队运行成功与失败对他们带来的正面和负面影响是什么？以增强团队成员的责任感和使命感。即将我们常常讲的激励机制如团队荣誉、薪酬或福利的增加以及职位的晋升等引入团队建设。

巩固拓展

一、选择题（不定项选择）

1. 团队管理中监督者的角色具有的特点包括（　　）。

A. 严肃　　B. 理智

C. 谨慎　　D. 冷血质

2. （　　）对形成相互信任的团队内氛围很有影响。

A. 规章制度　　B. 组织文化

C. 管理层的行为　　D. 物质激励

3. 建设高效团队的途径包括（　　）。

A. 激励政策　　B. 正确领导力

C. 竞争意识　　D. 团队精神

二、分析题

刚进公司的几个大学生很自然地形成了一个团队，大家兄弟相待，一起解决遇到的难题，包括各自负责的经营工作。几年下来，这个团队的凝聚力不断增强，每个人都非常重视这个团队。又过了几年，这个团队的成员普遍得到较好的发展，地位、收入等方面也没有形成多大的差距，然而大家却感到团队的凝聚力没有以前那么强了。

请从团队管理的角度分析以上原因。

三、实训题

模拟成立一家公司，作为公司的领导层，你打算如何加强公司的团队建设，请策划一个适合你公司的团队建设设想。

一、选择题（不定项选择）

1. [illegible]的特点包括（ ）。

B. [illegible]

D. [illegible]

2. [illegible]

B. [illegible]文化

D. [illegible]

3. [illegible]（ ）。

B. [illegible]领导力

D. 团队精神

二、分析题

[illegible]了一个团队，大家只有相互[illegible]一起解决遇到[illegible]这个团队的[illegible]个人[illegible]这个团队[illegible]

[illegible]原因。

[illegible]

模块四　领　导

项目七 领导能力

项目目标

1. 了解有关领导的概念和职能，掌握领导方式理论
2. 掌握权力形成机制与运用要领
3. 掌握指挥的形式与要领
4. 掌握领导素质与修养
5. 掌握领导的方法与艺术

项目子任务

任务 1 认识领导与领导权力
任务 2 提高领导素质及修养
任务 3 掌握领导方法与艺术

项目引例

金工车间是某厂唯一进行倒班的车间。一个星期日晚上，车间主任去查岗，发现上二班的年轻人几乎都不在岗位。了解后得知，他们都去看央视现场转播的足球比赛了。车间主任气坏了，在星期一的车间大会上，他一口气点了十几个人的名。没想到他的话音刚落，人群中不约而同地站起几个被点名的青年，他们不服气地异口同声地说："主任，你调查了没有，我们并没有影响生产任务，而且……"主任没等几个青年把话说完，严厉地警告说："我不管你们有什么理由，如果下次再发现谁脱岗去看电视，扣发当月的奖金。"

项目提要

正所谓“没有规矩不成方圆”，从以上例子可以看出，任何企业、集体都需要有领导管理。领导是借助组织或自身的权力对他人施加影响，并使被影响人的行为或态度发生变化，以达成组织或团体的特定目标或愿望。在对领导能力进行深入学习之前，我们要首先对领导能力的基本知识进行了解。通过本项目的学习，能了解领导的含义、领导职能、领导者的权力，以及领导的素质修养和文化艺术。

任务1　认识领导与领导权力

任务描述

小赵是某幼儿园的教学骨干，样样都干得很出色，尤其是近几年，为幼儿园赢得不少荣誉。一次，其爱人不幸生病，住了医院，家里又有一个不满两岁的儿子，这无疑增加了她的负担。小赵经过反复考虑，不得不向园领导提出了请假的要求，并表示：服侍爱人期间，不忘教学，认真备课。然而，园领导的答复是硬邦邦的，请假可以，但要按章办事，每请一天假，扣奖金 50 元，如一个月超过三天，该月奖金全部扣除。另外，还要从工资中支付部分代课金。显然，这给小赵当头一棒，心想：没办法，只好认扣了。不久，小赵的爱人出院了，与此同时，小赵向园领导提出了调离本园的申请。这是园领导万万没料到的。于是，园长来了个 180 度的大转弯，收回当初所说的一切，补发扣除的奖金和工资。然而，小赵却坚持一定要走。

问题一：小赵为什么要走？如果你是小赵，会怎么办？请用领导理论来分析。

问题二：用领导理论分析这位园长的领导作风。

问题三：如果你是园长，你会怎么做？

任务领取

1. 以小组为单位完成任务，4 ~ 6 人为一组，选出一名组长，负责安排组员工作，并进行监督。

2. 查阅资料或课本，了解领导的含义、职能、领导理论等相关知识点。

3. 运用领导相关理论分析该园长的行为。

4. 小组讨论并分角色扮演小赵和园长。

5. 小组成员将成果在班上进行展示。

知识储备

一、领导概述

（一）领导的含义

领导是借助组织或自身的权力对他人施加影响，并使被影响人的行为或态度发生变化，以达成组织或团体的特定目标或愿望。在这个定义中有三层意思：

（1）权力在领导者和其他成员之间的分配是不平等的。

（2）领导是一种艺术创造过程。

（3）领导的目的是通过影响部下来达到组织目标。

《世界百科全书》对“领导”所做的解释是，领导是领导者为实现组织的目标而运用权力向其下属施加影响力的一种行为或行为过程。领导工作包括五个必不可少的要素：领导者、被领导者、作用对象（即客观环境）、职权和领导行为。

（二）领导职能

领导职能是指指导和影响群体或组织成员的思想与行为，使其为实现组织目标而做出努力和贡献的过程或艺术。

领导的职能归结起来主要是处理三方面的关系。

1. 处理人的关系

领导工作首先是做人的工作。领导在处理与人的关系中，一项非常重要的工作是识人和用人，即发现人的长处、用好人的长处。

作为领导，首先要了解自己的下属。领导需要了解下级的技能、性格、特长、爱好、生活状况等基本情况。这是上级与下级相处的前提和基础。其次是个“礼”，就是要用“礼”对待下属。领导要学会尊重下属的风俗、尊重下属的隐私等。要得到下级的拥护和支持，就必须尊重自己的下级。最后就是“宽”了。当下级有错误时，只要不是原则性的，就应得理让人，网开一面，给下级以改正的机会和空间。

2. 处理事务的关系

领导的一个职能就是处理事务，特别表现在制订各种决策，进行现场指挥，使各项工作有条不紊地进行。

3. 处理时间的关系

（1）领导需要合理安排个人和组织的时间，有计划、有条理地根据轻重缓急原则安排组织的各项活动，从而充分有效地利用时间，达到组织目标；另外，领导要面向未来的工作，需要预测未来，走在时间的前面，真正做到把握时机，使组织持续发展。

（2）领导的作用主要体现在两个方面：实现组织目标和在满足组织需要的同时尽可能地满足组织成员的需要。

（三）领导的作用

拿破仑认为“一只绵羊带领的一群狮子，敌不过一只狮子带领的一群绵羊”，我国也有类似“千军易得，一将难求”的俗语，可见领导者对于组织的重要程度。

1. 指挥引导的作用

指挥是领导的一项重要功能，是确保决策得以执行的重要条件。指挥功能有两种主要的实现形式：一是命令。命令对一个组织的指挥工作是不可或缺的，为了使工作有效地进行下去，命令需要符合三个基本条件，即完整、清晰、可执行。二是合理授权。授权就是由领导者授予下属一定的权力，下属在领导者的监督下，自主地对本职范围内的工作进行决断和处理。

2. 沟通协调的作用

成员之间由于价值观、性格、处世方法等方面的差异而产生各种冲突，人际关系陷入紧张局面，甚至出现敌视、强烈情绪以及向领导者挑战等各种情形。领导要进行充分沟通，引导团队成员调整心态和准确定位角色，把个人目标与工作目标结合起来，明确知道自己要做的事，以及清楚如何去做。协调是为了实现领导战略目标而对领导活动中出现的矛盾和问题所做的调整过程。协调的途径主要包括：一是通过政策与目标对组织活动进行协调；二是通过正式沟通和非正式沟通进行协调；三是通过行政组织的基层结构进行协调。

3. 控制驾驭的作用

组织的目标和战略决策在具体执行过程中，只有授权而没有控制，是很难达成目标的，领导的控制功能是从外部对组织战略与规划的执行过程进行宏观把握，以保障组织相对稳定和有序的发展，防止组织的失控或瓦解。控制从计划的执行开始，贯穿整个执行过程。控制也是管理的重要功能。

4. 激励调动的作用

所谓激励，就是激发人的积极性、创造性的过程。激励功能是领导的主要功能之一。

领导就是如何有效地调动人的积极性、主动性和创造性。在激励中，领导者要正确认识人、鼓励人、尊重人、爱护人，必须以人本理论为指导。把握人的各种行为与人的需要和发展的关系，激发人潜在的积极性、创造性，最大限度地发挥职员的潜能。

二、领导的权力

弗伦奇和瑞文提出了权力的五个基础或源泉：强制、奖赏、法定、专家和感召（见图4－1），并通过表4－1对一个人是具备一种还是多种权力基础进行了确定。

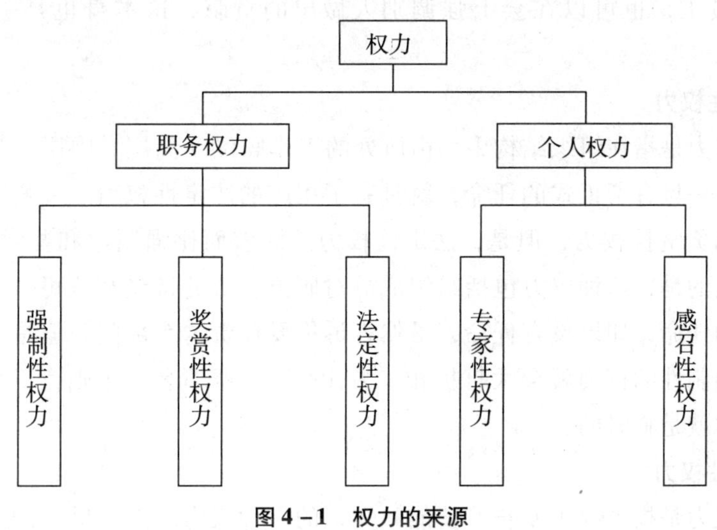

图4－1　权力的来源

表4－1　权力基础的测定

一个人具备一种还是多种权力基础，通过对下列问题的确定性反应就可以得到答案。
● 这个人可以为难他人，你总是避免惹他生气。（强制性权力）
● 这个人能给他人以特殊的利益或奖赏，你知道与他关系密切大有益处。（奖赏性权力）
● 这个人掌握支配你的职位和责任的权力，期望你服从法规的要求。（法定性权力）
● 这个人的知识和经验能使你尊重他，在一些问题上你会服从于他的判断。（专家性权力）
● 你喜欢这个人，并乐意为他做事。（感召性权力）

1. 强制性权力

强制性权力是最为普遍存在的权力形式，指甲要求乙做某事，乙因受到甲的威胁，虽然不愿做但不得不去做。在强制性权力中，“可信性”是至关重要的。强制性的威胁一旦发出，一定要让受威胁方感到，这种威胁是可行的，是实际存在的。威胁只是使强制力成为一种有效的目标或对行动的遏制，是权力得以生效的保障，这种保障机制只是不得已的最后手段。

2. 奖赏性权力

奖赏性权力是通过奖励的方式来吸引下属，如金钱、晋升、学习的机会等，让人们愿意服从领导者的指挥。安排员工去做自己更感兴趣的工作，或者给员工更好的工作环境等，这些都属于奖赏性权力的范围。

强制性权力与奖赏性权力相对。如果你能剥夺他人的有价值的东西或给他人造成不良的影响，那么你对他就拥有了强制性权力。如果你能带给他人某种积极的利益或帮助他免于消极的影响，那么你对他就拥有了奖赏性权力。

奖赏性权力不一定要成为领导者才具有，有时作为一个普通的员工，也可以表扬另外一个员工，也可以在会上强调别人做出的贡献，这本身也是一种权力和影响力。

3. 法定性权力

法定性权力是指在组织结构中，由所处的工作职位（高层、中层、低层）而获得的权力。员工一旦有了正式的任命，就具有了相应的法定性权力。一般职位的权威还包括强制性和奖赏性权力，但是，法定性权力的涵盖面比强制性和奖赏性更为宽泛。特别值得一提的是，这种权力包括组织成员对职位权威的接受和认可。法定性权力需要有权部门的任命，如果没有任命，虽然告诉你要负责这个部门，但是你的这种奖赏性的权力和强制性的权力就会大打折扣，为什么呢？所谓名不正则言不顺，没有正式任命，那么你就是临时的。

4. 专家性权力

专家性权力是指来源于专长、技能和知识的一种权力。由于世界的发展日益取决于技术的发展，专门的知识技能也由此成为权力的主要来源之一。这种权力能为生产者所运用的原因在于其专业知识为中间商所看重。举例来说，生产者有种令人迷惑的力量引导中间商的发展方向，或为中间商的销售队伍提供专家培训。这是一种有效的权力形式。因为中间商得不到这种帮助，就会影响行动效率。问题在于，中间商一旦也成为专家后，这种权力就会削弱。因此，生产者必须继续维护自己的专家地位，才能使中间商乐于继续与自己合作。

5. 感召性权力

感召性权力是由于领导者拥有吸引别人的个性、品德、作风而引起人们的认同、赞赏、钦佩、羡慕而自愿地追随和服从他。

前三种是职位权力或制度权力，它是因为领导者处于这个职位上才获得的权力；后两种是个人权力，它更多的是因为领导者这个人，而不是因为领导者处于某一个高位上而得到下属的信任和追随。

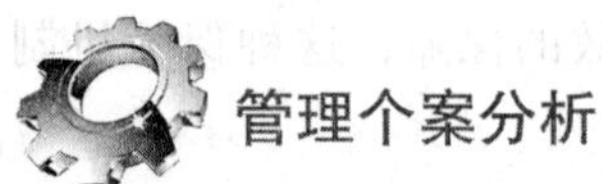

管理个案分析

北斗公司刘总经理在一次职业培训中学习到很多目标管理的内容。他对于这种理论逻辑上的简单清晰及其预期的收益印象非常深刻。因此，他决定在公司内部实施这种管理方法。首先他需要为公司的各个部门制订工作目标。刘总经理认为：由于各部门的目标决定了整个公司的业绩，因此应该由他本人为他们确定较高目标。确定了目标之后，他就把目标下发给各个部门的负责人，要求他们如期完成，并口头说明在计划完成后要按照目标的要求进行考核和奖惩。但是他没有想到的是中层经理在收到任务书的第二天，就集体上书表示无法接受这些目标，致使目标管理方案无法顺利实施。刘总经理感到很困惑。

【互动天地】刘总经理在本例中行使了什么领导权力？为什么达不到效果？

三、领导理论

20 世纪初到 30 年代，领导特质理论的研究比较注重于领导者的性格、素质方面的特征。研究的内容包括：身体特征、个性特征和才智特征等。主要的理论有斯托格迪尔的领导个人因素论和吉赛利的领导品质论。

20 世纪 40 年代到 60 年代后期，领导理论的研究以研究领导行为为主。主要的理论有勒温的三种领导风格类型、利克特的支持关系理论、布莱克和穆顿的管理方格理论。

20 世纪 70 年代迄今，属于领导权变理论研究阶段。主要的理论有菲德勒的权变领导理论、罗伯特·豪斯的途径—目标理论以及由保罗·赫西和肯尼斯·布兰查德予以发展的领导生命周期理论。

（一）领导特质理论

领导特质理论主要研究的是领导者应具备的素质。

这一理论的出发点是：领导效率的高低主要取决于领导者的特质，那些成功的领导者也一定有某些共同点。根据领导效果的好坏，找出好的领导者与差的领导者在个人品质或特性方面有哪些差异，由此就可确定优秀的领导者应具备哪些特性。研究者认为，只要找出成功领导者应具备的特点，再考察某个组织中的领导者是否具备这些特点，就能断定他是不是一个优秀的领导者。这种归纳分析法成了研究领导特质理论的基本方法。

20 世纪早期领导特质研究主要是要确定成为领导者的决定因素。这个理论被称为“伟人”理论。20 世纪中期，领导特质理论受到了挑战。当时，大量的研究得出了这样的结论：具备某些特质确实能提高领导者成功的可能性，但没有一种特质一定就是成功的保证。因此，认为领导并不是个人所拥有的可以量化的东西，它与社会情境中的人际关系有关。虽然与领导有关的个人因素仍是十分重要的，但是这些研究者坚决主张这些因素应该是与情境的需要相关的。

（二）领导行为理论

1. 勒温的三种领导风格类型

美国艾奥瓦大学的著名心理学家勒温及其小组通过对团队气氛和领导风格的研究，发现团队的领导们通常表现出不同的领导风格，这些领导风格对团体的工作绩效和工作满意度有着不同的影响。他将领导风格划分为三种类型：专制型、民主型和放任型。

（1）专制型领导风格。这种领导风格的主要优点是：决策制订和执行速度快，可以使问题在较短时间内得到解决。主要缺点是个人独断专行，主要靠行政命令来维护领导者的权威。

（2）民主型领导风格。这种领导风格的主要优点是：有利于集思广益，制订出科学合理的决策，同时还能使决策得到认可和接受，从而减少执行的阻力，并增强下属的自尊心和自信心，提高工作满意度和工作热情。主要缺点是决策制订过程长，耗时多，可能错失良机。

（3）放任型领导风格。这种领导风格的主要缺点是：领导者的无为而治，可能导致下属各自为政，容易造成意见分歧、人际关系淡薄、无政府主义。

2. 利克特的支持关系理论

美国密歇根大学社会研究中心在伦西·利克特的主持下，对领导行为方式进行了长期研究。

利克特在《管理的新模式》中，将领导行为方式归纳为以下四种（见表 4－2）。

表 4－2　　利克特四种领导行为方式的比较

领导风格	对下属的信任度	激励方式	沟通方式	分权制度
专制—命令式	很少信任	主要采取惩罚的方式	自上而下	非常专制，决策权仅限于最高层
开明—命令式	有一定的信任和信心	奖赏和惩罚并用的方式	有一定程度的自下而上的沟通	向下属授予一定的决策权，但自己仍牢牢掌握控制权
协商式	对下属抱有相当大但并不完全的信任	主要采用奖赏方式	上下双向	允许下属部门对具体问题做出决策，并在某些情况下进行协商
参与式	对下属在一切事务上都抱有充分的信心与信任	主要采用奖赏的方式	更多地从事上下级之间以及同级之间的沟通	积极采纳下属的意见，鼓励各级组织做决策

3. 布莱克和穆顿的管理方格理论

得克萨斯大学的罗伯特·R. 布莱克和简·S. 穆顿在1964年提出了管理方格理论。如图4－2所示。

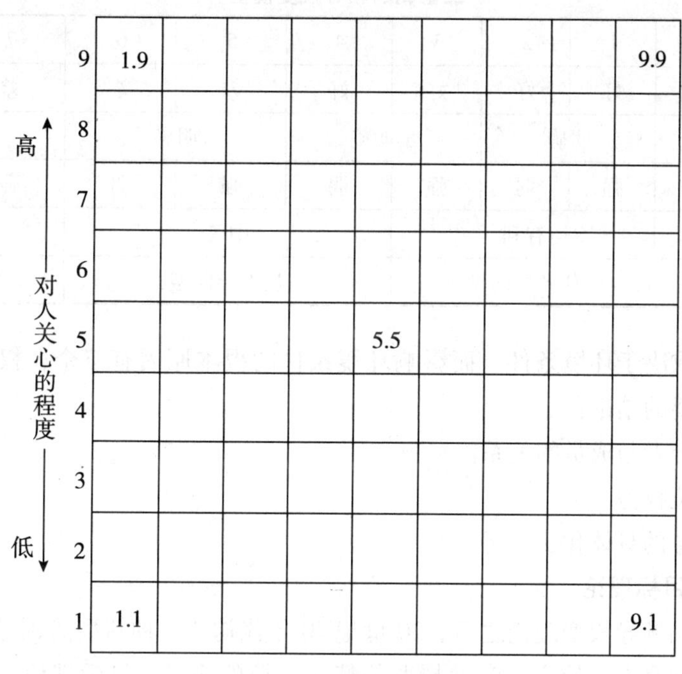

图4－2　管理方格理论

（1）“1.1”：贫乏的管理模式。表示对人和工作都很少关心，仅以最大限度的努力来完成必需的工作。

（2）“1.9”：俱乐部管理模式。表示重点放在满足职工的需要上，而对指挥监督、规章制度却重视不够。

（3）“5.5”：中庸管理模式。表示领导者对人的关心和对工作的关心保持中间状态，只求维持一般的工作效率与士气，不积极促使下属发扬创造革新的精神。

（4）“9.1”：独裁管理模式。表示重点放在工作上，而对人很少关心。领导人的权力很大，能够指挥和控制下属的活动，而下属只能奉命行事，不能发挥积极性和创造性。

（5）“9.9”：团队模式。表示对人和工作都很关心，能使员工和生产两个方面最理想、最有效地结合起来。

（三）领导权变理论

20世纪60年代末70年代初，以菲德勒的领导权变理论提出为标志，产生了权变理论。

1. 菲德勒的领导权变理论

菲德勒是美国著名的心理学和管理学家，在20世纪50年代以管理心理学和实证环境分析为理论基础研究领导学，提出了领导权变理论，如表4－3所示。

表4－3　　菲德勒的领导权变模型

情境	1	2	3	4	5	6	7	8
上下级关系	好	好	好	好	差	差	差	差
任务结构	明确		不明确		明确		不明确	
职位权力	强	弱	强	弱	强	弱	强	弱
环境	有利			中等			不利	
有效方式	任务导向型			员工导向型			任务导向型	

领导效果取决于环境条件，而影响环境条件的根本原因有三个，权变理论据此得出三个最为重要的结论：

第一，领导者与成员的关系。

第二，职位权力。

第三，任务的具体化。

2. 途径—目标理论

继菲德勒的领导权变理论之后，20世纪70年代初，一种新型的领导权变理论颇受重视，这就是加拿大多伦多大学教授罗伯特·豪斯的途径—目标理论。该理论把期望理论与俄亥俄大学的领导行为二因素理论结合起来。

途径—目标理论的基本前提是：某些领导行为之所以有效，是因为在该情境之中，这种行为有助于下属人员达成与工作有关的目标。

途径—目标理论的核心是：要求领导者用抓组织、关心生产的办法帮助组织成员扫清达到目标的通路，用体贴精神关心人，满足人的需要，帮助组织成员通向自己预定的目标。因此，豪斯提出了四种领导方式：指令型、支持型、参与型和成就型。

途径—目标理论针对四种领导方式提出四类指导性建议：①指令型领导方式对拜权主义者更合适；②组织中的正式权力关系越明确、越官僚化，领导者越应表现出支持型行为，降低指令型行为；③对“内在控制点”类型的人，参与型领导更加合适，因为这些人更愿意对自己的生活施加更多的影响；④下属如果感到工作缺乏挑战性，成就型领导为他们设置更高目标，将会提高下属的努力水平，从而达到高绩效的预期。

同时，路径—目标理论建议领导者的职能应包括：①教授和提供方向使通向工作目标的途径更容易；②减少阻碍目标实现的路障；③通过提高实现目标绩效者的收益来增加个人满意的机会。

3. 领导生命周期理论

领导生命周期理论是由科曼首先提出，先后由保罗·赫西和肯尼斯·布兰查德予以发展，也称为情景领导理论。领导生命周期理论将被领导者的成熟程度作为一个情境因素，考察能够取得最好效能的领导方式是怎样因不同情境而权变的。赫西和布兰查德将成熟度定义为：个体对自己的直接行为负责任的能力和意愿。它包括两项要素：工作成熟度和心理成熟度。如图 4－3 所示。

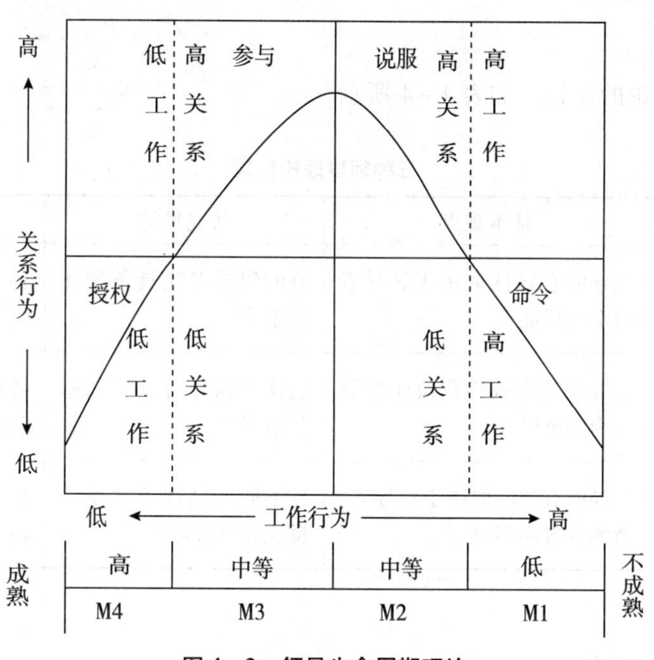

图 4－3　领导生命周期理论

如图 4－3 所示，该理论认为，随着从不成熟到走向成熟，领导行为应按下列程序逐步推移：高工作与关系高工作与高关系低工作与高关系低工作与低关系。

第一象限：命令式（高工作，低关系）。当下级人员的成熟度低时，应该采取命令式的高工作、低关系的领导形态。领导工作要强调有计划、有布置、有监督、有检查；否则，下级人员将感到领导不力，不知所措，无所适从。这对于新职工，知识水平较低、业务能力较差的职工和基层尤为重要。

第二象限：说服式（高工作，高关系）。当下级人员的成熟度进入初步成熟时，采取任务行为、关系行为并重的说服式领导形态较为适宜。这时，布置工作不仅要说明干什么，还要说明为什么这样干，以理服人，不搞盲从。

第三象限：参与式（低工作，高关系）。当下级人员更趋成熟时，领导者的任务行为要减少、放松，关系行为要加强，采取参与式。领导者要向下级人员沟通信息，交流感情，吸收下级参与领导，提供情况和建议，改善关系，增强信任感。

第四象限：授权式（低工作，低关系）。当下级人员成熟度很高，水平很高，工作熟悉，技术熟练时，领导者应采取低工作、低关系的授权式领导，提出任务后，放手让下级去干，充分发挥下级的主观能动性；在下级需要时，可以帮助和支持。否则，过多的关心和支持反而会引起下级的反感，认为上级不放手、不信任，从而挫伤积极性，造成猜疑，影响工作成效。

管理智慧树

三种领导理论的比较，如表 4 –4 所示。

表 4 –4　　三种领导理论比较

领导理论	基本观点	研究目的	研究结果
领导特质理论	领导的有效性取决于领导者的个人特征	好的领导者应具备怎样的素质	各种优秀领导者的描述
领导行为理论	领导者的有效性取决于领导行为和风格	怎样的领导行为和风格是最好的	各种最佳领导行为和风格的描述
领导权变理论	领导的有效性取决于领导者、被领导者和环境	在不同的情况下，哪一种领导方式最好	各种领导行为权变模型的描述

管理个案分析

某公司聘请了一位 CEO，此人以能干果断闻名。上任之后就开始大力裁员，出售分部，赏罚分明，做出了本应几年前就该实施的决定。公司业绩逐渐转好。但由于专断独行，对下属工作中丁点儿错误就大发雷霆，处罚严厉。下属因为害怕将坏消息告诉他会挨骂，不再向他提供任何坏消息。员工士气降到有史以来最低。公司在短暂的复苏后又再次陷入了困境。

【互动天地】根据领导生命周期理论的相关知识分析以上案例。

任务实施

一、明确组员分工

任务实施过程中要明确分工任务，组长要调动组员充分表达不同意见，形成职责清晰的任务分工表。

组员姓名	任务分工	主要方法	提交任务成果的方式

二、过程监督

把总任务完成的时间划分为不同的工作阶段，请各组成员在任务实施过程中做好过程记录，组长负责监督，全组共同完成进度监督表。

工作阶段	时　间	进度描述	检查情况记录	改善措施以及建议

三、各组成员记录任务实施过程中的困难及收获

困难：______________________________

小组成员想到的解决方法：______________________________

____

本次活动的收获：______________________________

____

四、制订方案

在完成上述的准备工作后，小组成员分工，按情景剧的形式扮演角色。

五、成果展示

每个小组在完成任务后，在班上进行小组成果展示，其他小组认真聆听并适时提问。

六、评价反馈

各小组根据以下评价项目，结合各自在活动过程中的表现和实施情况进行自我评

价与小组评价，教师对小组表现进行综合评价。

评价项目	评价标准	配分（分）	自我评价（20%）	小组评价（30%）	教师评价（50%）
知识准备完成情况	按完成比例给分	10			
领导的含义和领导理论的理解	对领导含义的理解 5～10 分； 领导理论的理解 5～10 分； 展示的亮点突出 10～20 分	30			
工作过程中所做贡献	贡献最大 30 分以上； 贡献较大 19～30 分； 贡献很少 1～18 分； 基本无贡献 0 分	40			
团队合作责任意识	无团队意识扣 7～10 分； 无责任心扣 7～10 分	10			
现场遵守纪律、执行 6S 情况	违反课堂纪律扣 7～10 分； 着装不规范扣 3～5 分； 工作组台面不整齐、地面有垃圾的扣 5～8 分	20			
合　计					

延伸阅读

领导力的原则

1. 最重要的是懂得沟通

作为一个领导，最重要的是要懂得沟通，语言的沟通及心与心之间的沟通等。沟通能让员工更好地理解领导的想法，了解该想法的目的，以及该想法对工作的积极作用，让员工更好地理解后按照对应的思路去做事。而心与心之间的沟通显得更为重要，它可以拉近与员工之间的距离，这样才能与员工更好地协作处理工作。心与心的沟通还可以化解一些尴尬或矛盾，心与心的沟通表现在心平气和，将心比心地去交流，多站在对方的立场去想想，多关心员工平时的生活之类的事。

2. 愿景比管控更重要

吉姆·柯林斯等著的《基业长青》一书指出，那些真正能够留名千古的宏伟基业都有一个共同点：有令人振奋并可以帮助员工做重要决定的“愿景”。

愿景就是公司对自身长远发展和终极目标的规划与描述。缺乏理想与愿景指引的企业或团队会在风险和挑战面前畏缩不前，他们对自己所从事的事业不可能拥有坚定的、持久的信心，也不可能在复杂的情况下，从大局、从长远出发，果断决策，从容应对。

一些人错误地认为，企业管理者的工作就是将100%的精力放在对企业组织结构、运营和人员的管理与控制上。这种依赖于自上而下的指挥、组织和监管的模式虽然可以在某些时候起到一定效果，但它会极大地限制员工和企业的创造力，并容易使企业丧失前进的目标，使员工对企业未来的认同感大大降低。相比之下，为企业制定一个明确的、振奋人心的、可实现的愿景，对于一家企业的长远发展来说，其重要性更为显著。处于成长和发展阶段的小企业可能会将更多精力放在求生存、抓运营等方面，但即便如此，管理者也不能轻视愿景对于凝聚人心和指引方向的重要性；对于已经发展、壮大的成功企业而言，是否拥有一个美好的愿景，就成为了该企业能否从优秀迈向卓越的重中之重。

3. 信念比指标更重要

每一个企业的领导者都应当把坚持正确的信念，恪守以诚信为本的价值观放在所有工作的第一位，不能只片面地追求某些数字上的指标或成绩，或一切决策都从短期利益出发，而放弃了最基本的企业行为准则。相比之下，正确的信念可以带给企业可持续发展的机会；反之，如果把全部精力放在追求短期指标上，虽然有机会获得一时的成绩，却可能导致企业发展方向的偏差，使企业很快丧失继续发展的动力。

成功的企业总是能坚持自己的核心价值观。例如，谷歌公司的核心价值观之一是“永不满足，力求最佳”。谷歌创始人之一拉里·佩奇指出：“完美的搜索引擎需要做到理解用户之意，解决用户之需。”对于搜索技术，谷歌不断通过研究、开发和革新来实现长远的发展，并致力于成为这一技术领域的开拓者。尽管已是全球公认、业界领先的搜索技术公司，谷歌仍然矢志不移地坚持“永不满足”的信念，不断实现对自己的超越，奉献给用户越来越好的搜索产品。

4. 团队比个人更重要

在任何一家成功的企业中，团队利益总要高于个人利益。企业中的任何一级管理者都应当将全公司的利益放在第一位，部门利益放在其次，个人利益放在最后。

这样的道理说起来非常明白，但放到实际工作中，就不那么好把握了。例如，许多部门管理者总是习惯性地把自己和自己的团队作为优先考虑的对象，而在不知不觉中忽视了公司的整体战略方向和整体利益。这种做法是非常错误的，因为如果公司无法在整体战略方向上取得成功，公司内部的任何一个部门，任何一个团队就无法获得真正的成功，而团队无法成功的话，团队中的任何个人也不可能取得哪怕是一丁点儿的成功。

5. 授权比命令更重要

21 世纪的管理需要给员工更多的空间，只有这样才能更加充分地调动员工本人的积极性，最高程度释放他们的潜力。21 世纪是一个平等的世纪，人人都拥有足够的信息，人人都拥有决策和选择的权利。将选择权、行动权、决策权部分地甚至全部地下放给员工，这样的管理方式将逐渐成为 21 世纪企业管理的主流。

管理者该如何做好授权呢？这其中最重要的就是权力和责任的统一。即在向员工授权时，既定义好相关工作的权限范围，给予员工足够的信息和支持，也定义好他的责任范围，让被授权的员工能够在拥有权限的同时，可以独立负责和彼此负责，这样才不会出现管理上的混乱。也就是说，被授权的员工既有义务主动地、有创造性地处理好自己的工作，并为自己的工作结果负责，也有义务在看到其他团队或个人存在的问题时主动指出，帮助对方改进工作。

为了做好授权，可以预先设定好工作的目标和框架，但不要做过于细致的限制，以免影响员工的发挥。在某公司，有一位技术很出色的副总裁，他在授权方面做得就很不好。例如，他设定了目标后，总是担心下属会因为经验不足而犯错误，于是他总会越过自己下属的经理，直接去找工程师，然后一步一步地告诉工程师该怎么做。甚至有一次，一位工程师在洗手间遇到这位副总裁，竟然被副总裁在洗手间里念叨了 20 多分钟。后来，副总裁下属的经理实在受不了了，向总裁如实反映了情况。经过多次警告却仍然没有改进之后，这位副总裁被解职了。从这个例子我们可以知道，领导的工作是设定目标，而不是事无巨细地控制、管理、指挥和命令。

6. 平等比权威更重要

在企业管理的过程中，尽管分工不同，但管理者和员工应该处于平等的地位，只有这样才能营造出积极向上、同心协力的工作氛围。

平等的第一个要求是重视和鼓励员工的参与，与员工共同制订团队的工作目标。这里所说的共同制订目标是指在制订目标的过程中，让员工尽量多地参与进来，允许他们提出不同的意见和建议，但最终仍然由管理者做出选择和决定。

这种鼓励员工参与的做法可以让员工对公司的事务更加支持和投入，对管理者也更加信任。虽然不代表每一位员工的意见都会被采纳，但当他们亲身参与到决策过程中，当他们的想法被聆听和讨论，那么，即使意见最终没有被采纳，他们也会有强烈的参与感和认同感，会因为被尊重而拥有更多的责任心。

平等的第二个要求是管理者要真心地聆听员工的意见。作为管理者，不要认为自己高人一等，事事都认为自己是对的。应该平等地听取员工的想法和意见。在复杂情况面前，管理者要在综合权衡的基础上果断地做出正确的决定。

巩固拓展

一、选择题（不定项选择）

1. 领导职位的权力包括（ ）。

A. 奖赏权　　B. 强制权

C. 法定权　　D. 感召权

E. 专长权

2. 领导生命周期理论的领导风格包括（ ）。

A. 命令型领导方式　　B. 说服型领导方式

C. 参与型领导方式　　D. 授权型领导方式

二、分析题

保罗的领导方式

保罗在 1971 年从美国中西部的一所名牌大学拿到会计专业的学士学位后到一家大型的会计师事务所的芝加哥办公处工作，由此开始了他的职业生涯。9 年后，他成了该公司的一名最年轻的合伙人。公司执行委员会发现了他的领导潜能和进取心，遂在 1983 年指派他到纽约的郊区开办了一个新的办事处。其工作最主要的是审计，这要求有关人员具有高程度的判断力和自我控制力。他主张工作人员间要以名字直接称呼，并鼓励下属人员参与决策制订。对长期的目标和指标，每个人都很了解，但实现这些目标的办法却是相当不明确的。

办事处发展得很迅速。到 1988 年，专业人员达到了 30 名。保罗被认为是很成功的领导者和管理人员。

保罗在 1989 年年初被提升为达拉斯的经营合伙人。他采取了帮助他在纽约工作时取得显著成效的同种富有进取心的管理方式，更换了几乎全部的 25 名专业人员，并制订了短期的和长期的客户开发计划。职员人数增加得相当快，为的是确保有足够数量的员工来处理预期扩增的业务。很快，办事处有了约 40 名专业人员。

但在纽约成功的管理方式并没有在达拉斯取得成效。办事处在一年时间内就丢掉了最好的两个客户。保罗马上意识到办事处的人员过多了，因此决定解雇前一年刚招进来的 12 名员工，以减少开支。

他相信挫折只是暂时性的，因而仍继续采取他的策略。在此后的几个月时间里又增雇了 6 名专业人员，以适应预期增加的工作量。但预期中的新业务并没有接来，所以又重新缩减了员工队伍。在 1991 年夏天的那个“黑暗的星期二”，13 名专业人员被解雇了。

伴随着这两次裁员，留下来的员工感到工作没有保障，并开始怀疑保罗的领导能力。公司的执行委员会了解到问题后将保罗调到新泽西的一个办事处，在那里他的领导方式显示出很好的效果。

问题：

（1）保罗作为一位领导者的权力来源是什么？

（2）这个案例更好地说明了领导的行为理论，还是领导的权变理论？为什么？

（3）保罗在纽约取得成功的策略，为什么在达拉斯没能成功？其影响因素有哪些？

三、实训题

要求各小组成员在小组内部选举出 1 位“董事长”，然后由“董事长”从小组成员中挑选并任命 1 位经理，其他小组成员作为员工。然后模拟会议，安排任务分工。

任务 2　提高领导素质及修养

任务描述

管仲病重，齐桓公亲往探视。君臣就管仲之后择相之事有一段对话，发人深省。齐桓公：“群臣之中谁可为相？”管仲：“知臣莫如君。”齐桓公：“易牙如何？”管仲：“易牙烹其子讨好君主，没有人性。这种人不可接近。”齐桓公：“竖刁如何？”管仲：“竖刁阉割自己伺候君主，不通人情。这种人不可亲近。”齐桓公：“开方如何？”管仲：“开方背弃自己的父母侍奉君主，不近人情。况且他本来是千乘之封的太子，能弃千乘之封，其欲望必然超过千乘。应当远离这种人，若重用必定乱国。”齐桓公：“鲍叔牙如何？”管仲：“鲍叔牙为人清廉纯正，是个真正的君子。但他对于善恶过于分明，一旦知道别人的过失，终生不忘，这是他的短处，不可为相。”齐桓公：“隰朋如何？”管仲：“隰朋对自己要求很高，能做到不耻下问。对不如自己的人哀怜同情；对于国政，不需要他管的他就不打听；对于事务，不需要他了解的，就不过问；别人有些小毛病，他能装作没看见。不得已的话，可择隰朋为相。”

问题：结合管仲所述，谈谈优秀领导者应具有的素质。

任务领取

1. 以小组为单位完成任务，4 ~ 6 人为一组，选出一名组长，负责安排组员工作，并进行监督。

2. 查阅资料或课本，了解领导的素质、修养等相关知识点。
3. 讨论确定领导的素质、修养的内容。
4. 把领导的素质、修养编写在 A3 纸上。
5. 小组指派两名成员将成果在班上进行展示。

知识储备

领导力是领导者的核心能力，提升领导者的领导力对加强领导者的能力建设具有核心作用。领导者要恰当地运用权力因素与非权力因素，树立权威使组织成员凝聚在自己周围。领导者既要加强学习、提高素质，又要树立良好形象，加强管理。要注重严于律己，以身作则，以领导魅力带动、影响、促进广大成员改进工作，为实现共同目标而努力奋斗。

一、领导者素质的含义及特征

（一）领导者素质的含义

所谓领导者素质，指的是领导者从事领导活动所必需具备的内在基本条件，是领导者的先天禀赋和通过后天的学习、实践所获取的知识、品德、才能、个性心理等方面基本状况的总和。就其外部表现形态来说，领导者素质表现为某种能力或影响力。例如，组织协调能力、科学决策能力以及政治影响力和道德影响力等。一位领导者素质如何，是通过这些能力和影响力综合表现出来的。

管理智慧树

《世界百科全书》对“素质”所做的解释是，素质是心理活动发展的前提，离开这个物质基础谈不上心理发展。各门学科对素质的解释不同，但都有一点是共同的，即素质是以人的生理和心理实际作基础，以其自然属性为基本前提的。也就是说，个体生理的、心理的成熟水平的不同决定着个体素质的差异，因此，对人的素质的理解要以人的身心组织结构及其质量水平为前提。

（二）领导者素质的特征

由于领导者自身所处的时代、地位、环境及其先天禀赋和后天修养的不同，表现在素质方面的具体特征也有所不同。

（1）时代性。任何领导者都是在一定社会历史条件下成长起来的，必然会受到所处时代的政治、经济、文化、科技以及思想观念等因素的影响。因此，领导者素质必然要打上时代的烙印，具有时代性特征。

（2）综合性。领导者素质集领导者的政治、文化、知识、道德、能力以及思想观念等因素于一体，这些因素在领导活动中相互作用、相互影响、相互制约，表现出整体的综合性特征。单凭一位领导者某一方面的表现，则不能对其整体素质做出评价。凡是具有较高综合性素质的领导者，才会在领导工作中得心应手，并成绩卓著。

（3）层次性。不同层次的领导岗位，具有不同的规律特点，对领导者素质的要求也会不尽相同。一般而言，处于高层次岗位的领导者，应该具备对整个社会经济发展的长期性、根本性问题做出正确战略运筹的宏观决策能力、统筹驾驭全局的能力；处于中层岗位的领导者，应该具备较强的承上启下的协调能力、组织能力和指挥能力；而处于基层岗位的领导者，则应该具备较强的实践能力、苦干实干的精神、管理能力和解决具体问题的能力。领导者素质虽存在层次之分，但不是一成不变的，随着领导者岗位层次的变化和实践领域的拓展，对领导者素质的要求也会不断地变化和发展。

（4）差异性。由于每个领导者的先天禀赋和后天所处的具体社会环境以及在学习、实践工作中的努力程度不同，领导者常常会表现出在思想品德、业务能力和领导水平上的差异。这种差异的本质是领导者素质上的差异。

（5）可塑性。领导者的任何素质都不是一成不变的，而在客观因素和主观因素作用下是可变的。可以变好，也可以变坏，可以提高，也可以降低，不会永远在一个水平上。

（6）潜在性。任何素质，包括领导者素质，不论是先天素质，还是后天所形成的素质，在其外化之前，都是一种潜在形态，即是由于各种原因、各种因素所形成的一种潜质或潜在的功能。这种潜质或潜在功能，只有在与外界事物接触过程中，即在领导实践中，才能显现出来，转化为领导智慧和才能，转化为领导形象、行为与作风。

（7）多样性。领导者的素质，不仅包括领导者的基本素质，还包括行业素质与职位素质；不仅包括做“官”的素质，还包括做人的素质。领导者素质是做“官”的素质与做人的素质的综合。

二、领导者的基本素质

（一）思想素质

思想素质主要包括世界观、价值观以及相应的政治水平、理论和政策水平，它们在本质上反映着领导者的品德，并决定了目标选择的正确性及实现目标的方法论。领导者只有具备高尚的品德及良好的政治修养、较深的理论功底、较高的政策水平，才能在社会发展和激烈的竞争中审时度势，运筹帷幄，确立正确的方向和目标，也才能驾轻就熟地运用好各项政策、各种方法，从而充分发挥影响力，树立威信，带领组织（团队）达成目标。

（二）道德素质

道德是一个人的内在修养，它是通过不断的自我省察和反馈改进的方式获得的。道德对领导者是非常重要的。当个人利益和集体共同利益摆在眼前需要决定时，领导者的道德就关系到整个集体的利益。

（三）能力素质

领导者不但要有道德品质，还要有能力。能力是一个领导者在领导的过程中所表现的技巧或者是方法。在领导活动中，主观意图是否能够成功地转化为客观事实，领导者能力的大小是一个关键性因素。一个领导者，特别是在现代化的社会里，必须要有的能力包括以下几个方面：

（1）战略思维能力。领导者把握着一个组织或团体的命运和方向，所以领导者的战略思维能力是一个领导者必须具备的。领导者要从宏观上把握大局，要从全局的思想上来领导一项活动。

（2）决策能力。决策贯穿于领导的始终，西蒙曾明确指出决策就是管理。所以领导者一定要具备决策能力。在一项活动的过程中，可能时时都要领导的决策。

（3）预见能力。预见能力则是领导者能够根据当前的情况，通过收集各种资料来分析和判断接下来所发生的事情。因为一个组织活动的未来是不能具体确定的，所以就要求领导者必须有一定的预见性。

（4）指挥能力。领导者是一个群体或组织的核心，组织的每项活动都需要领导者来指挥，由领导者来发号令决定组织的行动和目标。

（5）协调组织能力。下属之间的不和，各个组织之间的沟通合作等都需要领导者的协调组织能力。领导者的协调组织能力也是领导者成功的一个重要因素。

（6）用人能力。领导者的用人能力非常关键，会用人者就是一个成功的领导者。作为一个领导者，要知人善任、任人唯贤、选贤举能，反对任人唯亲，拒绝为旧谋私。

（7）应变能力。领导者在领导一项活动的过程中必须要有极强的应变能力。因为客观事实是突发多变的，我们并不一定全都能预料得到，当出现突发情况的时候就要领导者的积极应变能力了。

（8）表达能力。表达是人与人之间沟通的基本方式，所以领导者与人沟通就必须有一定的表达能力。

（四）心理素质

心理素质指的是面对客观事物时的心理状态和反应，往往是事情成败的关键。积极向上的心态，沉稳干练的气质，海纳百川的胸怀，百折不挠的勇气，坚忍不拔的毅力，胸有成竹的自信，都会对追随者造成强大的心理影响，鼓舞追随者树立必胜的信心，增强团队的凝聚力，使团队团结一致全力以赴实现目标。

管理智慧树

作为法国现代最有威望的总统——夏尔·戴高乐在第一次世界大战中不幸被俘，他连续七次逃跑，虽然最终没有逃出去，但是他从不轻易言败的意志力却是极为宝贵的。在第二次世界大战时，在与德国之战中，法国败阵。戴高乐在流亡英国期间，为维护法国的尊严，带领法国人民为走向解放和胜利做出了不懈努力。正是由于为了目标奋斗的坚强意志，他翻过了国家最耻辱的一页，他本人也成了法国人民的英雄和法国现代史上最杰出的总统。

（五）业务素质

业务素质主要包括领导者需具备与工作相关的知识结构和水平。领导者是重要和主要的管理实践者，因此合理的知识结构和水平可以使之在行使管理职能时准确定位，减少谬误。领导者既要具备一定的任务领域的专业知识，更要具备广泛的组织管理学知识，诸如政治、经济、历史、文化等知识。由于领导的对象是各种各样的处于不同情境中的人，因此尤其要了解人的特性及心理，熟练掌握和运用领导技巧与艺术，才能准确地进行判断、决策，制订切实可行的规划、计划、制度和规范，建立有效的激励机制，创造团结和谐、鼓励进步、促进发展的文化氛围，才能带领团队高效率地完成目标。

管理智慧树

日本汽车工业的崛起充分证明领导者具有高深的科技知识的重要作用。第二次世界大战后，日本满目疮痍，在盛行美国福特汽车公司大批生产的时代，日本还处于手工作坊阶段。时过40年，日本汽车工业令世界刮目相看。如今跃居世界第二大汽车公司的丰田汽车公司，首先打破“福特”模式，确定了现代化汽车生产的新阶段。丰田汽车的起飞，关键在于该公司领导者——丰田佐吉，是一个具有丰富科学技术知识的领导者。他先后采取了六项科学技术决策，每项都取得了显著效果。

三、领导者的修养

领导者的修养是通过个人的品格魅力体现出来的。“其身正，不令而行；其身不正，虽令不从。”可见，古人早已注意到了领导者自身形象对组织成员产生的重要影响作用。一个成功的领导者，应该具备这样的品格魅力。

1. 意志魅力

意志是一个人的心理素质，同时也是一种品格，它蕴藏于心并体现于行动。意志是领导在领导活动中体现的果断、忍耐、坚定与顽强等特征。意志总是伴随着远大的目标出现的。任何一个具有崇高理想的领导都要为实现其远大的目标而不停地奋斗。所以，领导者要始终把共同的目标、共同的事业放在第一位，激发组织成员的积极性、主动性、能动性，让组织成员感受到目标与事业的推动力。给每一个组织成员发挥个人才能的机会。让组织成员感受到个人在组织中的意义与价值。激励组织成员积极进取、勇于开拓，用目标、事业来凝聚大家的智慧和力量。要始终让组织成员坚信，个人的利益与组织的事业紧密联系在一起。

2. 信念魅力

“我们都是来自五湖四海，为了一个共同的目标，走到一起来了。”这句话非常贴切地揭示了领导者的信念魅力；尽管领导与职员的职务有高低，分工有不同，但联系他们最重要的纽带是一个共同的信念目标。所以，领导者要始终把共同的信念目标、共同的事业放在第一位，激发组织成员的积极性、主动性、能动性，让组织成员感受到目标与事业的推动力。对优秀的领导来说，信念是成功领导必备的心理素质，是领导成就伟大事业的基础。领导只有充满必胜的信念，才会对自己的事业确信无疑，才能迈出坚定的步伐，才能产生克服任何困难的勇气，才能随时迎接来自方方面面的挑战。

3. 人格魅力

人格的力量是无穷的。只注重权力而不修炼人格的领导是绝不会领导好工作的，更谈不上领导能力的提高。领导者一定要尊重组织成员的人格尊严，关心、爱护组织成员，给组织成员以学习、工作、发展的机会。在工作过程中，不仅要实现组织的发展目标，而且要促进组织成员的发展与进步。

四、提高领导者素质和修养的途径

领导者良好的素质既不是天生的，也不是自发形成的，而是领导者在先天的生理条件的基础上，通过后天的不断努力和自我完善而形成和提高的。提高企业领导者的素质是一项系统工程，要坚持科学性、整体性、连续性和标本兼治的原则，通过理论学习、亲身实践、政策引导等方式，使企业领导者的素质不断得到提高。

（一）理论学习是提高领导者自身素质的主要途径

科学研究表明，在现代社会里，一个领导者的知识，只有20%是靠正规学校教育获取的，其余80%是靠工作实践和在职学习获得的。企业领导者只有不断学习现代科学知识包括管理知识、相关业务知识和新知识，才能不断更新知识，解放思想，增强分析问题和解决问题的能力。只有不断学习领导科学，才能提高自己的领导艺术。现代社会的一个突出特点是发展速度很快，节奏很快。靠常规的经验积累常常很难应付新的挑战和新的机遇。它要求领导者的素质和能力有一种跳跃式的提高，这就需要经过理论学习来完成。如果不预先经过某种规范的训练以获得必要的知识，一个人将很难“进入”实践，更说不上对他人进行领导了。所以，在领导者的培养中，理论知识的学习将是必不可少的一条途径。领导者必须用足够的时间参加理论学习，不断充电。

（二）亲身实践是提高领导者自身素质的重要途径

古人云：“纸上得来终觉浅，绝知此事要躬行。”在实践中接受锻炼，经受考验，亲身参加认识世界和改造世界的实践，是素质培养和提高的最基础与最关键的环节，具有第一位的意义。企业领导者只有在火热的改革和建设实践中经风雨、长才干，才能真正成熟起来。实践出真知，实践长素质，实践增才干。现代企业领导者应该自觉地深入基层密切联系群众，开展调研，剖析问题的来龙去脉，在实践中锤炼自己，进行自我教育，增长知识经验，提高心理素质。

（三）政策引导是提高领导者自身素质的有效途径

领导者素质的提高，主要靠自身的努力和磨炼，但还需要有一系列政策引导和行业培训来促使企业领导者提高自身素质。政府通过实施微型企业、专利保护、招商引资等政策引导和行业组办技术研讨、产品推广等培训活动促使企业领导者逐步提高自身素质，鼓励企业领导者在行业领域内钻研学习、探索研发，使企业领导者有紧迫感、危机感，把提高素质修养变成自己的内在要求，从而主动自觉地千方百计地提高自己的素质。

管理个案分析

李先生是一家大型企业G公司的一个基层管理者，手下有8名员工。李先生工作勤恳，为人谦和，对每一个下属都想给予一些关怀和照顾。他有一个最大的特点，就是他对他的直接领导言听计从，领导安排什么，他立即向下属宣贯什么。一旦下属提出异议，他马上便说“领导说了，就照这样执行。你照吩咐做就是了”。于是，下属只好认真执行。渐渐地，下属有了不明白的地方，也就不再问他，而是隔着他直接请示更高领导。个别手下还开始直接向他“顶牛”，公然不再听从他的指挥。他越来越发现他一点权力都行使不灵了，并且他的“无能”渐渐被传播开来，以至于其他原本“听话”的下属也开始不拿他当回事了。

【互动天地】请从领导素质分析，李先生的指挥为什么不灵？

任务实施

一、明确组员分工

任务实施过程中要明确分工任务，组长要调动组员充分表达不同意见，形成职责清晰的任务分工表。

组员姓名	任务分工	主要方法	提交任务成果的方式

二、过程监督

把总任务完成的时间划分为不同工作阶段，请各组成员在任务实施过程中做好过程记录，组长负责监督，全组共同完成进度监督表。

工作阶段	时　间	进度描述	检查情况记录	改善措施以及建议

三、各组成员记录任务实施过程中的困难及收获

困难：____

小组成员想到的解决方法：____

____

本次活动的收获：____

____

四、制订方案

在完成上述的准备工作后，小组成员共同商量确定领导者素质的内容及完成编写。

五、成果展示

每个小组在完成任务后，在班上进行小组成果展示。由教师确定每组两位同学上台讲述领导者素质的内容，其他小组认真聆听并适时提问。

六、评价反馈

各小组根据以下评价项目，结合各自在活动过程中的表现和实施情况进行自我评价与小组评价，教师对小组表现进行综合评价。

评价项目	评价标准	配分（分）	自我评价（20%）	小组评价（30%）	教师评价（50%）
知识准备完成情况	按完成比例给分	10			
领导的素质和修养的认识	对领导素质的理解5~10分； 对领导修养的提高5~10分； 展示的亮点突出10~20分	30			
工作过程中所做贡献	贡献最大30分以上； 贡献较大19~30分； 贡献很少1~18分； 基本无贡献0分	40			
团队合作责任意识	无团队意识扣7~10分； 无责任心扣7~10分	10			
现场遵守纪律、执行6S情况	违反课堂纪律扣7~10分； 着装不规范扣3~5分； 工作组台面不整齐、地面有垃圾的扣5~8分	20			
合　计					

延伸阅读

培养卓越领导力的技巧

技巧 1　做事先做人，成事先修身：培养卓越领导素质

意志坚强，处事果断，待人接物既有原则又能灵活应变，这样的领导才是真正成熟了的人。

技巧 2　领导的根本在于经营人心：把握人性的技巧

管理者必须从人性的特点出发，从心理的分析知道其行为的原因。

技巧 3　权力不会自动点燃你的魅力：激发下属追求欲的技巧

从领导效能的观点来看，我们不得不承认，魅力远胜过权力。

技巧 4　伟大的品格造就伟大的领导：领导者的大气与格局

那些具有高尚品格的人会放射出磁石般的力量，对于追随他们的人来说，他们是最终目标的象征，是希望的象征。

技巧 5　知人难，自知更难：领导者要善于自处

自以为是，盛气凌人，夸夸其谈，自我炫耀，在会议上或到下属中去时，总是自己先说一大通，把别人想说的话都堵回去，这都是领导者缺乏自知之明的典型表现。

技巧 6　处乱不惊方显大家风范：情绪管理的技巧

遇事冷静是领导者的基本素质。

技巧 7　始终保持光彩照人：形象与姿态的塑造技巧

成功的领导形象会自然而然地散发出一种光辉，也就能更好地发挥出领导和表率作用。

技巧 8　守信，才值得相信：获得下属信任的技巧

领导者不遵守自己的诺言将会使下属产生对上司的不信任感。

巩固拓展

一、选择题

1. 领导者的基本素质包括（　　）。

A. 思想素质　　B. 道德素质

C. 能力素质　　D. 业务素质　　E. 心理素质

2. 领导者要敢于、善于破旧立新，推陈出新，要有永不满足的态度，这属于现代领导的（　　）。

A. 竞争观念　　B. 信息观念

C. 改革创新观念　　　　　　　D. 效益观念

二、分析题

俗话说："上梁不正下梁歪"，请用领导素质的相关知识来分析这句话。

三、实训题

假如你是学生会主席，现学校将举行第十六届校运会，要争取企业赞助筹集经费，请模拟与企业领导洽谈的情景。

任务3　掌握领导方法与艺术

任务描述

通用汽车公司的副总裁、主管土星（saturn）汽车部门的申士亚・杜德尔女士是加拿大人。杜德尔女士对汽车行业了如指掌，因此在车厂生产线与工人一起工作许多年。1979 年，她拿到物化博士后开始在车间工作。1981 年，她加入通用汽车的转动轴工厂做车间主任。六年后，她升为密歇根汽车制造厂经理，管理制造工程。在她掌管土星部门之前，她是通用汽车英国鲁通厂的总裁。在那里她要平衡工会的要求，方能维持其他员工士气。通用汽车要她主管土星部门的理由是因为她的知识以及热忱使她能把工会的工人及管理人员结合起来朝一个共同的目标努力，生产出令人难忘的车子。杜德尔女士说"我热爱我的工作"。她有清楚的远见及耐心，还有激励别人的能力。她说："最基本的，是领导有听的能力，以及领导其他人的能力，并且领导要有方向感及幽默感。"她指出汽车工业在迅速变化中，因此需要有动量的领导，这些领导必须理解把集中力聚焦在自己核心业务上，并且能不断创造新的产品及服务，当领导有好的"聆听技巧"，就会使其他员工愿意接近他，并且提供意想不到的新想法。杜女士表示要使土星部门成功，她首先要找出公司的文化，这文化是团队精神来致力于顾客满意，她说："我很努力地使员工愿意尽力，我有意识地从土星部门各员工中找寻新的意见，力量从共同努力（Collaboration）及伙伴精神（Partnership）创造出来是很大的。"最后杜女士说："领导是有水晶般清楚的远见，用诚实来沟通，并且建立一个团队明白要达到的结果——你必须清楚你要去哪里。然后为自己及公司定出较高的标准，这包括行为标准及对员工执行工作的期望，一个伟大的领导知道如何有效地动员一个组织。"

问题一：请列出杜女士能胜任现在汽车工作的领导，她具备哪些性格？

问题二：为何杜女士说"聆听是领导的基本条件"？

问题三：总结有效的领导方法和艺术。

任务领取

1. 以小组为单位完成任务，4～6 人为一组，选出一名组长，负责安排组员工作，并进行监督。

2. 查阅资料或课本，了解领导艺术和方法的含义等相关知识点。

3. 根据所学知识，讨论杜女士的性格特点和领导艺术。

4. 把确定的内容编写在 A3 纸上。

5. 小组指派两名成员将成果在班上进行展示。

知识储备

一、领导方法的含义及特征

（一）领导方法的含义

领导方法是指领导者为达到一定的领导目的，按照领导活动的规律而采取的各种方式、办法、手段、措施、步骤等的总和。

（二）领导方法的特征

1. 客观性

领导方法的客观性是领导方法的所有规定之中最为首要的。这是因为，客观事物和方法自身的客观性是不可改变的，但是领导活动中的主体却是领导者，最终实现领导目标的程度取决于领导自身对待和运用领导方法的态度与技巧，因此领导方法的客观性在领导实践当中主要落实在领导者的主观态度的客观性方面。

2. 动态性

领导系统的不断发展变化会自然地影响领导者对领导方法的选择和应变，即“随时而变，因俗而动”，不断适应变化了的新的时空条件下的领导系统。就是在同一个领导系统发展过程中的不同阶段，也要及时采用不同的领导方法。这就是领导方法的动态性。

领导方法的动态性使领导活动协调和谐，最大限度地、最有效地实现领导目标。缺乏动态性的领导方法，会最终失去对环境的应变能力，导致领导活动的失效。当然，领导方法的动态性并不排斥它在某些方面、环节和特定历史阶段的相对稳定性。它要求领导者要通过动态的领导方法来实现领导活动的稳步进行。领导者对这种动态性的把握以及运用自如的感悟能力体现了领导科学同个人魅力与风格融合之后的艺术性质。

3. 条件性

领导方法的条件性是指领导方法的产生与使用要受一定条件的影响和制约，如：领导者本身的特点、被领导者的状况、客观物质条件、环境因素等。一个知识内容丰富、知识结构合理、领导经验广博的领导者与一个知识贫乏、结构失衡、经验不多的领导者，共同面对一个对象，使用相同的领导方法，其效果不会是一样的。

领导方法的条件性，表明有些方法所作用的对象相似时，它们之间可以通用，或稍加改造而相互适用。这种条件性，要求领导者不能生搬硬套，要具体问题具体分析，灵活变通，综合运用。

4. 目的性

领导方法要为一定的领导目标服务，要达到一定的目的。这就是领导方法的目的性。领导方法的选择取决于领导目的。具体表现为领导者使用某种领导方法的自觉性，很少有人不知所以然地使用某种方法。在相同的条件下，领导者选用这种而不是那种方法，表明领导方法的目的性通过人们使用它的自觉性体现出来。但要注意，领导方法一般都是综合运用或几种方法相互配合使用。因此，实现同一目标可以有多种方法，同一方法可以实现多种目标。这也说明不存在一种十全十美的万能领导方法。

5. 时效性

如果用经济学上的术语来说，时效性是指一种领导方法的边际效益。新方法的采用往往会在最初的实施过程中取得较大的成果，但是这种效果会随着时间的推移呈下降的趋势。例如在领导方法中，经常会采用奖酬激励的方法来激发下属人员的积极性。最初实施这种奖酬的时候，人们会产生一定的积极性，工作的热情和业绩自然会提高。但是当这成为一种常规时，就逐渐失去了对人们的激励作用。并且，在奖酬数量不断增加的情况下，人们所提升的热情和取得的工作业绩与奖酬的提升成反比。这就是说，领导方法往往存在时间上的“保鲜期”，因此，“方法供给”在领导活动中也是一个至关重要的因素。

管理智慧树

《世界百科全书》对“领导方法”所做的解释是，领导方法，就是领导者为达到某种领导目标而进行的认识活动和实践活动的方式与手段。因为领导工作是认识活动和实践活动的统一，因此，简单地说，领导方法就是领导者从事领导活动所运用的方式和手段。作为实现领导目标的手段和方法，领导方法有其自身的规定性，在领导实践中，领导者对这些规定性的认识、把握和运用的能力与技巧会影响领导行为达到预期目标的程度。

二、领导艺术的含义

所谓领导艺术是指领导者在一定的知识和经验基础上，灵活运用各种领导策略、资源、方法和原则的基本技能。它是非规范化、非程序化、非模式化的领导行为，是领导者智慧、学识、才能、胆略和经验的综合反映。领导艺术之所以称为“艺术”，就在于以下五个方面。

第一，它是建立在领导者已有的知识和经验基础之上的，它是领导者智慧、学识、才能、胆略和经验的综合反映，是领导者高素质的集中体现。

第二，它遵循着领导活动的规律，即遵循着领导活动中所固有的本质的必然的规律，但又是对规律创造性地运用。

第三，它是领导方法的巧妙运用。这种巧妙，就是在于它既尊重客观规律、坚持从实际出发，同时又做到了因时、因地、因人的不同采取灵活、巧妙的措施。

第四，它能有效地实现领导目标。运用领导艺术能够较好地把握时机实现最佳领导效能，达到领导目标。

第五，它是领导实践中的最高状态和最高境界。领导艺术是领导者在经验的长期积淀基础上，在高素质的前提下对非常规性事件的非模式化、非程序化的创造性地巧妙处理，即“运用之妙，存乎一心”，因此，它是领导实践中的最高状态和最高境界。

三、常用的领导方法和艺术

（一）决策的艺术

领导的主要职能是决策，这意味着要有专业技术知识，要有能预测未来的方向和技术发展趋势的能力。一位领导者必须要有本行业以外多方面的广泛知识，并根据自己的知识和经验，培养自己的特殊感觉——一种超越本行业发生的事实与数字的特殊感觉。决策是领导者要做的主要工作，决策一旦失误，对单位就意味着损失，对自己就意味着失职。这就要求领导者要强化决策意识，尽快提高决策水平，尽量减少各种决策性浪费。①决策前注重调查。领导者在决策前一定要多做些调查研究，搞清各种情况，尤其是要把大家的情绪和呼声作为自己决策的第一信号，不能无准备就进入决策状态。②决策中注意民主。领导者在决策中要充分发扬民主，优选决策方案，尤其碰到一些非常规性决策，应懂得按照“利利相交取其大，弊弊相交取其小，利弊相交取其利”的原则，适时进行决策，不能未谋乱断，错失决策良机。③决策后狠抓落实。决策一旦定下来，就要认真抓好实施，做到言必信，行必果。

（二）处事的艺术

常听到不少领导者感叹：现在的事情实在太多，怎样忙也忙不过来。一个会当领导的人，不应该成为做事最多的人，而应该成为做事最精的人。做自己该做的事。当前，摆在领导者面前的事情，主要有三类：一是领导者想干、擅长干、必须要干的事。比如，用人、决策等。二是领导者想干、必须干，但不擅长干的事，比如，跑路子争取资金支持等。三是领导者不想干、不擅长干，也不一定要干的事，比如，一些小应酬、一些可去可不去的会议等。领导者对该自己管的事一定要管好，对不该自己管的事一定不要管。尤其是那些已经明确了是下属分管的工作和只要按有关制度就可办的事，一定不要乱插手、乱干预，而应多做着眼明天的事。领导者应经常去反思昨天，干好今天，谋划明天，多做一些有利于本单位可持续发展的事。

（三）协调的艺术

没有协调能力的人当不好领导者。协调，不仅要明确协调对象和协调方式，还要掌握一些相应的协调技巧。①对上请示沟通。平时要主动多向领导请示汇报工作，若在工作中有意或无意得罪了上级领导，靠“顶”和“躲”是不行的。理智的办法，一是要主动沟通。错了的要大胆承认，误会了的要解释清楚，以求得到领导的谅解。二是要请人调解，这个调解人与自己关系要好，与领导的关系更要非同一般。②对下沟通协调。当下属在一些涉及个人利益的问题上与单位或对领导有意见时，领导者应通过谈心、交心等方式来消除彼此间的误解。对能解决的问题一定要尽快解决，一时解决不了的问题，也要向人家说清原因，千万不能以“打哈哈”的方式去对待人或糊弄人。③对外争让有度。领导者在与外面平级单位的协调中，其领导艺术就往往体现在争让之间。大事要争，小事要让，不能遇事必争，也不能遇事皆让，该争不争，就会丧失原则；该让不让，就会影响全局。

（四）运用时间的艺术

有人做了统计：一个人一生的有效工作时间大约一万天。一个领导者的有效当“官”时间就是 10 ~ 15 年。一旦错过这个有效时间，思想再好、能力再高，也常常是心有余而力不足。所以，领导者要利用宝贵的时间多做点有意义的事。①学会管理时间。领导者管理时间应包括两个方面：一是要善于把握好自己的时间。当一件事摆在领导者眼前时，应先问一问自己：“这事值不值得做?”然后再问一问自己：“是不是现在必须做?”最后还要问一问自己：“是不是必须自己做?”只有这样才能比较主动地驾驭好自己的时间。二是不随便浪费别人的时间。有人做过统计：某领导者有 3/5 的时间用在开会上。领导者要力戒“会瘾”。不要动不动就开会，不要认为工作就是开会。

万一要开会，也应开短会，说短话。千万不要让无关人员来“陪会”，“浪费别人的时间等于谋财害命”。②养成惜时习惯。人才学的研究表明：成功人士与非成功人士的一个主要区别就是，成功人士年轻时就养成了惜时的习惯。要像比尔·盖茨那样：能站着说的东西就不要坐着说，能站着说完的东西就不要进会议室去说，能写个便条的东西就不要写成文件。只有这样才能形成好的惜时习惯。

（五）说话的艺术

说话是一门艺术，它是反映领导者综合素质的一面镜子，也是下属评价领导者水平的一把尺子。领导者要提高说话艺术，除了要提高语言表达基本功外，关键要提高语言表达艺术，做到言之有物。所谓言之有物，就是领导者在下属面前讲话不能空话连篇，套话成堆，要尽量做到实话实说，让大家能经常从领导者的讲话中获取一些新的有效信息；能听到一些新的见解；能受到一些新的启发；做到言之有理。领导者在下属面前讲话不能官气十足，应注意情理相融。要做到情理相融，一是要讲好道理。讲道理不能搞空对空，一定要与下属的思想、工作、生活等实际紧密结合起来，力求以理服人。二是要注意条理。讲话不能信口开河，语无伦次，一定要让人感到条理清晰，层次分明。三是要通情理。不能拿大话来压人，要多讲些大家眼前最关心的问题、大家心里最想知道的问题，做到言之有味。领导者在下属面前讲话时，语言要带点甜味，要有点新意，要有点幽默感。邓小平有一句话大家耳熟能详：“不管白猫黑猫，抓住老鼠就是好猫”，这话说得形象生动，意味十足。

（六）激励的艺术

管理要重在人本管理，人本管理的核心就是重激励。领导者要调动大家的积极性，就要学会如何去激励下属，激励要注意适时进行。美国前总统里根曾说过这样一句话：“对下属给予适时的表扬和激励，会帮助他们成为一个特殊的人。”一个聪明的领导者要善于经常适时、适度地表扬下属。这种“零成本”激励，往往会“夸”出很多为你效劳的好下属。激励注意因人而异。领导者在激励下属时，一定要区别对待。最好在激励下属之前，要搞清被激励者最喜欢什么，最讨厌什么，最忌讳什么。尽可能“投其所好”，否则，就有可能好心办坏事。激励注意多管齐下。激励的方式方法很多，有目标激励、榜样激励、责任激励、竞赛激励、关怀激励、许诺激励、金钱激励等，但从大的方面来划分主要可分为精神激励和物质激励两大类。领导者在进行激励时，要以精神激励为主，以物质激励为辅，只有形成这样的激励机制，才是一种有效的、长期的激励机制。

管理个案分析

三国时期，诸葛亮在“隆中对”中所确定的战略方针的重要内容之一是“外结孙权，内修政理”。刘备忽视了这一点，派不执行这一原则的关羽去驻守荆州。孙权遣使提出要和关羽结亲，娶关羽的女儿为儿媳，被关羽骂回。关羽自认为兵多将勇可以抵抗孙吴，北伐曹操，致使两面作战，前后受敌，犯了兵家大忌，丢了荆州和自身性命，并且蜀国与孙吴结盟也随之瓦解。刘备见关羽被杀，荆州丢失，置赵云、诸葛亮等众臣的意见于不顾，执意起军东征，攻打东吴，最终兵败。

【互动天地】请根据领导艺术的知识分析本案例。

任务实施

一、明确组员分工

任务实施过程中要明确分工任务，组长要调动组员充分表达不同意见，形成职责清晰的任务分工表。

组员姓名	任务分工	主要方法	提交任务成果的方式

二、过程监督

把总任务完成的时间划分为不同工作阶段，请各组成员在任务实施过程中做好过程记录，组长负责监督，全组共同完成进度监督表。

工作阶段	时　间	进度描述	检查情况记录	改善措施以及建议

三、各组成员记录任务实施过程中的困难及收获

困难：____

小组成员想到的解决方法：____

____

本次活动的收获：____

____

四、制订方案

在完成上述的准备工作后，小组成员共同商量确定领导艺术与方法的内容及完成编写。

五、成果展示

每个小组在完成任务后，在班上进行小组成果展示。由教师确定每组两位同学上台讲述领导的艺术与方法，其他小组认真聆听并适时提问。

六、评价反馈

各小组根据以下评价项目，结合各自在活动过程中的表现和实施情况进行自我评价与小组评价，教师对小组表现进行综合评价。

评价项目	评价标准	配分（分）	自我评价（20%）	小组评价（30%）	教师评价（50%）
知识准备完成情况	按完成比例给分	10			
领导艺术与方法的含义和特点的编写	对领导艺术与方法含义的理解 5～10 分 对特点的内容的理解 5～10 分 展示的亮点突出 10～20 分	30			
工作过程中所做贡献	贡献最大 30 分以上 贡献较大 19～30 分 贡献很少 1～18 分 基本无贡献 0 分	40			

续 表

评价项目	评价标准	配分（分）	自我评价（20%）	小组评价（30%）	教师评价（50%）
团队合作责任意识	无团队意识扣7~10分 无责任心扣7~10分	10			
现场遵守纪律、执行6S情况	违反课堂纪律扣7~10分 着装不规范扣3~5分 工作组台面不整齐、地面有垃圾的扣5~8分	20			
合 计					

延伸阅读

领导艺术的“七棵树”

一、沉稳

谁能真正成功？是那些不为人所知的“沉静领导”！他们的共同特点是：内向、低调、坚忍、平和，甚至动机混杂。沉静领导具有四大品格特征：低调、克制、谦虚和执著。低调、沉静的领导之道，与传统的东方处世哲学很相近，令中国企业领导者所思：这是不是管理思想的返璞归真？一位卓越的企业领导者，不见得必须是叱咤风云的领导大腕。沉着的领导者纷纷用实力证明：不必大声喧哗，也能让世人看见卓越。艾森豪威尔曾引用拿破仑的一句话：“领导就是当你身边的人忙得发疯，又或者变得歇斯底里的时候，你仍然能沉着和正常地工作。”

二、细心

领导者应抓大事，但是对于一些看似不起眼的细节也不能忽视。大事由小事组成，小事影响着大事的走向。小事能从一定角度反映事物的本质，对事物发展的结果起关键作用。所以细节决定成败不是小题大做。领导者必须看重小事，认真对待和处理小事。有时领导者恰是因为在细节上出了问题，而影响整体形象，造成难以挽回的不良后果。领导者一句随意的话、一个小动作都可以反映领导者的自身修养，进而折射出一个企业的整体形象。

三、胆识

在今天的商界，胆商更显示出其特有的作用。胆商就是胆识能力，即挑战、竞争和冒险的能力。对于一个想成就一番事业的人来说，胆识的作用是不可替代的，甚至是起决定性作用的。所以，创业，就要胆大！前怕狼后怕虎永远不要想创业成功！

四、积极

人的精神动力，表现为人做事的欲望、积极性、意志力。这种精神动力，从根本上说是从物质利益产生的，也可以因精神的刺激而产生。无论是物质利益的驱使，还是精神的刺激，都会表现为对人做事“积极性”的调动。总而言之，人是需要调动积极性的，员工也是需要调动积极性的。

五、大度

实践证明，假如你不按“宽容”行事，那么，你就永远不可能成为一名真正的成功者。试想，如果你因别人的一点过错就心生怨恨，一直耿耿于怀，甚至想打击报复，整日沉湎于一些琐事上，那么你还有精力发展自己的事业吗？所以，学会善待下属，拥有豁达、宽容的胸怀是成功领导必须走出的第一步。古人曰：“宽以济猛，猛以济宽，宽猛相济”“治国之道，在于猛宽得中”。领导宽容，就可以使近者悦远者来，天下归心。佛家有云：“精明者，不使人无所容。”《尚书》中有“有容，德乃大”之说，《周易》中提出“君子以厚德载物”，荀子主张“君子贤而能容罢，知而能容愚，博而能容浅，粹而能容杂”，讲的都是领导者要加强个人修炼，学会宽容，学会超脱。

在现实生活中，有许多事情，当你打算用愤恨去实现或解决时，你不妨用宽容去试一下，或许它能帮你实现目标，解决矛盾，化干戈为玉帛。正所谓“得饶人处且饶人”，人能饶人，人才会容你，这也是宽容的回报。

六、诚信

中国自古以来都以诚实守信作为一项传统美德来弘扬。诚信是社会最基本的道德规范，它也是企业领导的为官之道。在企业里，领导是领航的舵手，因此需要较高的道德要求。领导要想办好企业就必须得民心。而领导又凭借什么来取得大家的尊重和爱戴呢？这就是领导要在心中就必须牢记“诚信”二字的必要性了。诚信是取信于民和得民心的道德信念，无论在什么企业，坚持诚信永远是每个人都必须恪守的道德底线。

七、担当

面对责任时领导要敢于担当，责任感是企业成长的源泉；责任感是工作出色的动力；责任感是领导艺术的核心！人类失去责任感，世界将会是怎样？一个缺乏责任感的人是难以值得信赖的人；一个缺乏责任感的组织是注定失败的组织。

那么，什么是责任？责任是人基于社会角色而产生的义务。人生在世，要尽各种各样的责任。作为父母，有尽父母之责任；作为师长，有尽师长之责任；作为官员，有尽公仆之责任；作为军人，那就要尽爱军习武、保家卫国的责任。

什么是领导责任？可以用八个字概括：完成任务，关心下属。科林－鲍威尔将军于1986年在德国法兰克福指挥他的特种部队时，告诫他手下的将领们：“完成任务，呵护部队。这就是第一要务。”

现在，我们企业中的领导者在承担职责时无须牺牲自己的生命。但是，所有领导者都必须遵循这条法则：将任务的完成和下属的利益置于个人之上。

巩固拓展

一、选择题（不定项选择）

1. 领导方法的主要特征不包括（　　）。

A. 客观性　　B. 动态性

C. 条件性　　D. 长期性

2. “万一要开会，也应开短会、说短话。”这句话反映了（　　）领导艺术。

A. 激励艺术　　B. 决策艺术

C. 运时艺术　　D. 说话艺术

二、分析题

由于长期工作效率低下，某县农业局实行了首长负责制，设立了一名局长和两名副局长。该局长为人正派，思想端正，工作经验丰富，判断决策能力强。他认为，既然是首长负责制，那就应该他一人说了算，因此有什么事也不与两个副局长商量。结果，共事一年，两个副局长对他怨声不断，关系紧张，而且整个局里工作不但不见起色，还更糟糕。

请用领导的有关原理分析该案例。

三、实训题

情景：晚上 11 点多，女生宿舍一楼的卫生间里的水管突然爆裂，此时楼门和校门已经关闭，同学们都在沉睡中，只有邻近宿舍的几个学生惊醒了，水不断地从卫生间顺着东西走廊涌出来，情况十分紧急。

（1）以小组为单位，模拟成立公司，迅速进入角色。

（2）各模拟公司对情景进行分析，自行制订应急方案。

（3）组织班级交流与讨论。

项目八　善于激励

项目目标

1. 认识激励的含义和过程
2. 掌握各种不同的激励理论
3. 了解激励的原则
4. 掌握有效激励的常用方法
5. 能运用激励的相关内容解决企业实际工作的问题

项目子任务

任务 1　认识激励
任务 2　了解激励理论
任务 3　学会有效激励的常用方法

项目引例

《哈佛家训》里有一则故事：三位无聊的年轻人，闲来无事时经常以踹小区的垃圾桶为乐，居民们不堪其扰，多次劝阻，都无济于事，别人越说他们越来劲。后来，小区搬来一位老人，想了一个办法让他们不再踹垃圾桶。有一天，当他们又来踹时，老人来到他们面前说，我喜欢听垃圾桶被踢时发出的声音，如果你们天天这样子干，我每天给你们一美元报酬。几个年轻人很高兴，于是他们更加使劲地去踹。过了几天，老人对他们说，我最近经济比较紧张，不能给你们那么多了，只能每天给你们五十美分了。三个年轻人不太满意，再踹时就不那么卖力了。又过了几天，老人又对他们说，我最近没收到养老金支票，只能每天给你们十美分，请你们谅解。“十美分？你以为我们会为了区区十美分浪费我们的时间？”一个年轻人大声说，另两个也说：“太少了，我们不干了！”于是他们扬长而去，不再去踹垃圾桶。

项目提要

以上例子就是激励，激励就是让人们自己做出选择并愿意付出。本来到这块草地来玩是这些小孩的娱乐，其实是他们自己的事情。但是老人成功地把小孩子的娱乐变成工作，因为他付费给孩子们，付费让娱乐变成工作。一旦变成工作了就会讲报酬，讲报酬就要讲合理性，当报酬越来越低的时候，人们会觉得不公平，就会做出选择。管理的核心问题是激励问题，而激励问题同样也是管理层在实践中经常面临的实际问题。激励的最终目的在于发挥人的潜能，领导者担任着员工激励的责任，因此管理工作的核心任务之一就是要了解、预测及控制一个人，在什么时候可能进行什么动作，同时要了解什么动机或需求能在某一特定时间唤起某个动作。通过本项目的学习，能了解激励的内涵、激励的原则、过程和理论以及有效激励的常用方法。

任务1　认识激励

任务描述

小军是某高校工商管理专业毕业的学生，刚毕业就到了一家私营企业工作。这家企业刚创建不久，小军担任销售主管。几年来，小军工作热情很高，全身心地投入，销售业绩连年快速增长，小军也被连续提升。2012 年小军再次被提升，担任大区主管，负责指挥 7 个省的销售工作，工资收入也增长到年薪 30 万元。但最近，小军却准备离开公司，另谋高就。同学们询问原因时，小军说：“现在我所在的这家公司缺少谁都可以发展，我已经只是这部高速运转的机器中的一个部件。”

问题一：分析小军辞职的深层原因是什么？

问题二：为了挽留人才，公司应如何做？

任务领取

1. 以小组为单位完成任务，4 ~ 6 人为一组，选出一名组长，负责安排组员工作，并进行监督。

2. 查阅资料或课本，了解激励的含义、激励的过程等相关知识点。

3. 用所学知识点分析小军辞职的深层原因。

4. 集体讨论公司挽留人才的措施，形成集体讨论的结果。

5. 小组指派两名成员将成果在班上进行解说。

知识储备

激励是人力资源管理活动的核心，也是企业管理的重要内容。管理的激励功能可以有效改善员工的工作绩效，提高他们的工作热情和士气。

一、激励的概念

激励是一个组织系统中管理者通过合理利用各种资源与手段，引导、激发、强化被管理者工作动机、动力，以实现组织目标的管理活动的总称。它含有激发动机、鼓励行为、形成动力的意义；就更广意义上讲，激励本身包含着约束的意义，包含着对有利于组织发展，与组织目标一致的行为给予倡导、鼓励，而对组织不利或与组织目标不一致的行为进行制止和控制。

上述对激励的定义强调了如下两个要点：

（1）将激励的主体定位于管理者，客体定位于被管理者。这种表述既有概括性，又比较全面，因为在实际中，激励的主体可以是个人，也可以是组织机构；激励的客体可以是个人、群体，也可以是组织成员。

（2）强调管理者只有在通过了解掌握被管理者的需求、动机的基础上，优化配置和合理运用各种管理资源，满足被管理者的需求，引导、控制被管理者的行为，才可能取得良好的激励效果。

美国哈佛大学维廉·詹姆士的研究表明：没有激励措施时，下属一般仅能发挥工作能力的20%～30%，而当他受到激励后，其工作能力可以发挥至80%～90%，所发挥的作用相当于激励前的3～4倍。因此，管理者的首要任务就是激励员工把他们的能力发挥到最好水平。

二、激励的原则

（一）因人而异原则

不同的员工有不同的需求，同一员工，在不同的时间或环境下，也会有不同的欲望。由于激励的效果取决于员工的需求状况，相同的激励政策在员工的不同需求下，起到的激励效果也会不尽相同。因此，激励要因人而异，要区分不同的人、不同的时期，灵活运用各种不同的激励手段去满足员工的需求。在制订和实施激励政策时，首先要搞清楚员工真正需要的是什么，然后来制订相应的激励政策帮助员工满足这些需求。

（二）奖惩适度原则

奖励和惩罚不适度都会影响激励效果，同时增加激励成本。奖励过重会使员工产生骄傲和满足的情绪，失去进一步提高自己的欲望；奖励过轻则起不到激励效果，或者让员工产生不被重视的感觉。惩罚过重会让员工感到不公，或者失去对企业的认同，甚至产生怠工或破坏的情绪；惩罚过轻会让员工轻视错误的严重性，从而可能还会犯同样的错误。

（三）公平性原则

公平性是员工管理中一个很重要的原则。员工感受到的任何不公平，都会影响其工作效率和工作情绪，并且影响激励效果。取得同等成绩的员工，一定要获得同等层次的奖励；同样，犯同等错误的员工，也应受到同等层次的处罚。如果做不到这一点，管理者宁可不奖励或者不处罚。

（四）合理性原则

在管理活动中，要特别注意避免奖励那些不合理的工作行为。如果奖励了不合理甚至是错误的行为，那么这些不合理的行为就会时常发生。从表面看来，奖励不合理行为似乎是不可能发生的，但在实际管理工作中，这种奖励不合理行为的现象是屡见不鲜的。如果出现这种情况，将对员工激励带来较大的负面影响。

管理个案分析

有一天，一个渔夫看到船边有一条蛇，口中衔着一只青蛙。看到垂死挣扎的青蛙，渔夫觉得它很可怜，便把青蛙从蛇的口中救出来放走了。但随后，渔夫又对那条将要挨饿的蛇动了恻隐之心，便想给那条蛇一点东西吃。因为身边只有酒了，渔夫便滴了几滴在蛇的口中。渔夫为自己的善举感到快乐，他认为这真是一个皆大欢喜的结果。

仅仅过了几分钟，渔夫听到有东西在叩击他的船板。他低头一看，几乎不敢相信自己的眼睛，他看见那条蛇又回来了，而且嘴里咬着两只青蛙——正等着渔夫给它酒的奖赏。

【互动天地】为什么渔夫的好心却让更多的青蛙遭殃呢？

三、激励的功能

科学的激励手段可以有效地激发人们的工作热情和动机强度，大幅度提高生产效率，出色地完成企业的目标和计划。

（一）激励使企业的管理职能完善

企业管理的重要职能是对人力、物力、财力三大资源的有效管理。其中对人力资源有别于物力和财力的管理。由于人力资源受制于人的内在潜力和个性因素，是无法精确地预测、计划和控制的。在管理系统中是否包括科学的激励机制直接影响企业的生产效率。激励机制是企业管理职能完善化的重要标志。

（二）激励是实现高水平组织目标的重要保证

（1）企业的竞争就是人才的竞争。激励是吸引高级技术人才或管理人才的唯一手段和方法。美国特别重视这一点，它从世界各地吸引了很多有才能的专家、学者。这也是美国之所以在许多科学技术领域保持领先地位的重要原因之一。为吸引人才，美国不惜支付高酬金，创造好的工作条件等很多激励办法。这是值得我国学习和借鉴的地方。

（2）激励可以促使员工充分发挥技术才能和思维的能动性，保持工作的有效性和高效率。管理心理学专家指出：按时计酬的职工仅能发挥其能力的20%～30%。而如果受到充分激励的职工其能力可发挥至80%～90%。这就是说，同样一个人在通过充分激励后所发挥的作用相当于激励前的3～4倍。

（三）激励能较大幅度提高工作效率

激励能激发职工的创造精神和增强参与意识，大幅度提高工作效率。企业如果拥有一个完善的激励系统并合理应用，有效激励员工，那么就能够调动员工的工作积极性和工作热情，充分发挥自己的主观能动性和创造力，为企业带来意想不到的收获，从而提高企业的效率，进而提高企业的核心竞争力。

四、激励的过程

心理学研究证明，人的行为具有目的性，而行为目的源于人的动机，动机则产生于人的需求，需求不满而力求改善是人的行为的根本动力。所以，需求导致动机，动机导致行为，行为指向预定目标，是人类行为的基本模式。激励过程的基本思路：设置某种利益，使员工心动，员工心动引发行动，行动实现了期望的结果后，获得该利益。激励就是通过这样的方式来完成的，激励的过程如图 4 –4 所示。

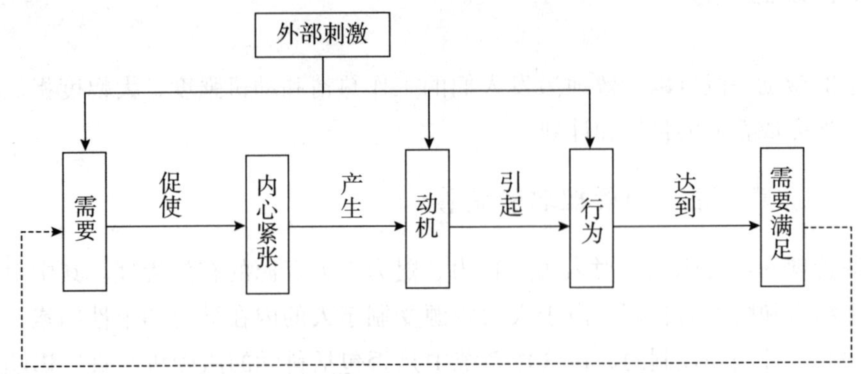

图 4 –4　激励的过程

激励过程的四个因素界定如下。

①需要：人们对一定客观事物或某种目标的渴求或期望。比如职位晋升、加薪、成就感等。

②动机：一种推动人从事某项活动的心理动力，动机驱使人们向满足需求的目标前进。激励动机就是通过满足人的需要而使其努力工作，从而实现目标的过程。

③外部刺激：在激励过程中，管理者为实现组织目标而对被管理者所采取的各种管理手段及相应形成的管理环境。外在激励与工作任务本身无直接关系。比如员工为了获得工资报酬而努力完成工作任务。

④行为：有什么样的动机，就会产生什么样的行为，行为是激励的目的。

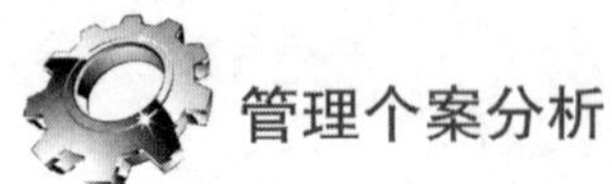

管理个案分析

某贺卡公司的老板经营有方，虽然只有 12 位员工，但老板使他的公司生意兴隆，人均利润已超过 100 万元人民币。老板在事业发展的顺境中，为了更好地激励员工，开创美好的未来，他决定在即将来临的 6 月、7 月、8 月三个月的星期五也设为休息日，从而让员工共享公司的成功，并且使员工感受到公司对他们的关怀，使他们有更多的休闲时间。这样一周四天工作制，而让员工所得到的薪水与五天工作制相同。在这个决定实施一个月后，一位深受老板信赖的员工向老板透露，说他宁愿加薪，而不是更多的休息日，而且这位员工认为其他员工和他的想法一样。他的意见使老板十分惊奇，因为他的公司员工的薪水已经超过了当地平均水平的 30%，如果他是普通员工的话，他宁愿选择四天工作制，而不选择加薪，所以他以为他的员工也是这样想的。公司的老板很开明，接下来他便召开了由所有员工参加的大会，问下属是愿意加薪还是愿意四天工作制？结果，其中有一半愿意工作四天而保持原来的薪水水平，有一半愿意加薪。

【互动天地】老板如何才能更好地激励员工？

任务实施

一、明确组员分工

任务实施过程中要明确分工任务，组长要调动组员充分表达不同意见，形成职责清晰的任务分工表。

组员姓名	任务分工	主要方法	提交任务成果的方式

二、过程监督

把总任务完成的时间划分为不同工作阶段，请各组成员在任务实施过程中做好过程记录，组长负责监督，全组共同完成进度监督表。

工作阶段	时　间	进度描述	检查情况记录	改善措施以及建议

三、各组成员记录任务实施过程中的困难及收获

困难：______________________________

小组成员想到的解决方法：______________________________

____

本次活动的收获：______________________________

____

四、制订方案

在完成上述的准备工作后，小组成员共同对策如何为公司留住人才。

五、成果展示

每个小组在完成任务后，在班上进行小组解说。由教师确定每组两位同学上台讲述留住人才的措施，其他小组认真聆听并适时提问。

六、评价反馈

各小组根据以下评价项目，结合各自在活动过程中的表现和实施情况进行自我评价与小组评价，教师对小组表现进行综合评价。

评价项目	评价标准	配分（分）	自我评价（20%）	小组评价（30%）	教师评价（50%）
知识准备完成情况	按完成比例给分	10			
激励的含义和激励过程的理解	对激励含义的理解 5～10 分； 措施的内容 5～10 分； 展示的亮点突出 10～20 分	30			
工作过程中所做贡献	贡献最大 30 分以上； 贡献较大 19～30 分； 贡献很少 1～18 分； 基本无贡献 0 分	40			
团队合作责任意识	无团队意识扣 7～10 分； 无责任心扣 7～10 分	10			
现场遵守纪律、执行 6S 情况	违反课堂纪律扣 7～10 分； 着装不规范扣 3～5 分； 工作组台面不整齐、地面有垃圾的扣 5～8 分	20			
合　计					

延伸阅读

海尔的激励制度

海尔集团是中国现代企业经营成功的一个典范。它成功的关键在于用人、留人，而如何用好人、留住人，关键又在于企业的用人机制和激励机制的完善。

海尔的激励通过满足员工的需求来达到。员工为企业拼命，企业就主动考虑员工的需要，甚至个人的特殊需要。海尔集团总经理张瑞敏认为人有四大特性：具有个体差异、生理与情趣完整、需要即时激励、追求个人价值的实现。

海尔提出了著名的“斜坡球理论”。海尔从斜坡上滚动的小球这一极普通的生活现象中悟出了企业人才发展的规律——斜坡球发展理论：斜坡上的球体好比一个员工个体，球周围代表员工发展的舞台，斜坡代表着企业发展规模和商场竞争程度。根据斜坡球发展理念，海尔的用人机制是“人人是人才，赛马不相马”。相马是将命运交给别人，而赛马则是将命运掌握在自己手中。具体说来，斜坡球理论表现在以下几个方面：

“三工”并存，动态转换。“三工”即优秀工人、合格工人、试用员工。海尔用工改革的思路是，干得好可以成为优秀工人，干得不好，可随时转为合格工人或试用人员。既通过设置切实可行的目标给人以期望，又通过制度办法刺激动机，如成为“优秀员工”的升级，算是正刺激，而成为“不合格员工”的降级使用就算是负刺激。通过这样反复不断地刺激，促使每个人认同新的更高的目标。

从研究和满足人的需要来调动员工的积极性，是海尔文化的一大特色。海尔考虑得很细，认为研究人们的需求，目的就是在完成组织目标的前提下，尽可能满足个人需求。只有这样，才能调动员工积极性，这是因为组织把人们的利益联系在一起了，离开组织就无法满足个人的需求。比如，每个人都有成就需求。“赛马不相马”之所以是一项好的人才策略，是因为它通过为人们提供挑战机会而促使他们获取成就。一方面，最初工作的挑战机会，有助于企业引进优秀人才；另一方面，晋升的挑战机会，有助于企业稳定这些人才。这样的策略为年轻雇员提供更多地向高层管理人员展示其才华的机会，也鼓励更多的高级负责人发掘有领导素质的年轻雇员，然后，通过多种途径来满足他们的要求，包括增加工作责任，安排特殊工作，利用公司内外的培训，在职能部门和分公司之间横向调动，对成长过程中的进步给予反馈，并对如何对待这些进步给予指导等。

实行定额淘汰制度。即每年必须有一定数量的人员被淘汰，以保持企业的活力。海尔的原则是，充分发挥每个人的潜在能力，让每个人每天都能感到来自企业内部和市场的竞争压力，又能够将压力转换成竞争的动力，这是企业持续发展的秘诀。

极富特色的分配制度。薪酬是重要的调节杠杆，起着重要的导向作用。海尔的薪酬原则是，对内具公平性，对外具竞争性。高素质、高技能获得高报酬，人才的价值在分配中得到体现。员工的薪酬体系不仅是单纯的货币工资，还包括住房、排忧解难等其他隐性收入。

海尔非常重视对员工的奖励，《海尔企业文化手册》中明确规定了海尔的奖励制度：

海尔奖：用于奖励本集团内各个岗位上的员工对企业所做的突出贡献；海尔希望奖：用于奖励企业员工的小发明、小改革及合理化建议。

命名工具：凡本集团内员工发明、改革的工具，如果明显地提高了劳动生产率，可由所在工厂逐级上报厂职代会研究通过，以发明者或改革者的名字命名，公开表彰宣传。如以员工名字命名的小发明“启明焊枪”“云燕镜子”“召银扳手”等。这些奖项无疑是一种激励的源泉。当获奖者的新闻通过分发到每位员工手中的《海尔人》、领导讲话和闲聊传开之后，这样的竞争就成为联合成千上万员工的强大力量。

海尔的激励是成功的，或是说因为有了这些切合实际、行之有效的激励机制，才使海尔从一个亏损147万元人民币的小厂，在16年后成为一个国际知名的企业集团，年销售额达406亿元人民币，并保持80%的平均增长速度。这个企业可以让全球许多国家的居民关注自己的品牌，使用自己的产品，接受自己的服务，谈论自己的文化理念，研讨自己的管理经验。无论从哪一方面说，海尔的成长都堪称中国经济发展史上一个非常成功的案例。

巩固拓展

一、选择题（不定项选择）

1. 激励构成的要素包括（　　）。

A. 需要　　B. 动机

C. 外在激励　　D. 行为

2. 以下不属于激励原则的是（　　）。

A. 公平性　　B. 高效性

C. 合理性　　D. 因人而异

二、分析题

请用激励的相关知识，谈谈你对典故“悬梁刺股”的理解。

三、实训题

什么能够激励你（麦克利兰成就动机测试）

对下面的15句话，每一个都圈出和你感觉最接近的数字，数字越大，表示你越认同所描述的情景；数字越小，表示你越不认同所描述的情景。结合你在学校曾经担任的工作或社会实践活动思考一下你的答案。

内容描述	分数				
01. 我非常努力改善我以前的工作以提高工作绩效	1	2	3	4	5
02. 我喜欢有难度的挑战	1	2	3	4	5
03. 我知道我在完成任务时是如何进步的	1	2	3	4	5
04. 我喜欢设置并实现比较现实的目标	1	2	3	4	5
05. 我喜欢完成一件艰难任务后的满足感	1	2	3	4	5
06. 我常常发现我与周围的人谈论与工作无关的事情	1	2	3	4	5
07. 我喜欢让其他人喜欢我	1	2	3	4	5
08. 我乐意和同伴建立亲密的关系	1	2	3	4	5
09. 我喜欢隶属于一个群体或组织	1	2	3	4	5
10. 我更喜欢和其他人一起工作而不是一个人	1	2	3	4	5
11. 我喜欢竞争和获胜	1	2	3	4	5
12. 我喜欢承担责任	1	2	3	4	5
13. 我能够面对意见与我不一致的人	1	2	3	4	5
14. 我喜欢影响其他人以形成自我的方式	1	2	3	4	5
15. 我经常为获得更多的对周围事情的控制权而工作	1	2	3	4	5

测试答卷

业绩成就感		权力欲望		融洽的人际关系	
题号	分数	题号	分数	题号	分数
1		2		3	
4		5		6	
7		8		9	
10		11		12	
13		14		15	
合计		合计		合计	

得分最高的一项便是你的主导需求——最能激励你的因素。

任务2　了解激励理论

任务描述

一家在同行业居领先地位、注重高素质人才培养的高技术产品制造公司，不久前有两位精明能干的年轻财务管理人员提出辞职，到提供更高薪资的竞争对手公司里任职。其实，这家大公司的财务主管早在数月前就曾要求公司给这两位年轻人增加薪资，因为他们的工作表现十分出色。但人事部门的主管认为，按同行业平均水平来说，这两位年轻财务管理人员的薪资水平已经是相当高的了，而且这种加薪要求与公司现行建立在职位、年龄和资历基础上的薪资制度不符合，因此拒绝给予加薪。对这一辞职事件，公司里的人议论纷纷。有的人说……

问题一：你会怎么说？

问题二：两位年轻人拿到了高于同行业平均水平的薪资仍不满意，请用激励的相关理论进行分析和解释？

问题三：利用相关激励理论解决该问题。

任务领取

1. 以小组为单位完成任务，4～6 人为一组，选出一名组长，负责安排组员工作，并进行监督。
2. 查阅资料或课本，认识相关的激励理论及运用。
3. 针对案例中两位年轻人的不满，结合激励的理论进行分析。
4. 小组讨论寻找解决的措施。
5. 小组指派两名成员将解决措施在班上进行展示。

知识储备

激励理论是关于如何满足人的各种需要、调动人的积极性的原则和方法的概括总结。由于激励机制在企业管理中的重要性，因此，激励机制一直受到企业管理者的高度重视。关于激励机制这个问题在 20 世纪四五十年代，已经被很多管理学者和管理实践者予以关注，并提出了各种激励理论。这些理论按照形成时间及其所研究的角度不同大体可分为内容型激励理论、过程型激励理论和综合型激励理论三大类。

一、内容型激励理论

内容型激励理论着重对激励的原因与引起激励作用因素的具体内容进行研究。其中具有代表性的有马斯洛的需要层次理论、奥尔德弗的E. R. G理论、麦克利兰的成就需要理论、赫茨伯格的双因素理论。

（一）需要层次理论

美国心理学家马斯洛（Maslow）于1943年提出需要层次理论，认为人的行为是受到内心欲望驱动的，内心需求的满足是行为的目的。他将人的各种各样的需要从低到高进行了排序：生理的、安全的、社交的、尊重的和自我实现的需要（见图4－5）。

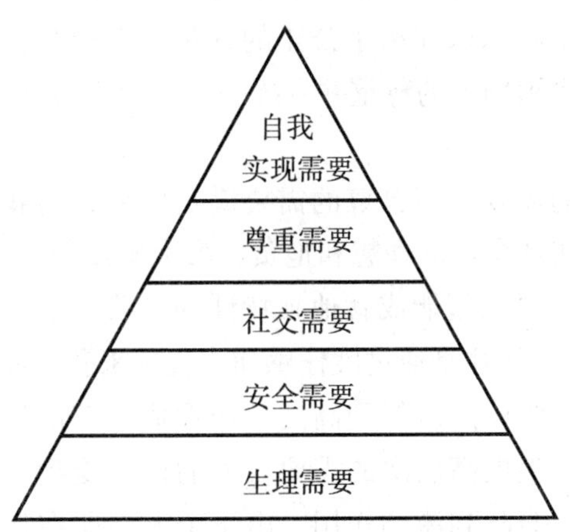

图4－5 马斯洛需要层次模型

1. 生理需要

生理需要是人类为了维持生命最基本的因素，也是需要层次的基础。若衣食住行、空气和水等都得不到满足，人类的生存就成了问题。马斯洛认为，当这些需要还未达到足以维持人们生命之时其他需要将不能激励他们。他认为："一个人如果同时缺少食物、安全、爱情及价值等，则其最强烈渴求当推对食物的要求。"

2. 安全需要

当一个人的生理需要得到一定满足之后，他就想满足安全的需要。即不仅考虑到眼前，而且考虑到今后，考虑自己的身体免遭危险，考虑已获得的基本生理需要及其他的一切不再丧失和被剥夺。例如：要求摆脱失业的威胁、要求在生病及年老之时生活上有保障、要求工作安全并免除职业病的危害、希望接受严格的监督及免受不公正的待遇、希望干净和秩序的环境、希望免除战争和意外的灾害等。

3. 社交需要

当生理及安全需要得到相当的满足后，社交需要便占主导地位。人类是有感情的动物，他希望与别人交往，避免孤独，希望与伙伴和同事之间和睦相处，关系融洽；希望归属于一个团体以得到关心、爱护、友谊和忠诚。人之所以要归属于一个整体，是因为人们有一种把与自己信念相同的人找出来的倾向，以此来肯定自己的信念，特别是当一种信念岌岌可危时尤为如此，这时他们便聚在一起，并试图对所发生的事态与他们的信仰达成共识。社交需要比生理和安全需要更细致，每个人之间的差异也比较大，它和一个人的性格、经历、教育、信仰都有关系。

4. 尊重需要

当一个人开始满足归属感的需要以后，他通常不再满足于作为群体中的一员，而是开始追求自尊和受人尊重需要的满足。尊重需要可以分为两个方面：其一，内部尊重需要。就是希望自己有实力，能胜任，能独立自主；对知识、能力和成就充满自豪感与自尊心。其二，外部尊重需要。即希望别人尊重自己的人格和劳动，对自己的工作、人品、能力和才干予以承认并给予公正的评价。希望自己在同事之间有较高的地位、声誉和威望，从而得到别人的尊重并发挥一定的影响力。

5. 自我实现需要

这是人类最高层次的需要，当自尊的需要满足以后，自我实现需要就成为第一需要。自我实现需要就是实现个人的理想和抱负，最大限度地发挥个人潜力并获得成就，实现自我价值。它是一种“希望能成就他独特性的自我欲望，希望能成就其本人所希望成就的愿望”。这种需要往往是通过胜任感和成就感来获得满足的。

马斯洛认为，人的需要按照从低到高的顺序形成一定的层次，只有当较低层次的需要得到满足之后才会产生更高层次的需要。人的行为受到人的尚未满足的需要的驱动，已经满足了的需要不会起到激励作用。由于个人并非在任何条件下都同时具有这五种需要且每种需要都具有同等强度，所以人的行为取决于占主导地位的需要。

管理个案分析

某民营企业的老板通过学习有关激励理论，受到很大启发，并着手付诸实践。他赋予下属员工更多的工作和责任，并通过赞扬和赏识来激励下属员工。结果事与愿违，员工的积极性非但没有提高，反而对老板的做法强烈不满，认为他是在利用诡计来剥削员工。

【互动天地】运用马斯洛需要原理分析该老板失败的原因，并提出建议。

（二）E. R. G 理论

与马斯洛的理论相对应的是克雷顿·奥尔德弗的 E. R. G 理论。他根据对其工人进行的大量调研，认为人的需要可以归结为三种：生存需要（Existence）、关系需要（Relatedness）、成长需要（Growth）。

E. R. G 理论认为，各种需求可以同时具有激励作用，三种需求之间没有明显的界线，它们是一个连续体而不是层次等级关系。如果较高层次的需要未得到满足，就会出现倒退，对满足较低层次需要的欲望就会加强，在各种需要之间会因条件不同而发生转化。E. R. G 理论的变通性有助于说明文化、个体和环境的差异。E. R. G 理论还认为，某种需求在得到基本满足后，其强烈程度不仅不会减弱，还可能会增强，这就与马斯洛的观点不一致了。

（三）成就需要理论

成就需要理论是美国哈佛大学的教授麦克利兰于 20 世纪 50 年代提出的。他认为，人有三种基本的需要：友谊需要、权力需要和成就需要。这些需要并不是先天的本能欲求，而是通过后天的学习获得的。

（1）友谊需要。即建立友好和亲密的人际关系的愿望。具有高度归属需要的人，比较注重与他人保持一种融洽的社会关系，渴望他人的喜爱和接纳，喜欢与他人保持密切友好的关系和相互的理解与沟通，并且更喜欢合作而非竞争的环境。

（2）权力需要。即控制他人的愿望和驱动力。具有较高权力需要的人喜欢承担责任，并努力影响他人，喜欢置身于具有竞争性的工作环境中和工作岗位上。与有效的绩效相比，他们更关心自己的威望和影响力。

（3）成就需要。即把事情做得更好，追求成功的愿望。具有成就需要的人，他们有强烈的成功的愿望，也有同样强烈的对失败的恐惧，他们渴望挑战，爱为自己设置一些有一定的难度但经过努力能够实现的目标。他们追求的往往是成功本身，而不是成功后的奖赏与报酬。

麦克利兰认为，不同人对成就、权力和友谊的需要程度不同，层次排列不同。个体行为主要取决于那些被环境激活起来的需要，这三种需要与管理工作有特定的联系，经过大量广泛的研究，他得出以下结论：第一，他认为具有高成就需要的人，他们往往力求把事情做得更好，而且往往做得更好，他们喜欢具有个人责任、能够获得工作反馈和适度冒险精神的环境；第二，高成就需要的人并不一定是一个优秀的管理者；第三，归属需要和权力需要与管理者的成功密切相关；第四，可以通过培训激发员工的成就需要。

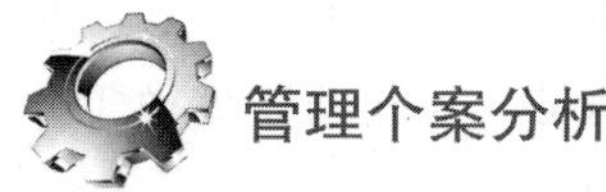

管理个案分析

木华公司是一家高新技术企业，在公司最初发展阶段效益较好时，总经理给员工涨工资、发奖金。虽然有些管理者提醒总经理应该采取一些别的方法来奖励员工，但是总经理认为奖励说到底都是钱，区别不大。随着市场同类产品的出现，公司效益开始大幅下降，员工的奖金越来越少。尽管后来公司动用积累以维持员工的工资、奖金水平不变，还是有一些骨干人员提出辞职，还有人干脆不辞而别。

【互动天地】从激励的角度看，是什么原因导致木华公司的现状？应怎样运用成就激励理论改变公司的现状。

（四）双因素理论

美国著名学者赫茨伯格（F. Herzberg）在1959年出版的专著《工作的激励因素》中提出了“激励因素－保健因素”理论，简称“双因素理论”。双因素理论把作为保健因素的工作环境和作为激励因素的工作内容进行了区分，并指出保健因素和激励因素不是一成不变的，而是可以转化的。即使是同一具体因素，在不同时期也有可能划归不同类别。这就要求我们必须分析组织现状，找出哪些因素是保健因素，哪些因素是激励因素，在确保保健因素的前提下，尽可能使各种激励因素发挥出激励的效果。

1. 保健因素

保健因素也称为环境因素，主要包括除工作本身之外的外界环境因素，如公司政策、人际关系、监督、工作环境、薪金、地位等。他认为这些工作环境和工作条件不具备时，会使员工感到不满意，从而降低员工的工作积极性和热情。如果具备这些条件，就不会降低其工作热情，就能够维持员工已有的现状，但不会因此提高其积极性。

2. 激励因素

激励因素主要是工作本身的因素，包括工作本身的挑战性、工作成就的认可、工作责任、晋升等。他认为这些工作本身因素的改善，能够激发和调动员工的积极性和热情，从而会经常性地提高员工的工作效率。如果这些因素没有处理好，会引起员工的不满，但影响不是很大。

赫茨伯格修正了传统的关于满意与不满意的观点，认为满意的对立面是没有满意，不满意的对立面是没有不满意。并不是所有需要的满足都能激励人的积极性，只有那些激励因素的满足，才能激发起人们的工作积极性。保健因素的满足只能防止人们产生不满情绪，而难以起到激励作用。因此，激励的确要以满足需要为前提，但并不是满足需要就一定能产生激励作用。

双因素理论就如何针对需要激励员工进行了深入的分析，提出要调动和保持员工的积极性，必须首先具备必要的保健因素，防止员工不满情绪的产生；但更重要的是针对激励因素，努力创造条件，使员工在激励因素方面得到满足。为此，要重视工作内容的设计、任务的分配等。

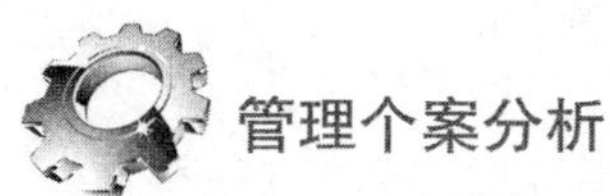

管理个案分析

财务部陈经理结算了一下上个月部门的招待费，发现有1000多块没有用完。按照惯例他会用这笔钱请手下员工吃一顿，于是他走到休息室叫员工小马通知其他人晚上吃饭。快到休息室时，陈经理听到休息室里有人在交谈，他从门缝看过去，原来是小马和销售部员工小李两人在里面。

“呃，”小李对小马说，“你们部陈经理对你们很关心嘛，我看见他经常用招待费请你们吃饭。”

“得了吧！”小马不屑地说道，“他就这么点本事来笼络人心，遇到我们真正需要他关心、帮助的事情，他没一件办成的。就拿上次公司办培训班的事来说吧，谁都知道如果能上这个培训班，工作能力会得到很大提高，升职的机会也会大大增加。我们部几个人都很想去，但陈经理却一点都没察觉到，也没积极为我们争取，结果让别的部门抢了先。我真的怀疑他有没有真正关心过我们。”

“别不高兴了，”小李说，“走，吃饭去吧。”

陈经理只好满腹委屈地躲进了自己的办公室。

【互动天地】1. 用双因素理论解释该案例。

2. 谁犯了错误？

二、过程型激励理论

内容型激励理论对人类的不同需要以及激发其特定行为的因素进行了探讨，但并没有解释人们在实现目标的时候为什么选择某种特定的行为方式。关于人们的各种需要的相互作用、相互影响以及由此而产生的不同的行为发展、持续、终止的全部过程的研究，构成了过程型激励理论。

过程型激励理论主要是说明行为是怎样产生的，是怎样向一定方向发展的，如何能使这种行为保持下去，以及怎样结束这种行为发生的整个过程。这类理论主要有弗鲁姆的期望理论、亚当斯的公平理论、洛克的目标理论和斯金纳的强化理论。

（一）期望理论

期望理论是一种通过考察人们的努力行为与其所获得最终奖酬之间的因果关系来说明激励过程的理论。它是美国心理学家弗鲁姆（Victor Vroom）于1964年在《工作与激励》一书中最先提出的。期望理论认为，激励就是行为的比较和选择过程。当人们有了需要，又有达到目标的可能时，其积极性才会高。

激励水平取决于期望值和效价的乘积，用公式表示：

$$M = V \times E$$

其中，M 代表激励力量（Motivation），V 代表效价（Valence），E 代表期望值（Expectancy）。

效价和期望值的不同结合，决定着不同的激励水平。对目标的价值看得越大，估计实现的可能性越高，其激励力量就越大。制订激励措施时，一方面要使奖酬的力度对员工具有吸引力，另一方面要使目标经过努力确实能够达到，才能达到激励的效果。

期望理论强调管理者应根据员工的能力合理地分派任务设置目标，同时设计一个适当的工作环境和切实的报酬制度，使员工对于预期组织目标和个人目标的实现充满信心，这样才会起到激励作用。

（二）公平理论

公平理论是美国行为学家亚当斯于1967年在其《奖酬不公平时对工作质量的影响》一书中提出来的。亚当斯通过大量研究发现：员工对自己是否受到公平合理的待遇十分敏感。他认为从某种意义上说，各种动机激发的过程，实际上就是人与人之间进行比较、做出判断，并以此指导行为的过程。人们在组织中判断公平与否不是他所获得的报酬的绝对值，而是与他人相比较的相对值。这里是否公平完全是人的一种主观感受，而且，人们普遍感觉自己付出的要大于所得到的。公平理论是着重研究奖酬分配的公平性、合理性对员工工作积极性影响的理论，公平是一切制度必须遵守的原则（见图4-6）。

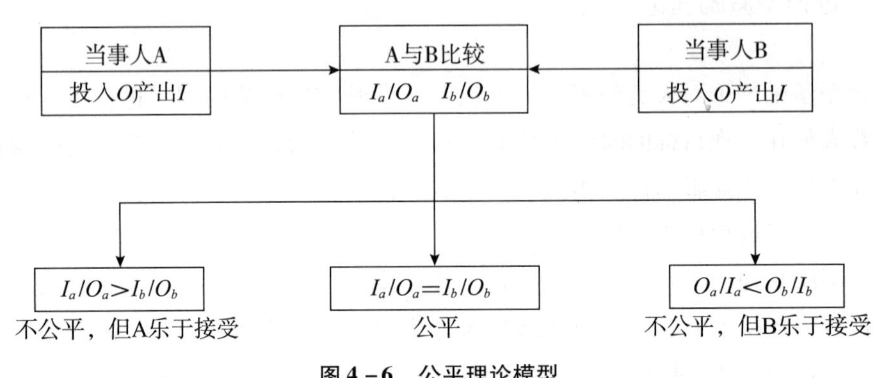

图4-6 公平理论模型

实践证明，公平理论提出的基本观点是客观存在的，并直接作用于职工的行为过程，影响职工的积极性。为实现有效激励，管理者必须：

（1）公平奖励职工。

（2）加强管理，建立平等竞争机制。

（3）教育职工正确选择比较对象和认识不公平现象。

公平理论对我们有着重要的启示：

（1）影响激励效果的不仅有报酬的绝对值，还有报酬的相对值。

（2）激励时应力求公平，使等式在客观上成立，尽管有主观判断的误差，也不致造成严重的不公平感。

（3）在激励过程中应注意对被激励者公平心理的引导，使其树立正确的公平观。

管理智慧树

老鹰是所有鸟类中最强壮的种族，根据动物学家所做的研究，这可能与老鹰的喂食习惯有关。

老鹰一次生下四五只小鹰，由于它们的巢穴很高，所以猎捕回来的食物一次只能喂食一只小鹰，而老鹰的喂食方式并不是依平等的原则，而是哪一只小鹰抢得凶就给谁吃，在此情况下，瘦弱的小鹰吃不到食物都死了，最凶狠的存活下来，代代相传，老鹰一族越来越强壮。

（三）目标理论

美国学者洛克（E. A. Locker）提出，指向一个确定目标的工作意向是工作激励的主要源泉，因为一个明确的目标会告诉员工需要做什么以及需要付出多大的努力，从而激发人的积极性取得更好的业绩。目标设置的具体性、挑战性能够影响一个人的行为和业绩。洛克发现，明确的组织目标是个人目标设置的直接前提。个人依据组织目标确定自己的目标，对实现的难度、可能性、挑战性及达成目标的效价进行估计，以此判断是否接受目标。成员在接受目标的情况下会制订相应的步骤、方法、措施保证目标的实现。在实现目标的过程中自我效能感是一个重要的影响因素，自我效能感越强，个人对自己完成某项任务的信心越足。

在企业的管理中运用目标设置理论应该根据上述的步骤，从组织目标的明确性、具体性和挑战性，个人目标与组织目标的统一性，实现目标的计划和方法，目标的阶段性，及时检查和反馈目标的执行情况以及完成目标的奖励措施等方面进行考虑。

（四）强化理论

强化理论是美国心理学家斯金纳于 20 世纪 70 年代提出的，主要研究人的行为与外部因素之间的关系，是以学习的强化原则为基础的关于理解和修正人的行为的一种学说。人们为了实现自己的目标，就必须采取一定的行为。行为产生结果，结果作用于环境，环境对结果做出评价，该评价对人的以后的行为产生影响，好的评价会加强该行为，使其重复出现；不好的评价或者不进行评价，则该行为将会减弱甚至消失。

环境所起的就是强化的作用。

利用强化方式改造行为，一般有四种基本方式。

（1）正强化。对于积极的、符合组织目标的行为进行奖赏，如奖金、表扬、提升、改善工作关系等。受到正强化的行为得到加强，就会重复出现，从而有利于组织目标的实现。

（2）负强化。对于那些消极的、与组织目标偏离或者背道而驰的行为进行惩罚，如克扣奖金、批评、降级等。消极的行为得到负强化，就会减弱或消失。

（3）自然消退。指对某种行为不予回应，以表示对该种行为的轻视或某种程度的否定，从而减少这种行为。比如：有经验的教师往往对上课扮鬼脸的淘气的学生佯装未见，使其自讨没趣而自行收敛。

（4）惩罚。用批评、降职、罚款等带有强制性、威胁性的结果，创造一种令人不快甚至痛苦的环境，以表示对某些不符合要求行为的否定，从而消除这些行为重复发生的可能性。

上述基本强化方式中，正强化是影响行为的最有利手段，它能够增强或增加有效的工作行为。自然消退只能使员工知道不应该做什么，而不能使其知晓应该做什么。

管理个案分析

某校决定采用“满勤给奖”制度来加强教师管理，出满勤的发奖金20元，如果上课、教研组活动、政治学习一次缺席、两次迟到者，该月就没有奖金。这种办法实行后第一个月效果很好，无人缺席、迟到，教学秩序趋于正常。

两个月后，工作一直认真负责的王老师，因患病请假两天，病未痊愈，就来上班了，却被扣发了当月的奖金；李老师经常是小病大养，自由散漫，实行“满勤给奖”后，人是来了，课也上了，但教学效果差，奖金却照拿；赵老师在月初的第一周就迟到两次，在他看来，一个月的奖金已经没了，于是在后几周的工作就随随便便了，何必准时来上班呢？

【互动天地】针对上述案例，你对“满勤给奖”的激励方式有何看法？你认为应该怎样才能调动教师的积极性？

三、综合型激励理论

内容型激励理论侧重研究用什么样的因素激励人、调动人的积极性；过程型激励理论着重探讨人们接受了激励信息以后到行为产生的过程。这些理论都有独到见解，又都有一定的片面性。综合型激励理论则对已有的激励理论进行概括与综合，试图全面揭示人在激励中的心理过程。综合型激励理论主要包括以下方面。

（一）波特尔和劳勒的综合激励理论

1968 年，美国学者波特尔（L. W. Porter）和劳勒（E. E. Lawer）提出综合激励理论，这一模式是以期望理论为基础的，它表明：先有激励，激励导致努力，努力导致绩效，绩效导致满足。它将行为主义的外在激励和认知派的内在激励综合起来。在这个模式中含有努力、绩效、个体品质和能力、个体知觉、内部激励、外部激励和满足等变量。在这个模式中，波特尔与劳勒把激励过程看成外部刺激、个体内部条件、行为表现、行为结果相互作用的统一过程。

这一模式说明了个人工作定式与行为结果之间的相互关系，也明确说明了满足与绩效的关系。这种激励模式比较形象直观地反映了激励作为一个系统起作用的方式，融合了内容型和过程型激励理论的精华，可以作为建立激励机制的理论基础，根据它，确定激励机制的主要内容。

（二）迪尔的综合激励模式

美国迪尔教授于 1981 年提出了以数学公式表述的综合激励模式，这一模式也是以期望理论为基础的，把内在激励和外在激励的各种因素综合起来，总的激励效果以量化的形式表示出来，增加了理论的科学性。但在具体实践中，量化的过程比较复杂，可操作性不强，因此这一模式只能作为参考。

任务实施

一、明确组员分工

任务实施过程中要明确分工任务，组长要调动组员充分表达不同意见，形成职责清晰的任务分工表。

组员姓名	任务分工	主要方法	提交任务成果的方式

二、过程监督

把总任务完成的时间划分为不同工作阶段，请各组成员在任务实施过程中做好过程记录，组长负责监督，全组共同完成进度监督表。

工作阶段	时　间	进度描述	检查情况记录	改善措施以及建议

三、各组成员记录任务实施过程中的困难及收获

困难：＿＿＿＿＿＿＿＿＿＿＿＿＿＿＿＿＿＿＿＿＿＿＿＿＿＿＿＿＿＿

小组成员想到的解决方法：＿＿＿＿＿＿＿＿＿＿＿＿＿＿＿＿＿＿＿＿＿

＿＿＿＿＿＿＿＿＿＿＿＿＿＿＿＿＿＿＿＿＿＿＿＿＿＿＿＿＿＿＿＿

本次活动的收获：＿＿＿＿＿＿＿＿＿＿＿＿＿＿＿＿＿＿＿＿＿＿＿＿

＿＿＿＿＿＿＿＿＿＿＿＿＿＿＿＿＿＿＿＿＿＿＿＿＿＿＿＿＿＿＿＿

四、制订方案

在完成上述的准备工作后，小组成员共同讨论案例中存在的问题。

五、成果展示

每个小组在完成任务后，在班上进行小组成果展示。由教师确定每组两位同学上台讲述解决的措施，其他小组认真聆听并适时提问。

六、评价反馈

各小组根据以下评价项目，结合各自在活动过程中的表现和实施情况进行自我评价与小组评价，教师对小组表现进行综合评价。

评价项目	评价标准	配分（分）	自我评价（20%）	小组评价（30%）	教师评价（50%）
知识准备完成情况	按完成比例给分	10			
激励理论的认识和运用	对激励理论的认识 5～10 分 措施的内容 5～10 分 展示的亮点突出 10～20 分	30			

续 表

评价项目	评价标准	配分（分）	自我评价（20%）	小组评价（30%）	教师评价（50%）
工作过程中所做贡献	贡献最大30分以上 贡献较大19～30分 贡献很少1～18分 基本无贡献0分	40			
团队合作责任意识	无团队意识扣7～10分 无责任心扣7～10分	10			
现场遵守纪律、执行6S情况	违反课堂纪律扣7～10分 着装不规范扣3～5分 工作组台面不整齐、地面有垃圾的扣5～8分	20			
合 计					

延伸阅读

华为公司的需求激励措施

只用了十多年的时间，华为就从一家代理销售交换机的小公司，逐步发展壮大为拥有自主开发产品和核心技术的跨国公司。华为能把全国“211”院校通信专业的一流毕业生全包下；华为在哪里设立分公司，本地同行就要想方设法留住人才，这一切都离不开华为在人才吸引和人才激励方面的机制。

一、“全员持股”的特定激励政策满足员工最大生理需求和安全需求

先看一看下面这些股权激励下的员工收入数据。0级主管，30个人年薪6000万元；1级主管，120个人年薪1500万元；2级部门总监，350个人年薪350万元；3级部门主管，1500个人年薪100万元；4级部门正副经理，5000个人年薪50万元；基层员工，60000个人年薪10万元。

华为公司的股权激励说明，任何一个员工只要努力工作，不仅可以拿到丰厚的工资，还可以获得可观的股权分红，甚至有的员工的分红是其工资的数倍。这种方法不仅激发了员工的工作积极性，还充分满足员工的生理需求和安全需求，使员工不会为自己的生存担忧。

二、团结协作，集体奋斗的企业文化满足员工的归属感

在公司里上下平等，不平等的部分已经通过工资形式表现出来，华为员工无权享受特权。大家同甘共苦，人人平等，集体奋斗，将个人努力融入集体拼搏之中，在华为得到充分体现。这样团结协作的氛围给予员工归属感，而且同事之间的合作使员工感受到他人的帮助和关爱，让员工的社交需求得到满足。

三、公司未来客观的前景和双向晋升渠道满足员工自尊需求和自我实现的需求

华为的产品和解决方案已经应用于全球100多个国家，服务全球运营商前50强中的36家，2008年很多通信行业业绩下滑，而华为实现合同销售额233亿美元，同比增长46%，其中75%的销售额来自国际市场。同时，华为设计了任职资格双向晋升通道。新员工首先从基层业务人员做起，然后上升为骨干，员工可以根据自己的喜好，选择管理人员或者技术专家作为自己未来的职业发展道路。在达到高级职称之前，基层管理者和核心骨干之间，中层管理者与专家之间的工资相同，同时两个职位之间还可以相互转换。如此诱人的晋升和发展前景让追求成功和实现自身价值的员工更加努力工作。

巩固拓展

一、选择题（不定项选择）

1. 马斯洛的需要理论要素有（　　）。

A. 生理　　B. 安全
C. 社会　　D. 尊重　　E. 自我实现

2. 双因素理论包括（　　）。

A. 激励因素　　B. 公平因素
C. 成长因素　　D. 保健因素

3. 强化理论的基本方式包括（　　）。

A. 正强化　　B. 负强化
C. 自然消退　　D. 惩罚

二、分析题

请用相关理论分析企业实行同工不同酬的现象。

三、实训题

为了提高本班同学的学习动力，请结合有关激励理论，为本班制订一套学习激励方案。

【实训要求】

（1）以小组为单位，为本班制订激励方案；

（2）每个小组独立完成，不能雷同。

【实训成果】

（1）各小组以PPT形式进行成果展示；

（2）接受教师和同学的现场提问；

（3）由教师和学生组成评委进行评分。

任务3　学会有效激励的常用方法

任务描述

某房地产开发有限公司创建于2005年，是具有时代风格的新型地产开发企业，拥有固定资产7亿多元人民币。公司设有总经办、财务部、造价部、材料设备部、企划部、销售部、技术开发部、工程部等职能部门，近10年来公司在经营管理上不断创新，逐步向科学化、系统化、规范化发展，形成市场化的可持续发展的管理体系。随着公司的不断发展，公司高层希望能持有公司的股份，甚至实现控股。如何去制订激励约束的方案，对于高管的长期激励到底是虚拟方式还是实质性持有，激励范围的确定、持股数量的确定以及资金来源等问题一直困扰着该公司董事会。

经过诊断调研，发现该公司在管理上存在着以下主要问题：

1. 认同公司的战略目标，但如何实现不太清楚；

2. 因历史原因，股权结构非常混乱，要制订合理持股方案，必须理顺目前的股权结构；

3. 薪酬结构比较单一，75%参与问卷调查人员认为有必要实行长期激励；

4. 67%的参与问卷调查人员不了解或者不清楚管理层持股等激励工具；

5. 38%的人员能拿出的购股现金上限是10万元。

问题：针对该公司存在的问题，请为该公司提出有效的激励方案。

任务领取

1. 以小组为单位完成任务，4～6人为一组，选出一名组长，负责安排组员工作，并进行监督。

2. 查阅资料或课本，了解相关有效的激励方法。

3. 分析该公司存在的问题，集体商量讨论解决措施。

4. 运用所学的激励方法，小组形成有效的激励方案。

5. 小组指派两名成员将激励方案在班上进行展示。

知识储备

有效的激励会点燃员工的激情，促使他们的工作动机更加强烈，让他们产生超越自我和他人的欲望，并将潜在的巨大的内驱力释放出来，为企业的远景目标奉献自己的热情。

一、关爱激励法

“卓有成效的企业福利需要和员工达成良性的沟通。”要真正获得员工的心，公司首先要了解员工的所思所想以及他们内心的需求。从某种程度上来说，员工的心是“驿动的心”，员工的需求也随着人力资源市场情况的涨落和自身条件的改变在不断变化。

具体做法有三种：

第一，关心员工的身体健康。对于下级健康的关怀不仅是对他的身体做定期检查，还应该积极地改善工作环境，改进工作条件，降低劳动强度。在下级工作十分繁忙或加班加点时，应做到现场走一走，道一声辛苦，送一份温暖，以示理解和支持。

第二，关心员工的生活。在条件允许的情况下，对于员工生活要予以关心，特别是对一个团体中层以上干部核心更应关心，让其感到工作有奔头、梦想有盼头；反之，生活条件差，人人还在围绕温饱问题而发愁，再多的宣传口号也难以使高昂士气保持长久，最终是留不住优秀人才的。

第三，关心员工的亲属。通过这样一种关怀反过来激励员工。如谁家有“火灾”“亲属死亡”等，除公司出一些资助外，必要时自己亲自去看望。此法虽平凡，但意义深远，作用巨大。

管理个案分析

在把公司看作大家庭的日本，老板很重视员工的婚姻大事。例如，日立公司内就设立了一个专门为员工架设“鹊桥”的“婚姻介绍所”。一个新员工进入公司，可以把自己的学历、爱好、家庭背景、身高、体重等资料输入“鹊桥”电脑网络。当某名员工递上求偶申请书，他（或她）便有权调阅电脑档案，申请者往往利用休息日坐在沙发上慢慢地、仔细地翻阅这些档案，直到找到满意的对象为止。一旦他被选中，联系人会将挑选方的一切资料寄给被选方，被选方如果同意见面，公司就安排双方约会。约会后双方都必须向联系人报告对对方的看法。日立公司人力资源部门的管理人员说：由于日本人工作紧张，职员很少有时间寻找合适的生活伴侣。我们很乐意为他们帮这个忙。另外，这样做还能起到稳定员工、增强企业凝聚力的作用。

【互动天地】阅读以上案例你受到什么启示？

二、尊重激励法

尊重激励法就是乐于向下属征求意见，需要以尊重有功之臣的做法来使员工感到自己对组织的重要性，并且表明你很在乎他们想法的一种激励方法。

具体做法如下：

第一，尊重下属。①当你跟下属交流时，不要只告诉他们怎样做，而应该用你的说服力使他们想做你需要他们做的事，这就是要你指出他们这样做能得到什么好处。②当下级向你提意见和建议时，即使不全对，也要耐心听完，因为他在向你陈述之前，肯定是费了许多心思去准备，如果积极倾听，并向他询问对策，那么下属必然设法主动提出建议。如果形成了这样的领导风格，就能促使下属积极思索，锐意进取，而不是在领导面前整天发牢骚，发泄怨气。③每隔一段时间对下属的工作做出正式或非正式的评估，值得注意的是，在说出你的评估之前先问一问他们是怎样评价自己的。

第二，尊重员工的正常需要。人是企业中最重要的因素，对于人的需要予以重视是理所当然的。但在实际工作中往往出现错位，例如，重视追求资金回笼，忽略对人员需要的重视。当资金回笼出现受阻或一台机器出现故障时，企业领导会通宵达旦地研究解决（资金设备当然都很重要，这里只是比方），但是当下级出现工作上的不适应或发怨气时等，企业领导往往视而不见，甚至片面地理解为员工素质低下。这实际上对企业发展不利，甚至可怕，当员工感到自己不如公司的一台机器的价值时，其心境是可想而知的。

管理个案分析

在惠普公司里存放电气和机械零件的实验室备品库是全面开放的，允许甚至鼓励工程师在企业或家中任意使用。惠普的观点是：不管他们拿这些零件做什么，反正只要他们摆弄这些玩意儿就总能学到东西。公司没有作息表，也不进行考勤，每个员工可以按照个人的习惯和情况灵活安排。惠普在员工培训上一向不惜血本，即便人员流失也在所不惜。

惠普的创始人比尔·休利特说："惠普的成功主要得益于'重视人'的宗旨，就是从内心深处相信每个员工都想有所创造。我始终认为，只要给员工提供适当的环境，他们就一定能做得更好。"基于这样的理念，惠普特别关心和重视每个人，承认他们的成就、尊严和价值。

【互动天地】惠普公司采用了什么方法激励员工？

三、情绪激励法

情绪激励法就是通过在一个团体内部建立起亲密、和谐气氛来激励员工士气的方法。管理心理学研究表明，如果一个群体中占优势的情绪是友好、友爱、满足、谅解、愉快等，那么这个群体的心理气氛是积极的；相反，如果一个群体中占优势的情绪是敌意、争吵、欺诈、冲突等，那么这个群体的心理气氛就是消极的。具有消极气氛的组织必然是一群缺乏战斗力的乌合之众，而乌合之众显然不利于企业整体目标的实现，作为企业领导应尽量消除这种消极气氛，创造出积极气氛。

四、赞美激励

管理者要善于发现员工的优点，然后发自内心赞美，也是一种有效的激励手段。当员工取得成绩时，拍拍肩膀，给员工一个微笑，就是有效激励。管理就是激励，只要善于对员工进行有效激励，定会提高员工绩效，达成企业战略目标。企业应结合企业实际，因地制宜，建立相关的激励制度与流程，让其落地，最终形成良好的激励文化，才是正确的选择。

管理个案分析

两名保龄球教练分别训练各自的队员。他们的队员都是一球打倒了 7 只瓶。教练甲对自己的队员说：“很好！打倒了 7 只。”他的队员听了教练的赞扬很受鼓舞，心里想，下次一定再加把劲，把剩下的 3 只也打倒。教练乙则对他的队员说：“怎么搞得！还有 3 只没打倒。”队员听了教练的指责，心里很不服气，暗想，你咋就看不见我已经打倒的那 7 只。结果，教练甲训练的队员成绩不断上升，教练乙训练的队员打得一次不如一次。

【互动天地】两名保龄球教练的说话方式有何不同？教练甲的队员成绩为何不断上升？

五、行为激励法

用企业领导者在某些方面的有意行为来激发下级的激励方法就是行为激励法。由于企业领导者处于员工有目共睹的特殊地位，其一言一行自然就成为众人关注的焦点，因而在一个企业里，没有什么比企业最高层领导亲自过问某事或采取某项行为更能说明此事的重要性了。

行为激励法的三个要点。

（1）生活上的行为激励。分三个方面：①有乐同享；②有苦同当；③有难当先。

（2）工作上的行为激励。领导人身先士卒，不是在危难之时才表示出来，而是在平时小事上也要表现出身先士卒，起到表率作用。

（3）态度上的激励。由于态度是认知因素、情感因素和行为因素所构成的，当出现紧急情况时，领导人惊慌失措就必然影响下级的情绪，搞得手忙脚乱，不知所措，结果会坏大事。

管理智慧树

美国管理者麦科马克在其《营销诀窍》一书中讲了这样一件事：他的一位叫狄罗伦的朋友在他任通用汽车公司雪弗莱车工厂的总经理不久，有一次他去达拉斯出席一项业务会议。当他抵达旅馆之后，便发现公司的人已经送了一篮水果到他房间，他看后幽默地说："咦！怎么没有香蕉呢？"从此以后，整个通用汽车公司都流传着"狄罗伦喜欢香蕉"的说法，尽管他向人解释那只不过是随便说的，但他的汽车里、包机里、旅馆里，甚至会议桌上，总是摆着香蕉！可见，企业领导者的行为会产生多么大的作用！

六、正负激励法

正负激励法，顾名思义即正激励和负激励。正激励为奖赏，是对其行为的肯定，目的是鼓励其行为继续进行下去；负激励是对其行为的否定，目的在于制止其行为的继续，这两者同等重要。

这一激励法的基本要点：其一，只对成功突出者予以奖赏。如果见者有份，既助长了落后者的懒惰情绪，又伤害了先进者的努力动机，从而失去了激励的意义。其二，重奖重罚。对克服重重困难方才取得成功者，"奖如山"；对于玩忽职守，造成重大责任损失者，要"罚如溪"。其三，奖励向累、苦、难等岗位倾斜，这是因为劳动仍是人们谋生的一种手段，只有向累、苦、难等岗位倾斜，其奖励才能真正体现劳动价值。

七、目标激励法

企业目标既是行动要达到的结果，又是考核行为结果大小的尺度。因此，不但要使整个目标体系内部各目标彼此相容，而且目标还必须具有激励性，使执行者感到完成目标对于自身的作用。要点：一是目标简明，使人容易理解，从而提高目标效价，激励主导动机。目标只有两个：①经济目标；②时间目标。二是目标分解要具体可行，有时间、地点、任务、内容，工作要求衡量方法等方面的具体要求。

八、角色换位激励法

主要做法有：其一，在一定范围内实行工作定期轮换制，这样可以使该范围的每一个员工都有机会在每一个工作岗位上工作，尝试不同的工作方法，便于他们掌握较全的技术，增添工作的新鲜感；同时也是对自身能力的挑战，还可以使员工体验到各个岗位的工作难处，促进他们进行将心比心的换位思考。其二，给予员工在其职责和工作范围内的某些自主决定权，干得越好，给予的自主决定权越多。这样有利于增强员工的工作责任感，让他们在平凡的岗位上显露才华，同时要让员工有机会设立工作和个人目标，从而为真正有效地实行目标管理打下基础。其三，在不影响正常工作秩序的情况下，实行弹性工作制。这样做有利于员工根据自己生活的各种具体情况，既发挥自己的主动作用，又能相对灵活地自由支配一段时间，恰当地调整好工作秩序和生活节奏。其四，实行各种形式的奖励办法，如除给予物质奖励外，可考虑奖励休假时间，授予某种特殊荣誉称号及头衔，给予进修机会等。其五，及时进行反馈，适当进行交流。职能部门应该及时地将工作质量对别人工作的影响（好的、坏的）以及给企业带来的各种影响通报给参与此项工作的人员，使其明白，他们的劳动给别人带来了多大的成功、多大的方便或是多大的损失、多大的麻烦，而不是简单说一声合格或不合格。

管理智慧树

一个人去买鹦鹉。看到一只鹦鹉前标：此鹦鹉会两门语言，售价二百元。另一只鹦鹉前标：此鹦鹉会四门语言，售价四百元。该买哪只呢？两只都毛色光鲜，十分灵活可爱。这人转啊转，拿不定主意。结果突然发现一只老掉了牙的鹦鹉，毛色暗淡散乱，标价八百元。这人赶紧将老板叫来："这只鹦鹉是不是会说八门语言？"店主说："不。"这人奇怪了："那为什么又老又丑，又没有能力，会值这个数呢？"店主回答："因为另外两只鹦鹉叫这只鹦鹉老板。"

九、纪律激励法

纪律激励法就是用纪律和制度来约束和规范执行者与操作者行为的激励方法。它是一种负激励法，表现只罚不奖，因为遵守纪律是理所应当的，而不遵守纪律当然应该受到制裁和处罚。

要发挥纪律激励作用，需要做到以下两点：

（1）纪律是绝大多数人都能够遵守的，即纪律要合乎情理。反之如果订的纪律不合情理，不仅起不到激发员工遵守纪律的目的，而且可能使员工产生强烈的对立情绪，出现负效应。

（2）只罚不奖。由于所订纪律是合乎大多数人利益的，是合乎情理的，因而大多数人都能遵守。这时如果对遵守纪律的人给予奖励，就违背了奖励的差别性原则，达不到激励的作用。而一些企业设立的“全勤奖”“安全奖”等，我个人认为是不应该的，是不能发挥纪律激励作用的。

十、公平激励法

公平激励法即不唯亲，不唯上，不唯己，只唯实，公平处置。要点：

（1）不唯亲，不避疏。无论所爱还是所恨，一律以制度这把尺子去衡量，当一个人处于领导地位时，他的亲属、朋友、熟人总想从他那里得到一些好处，若想当一个有求必应的“好人”，则激励制度无法执行。只有做到不避亲疏，一视同仁，工作才会好开展。

（2）不唯上，不避下。在激励制度面前，人人平等，不分上下。

（3）不唯己，不避错。在执行制度过程中，不以个人看法代替现实情况，不出偏差。倘若出现偏差，也不要顾及虚荣的尊严予以回避，而应该老老实实地承认有错，并及时纠正，这样做带来的效果远大于不认错的“唯我”做法。

十一、危机激励法

当企业所面临的环境或对手的力量危及自身的生存时，就可以用“不死即生”的方法来激励员工，这就是危机激励法。

具体做法是：其一，必须将目前的危机状况告诉全体员工，目的在于使员工有大难临头的危机感。其二，必须有不战即亡的表示，断绝员工的其他念头。其三，激发员工的情绪，使大家无所畏惧，同时也便于大家能齐心协力，爆发出平时没有的力量。其四，寻找危机突破口，将力量集中于此，让大家铆足了劲儿，一举爆发出来，定能突破难关。尽管危机激励法特殊，不可常用，但使员工有危机意识，不满企业在本地、本行业中的现有地位都是十分必要的。

管理智慧树

一天，一头驴子不小心掉进一口枯井里，农夫绞尽脑汁想办法救出驴子，但几个小时过去了，驴子还是在井里痛苦地哀嚎着。最后，这位农夫决定放弃。于是他便请来左邻右舍帮忙一起将井中的驴子埋了，以免除它的痛苦。农夫的邻居们人手一把铲子，开始将泥土铲进枯井中。当这头驴子了解到自己的处境时，刚开始叫得很凄惨。但出人意料的是，一会儿之后这头驴子就安静下来了。农夫好奇地探头往井底一看，出现在眼前的景象令他大吃一惊：当铲进井里的泥土落在驴子的背部时，驴子的反应令人称奇——它将泥土抖落在一旁，然后站到铲进的泥土堆上面！

就这样，驴子将大家铲在它身上的泥土全数抖落在井底，然后再站上去。很快地，这只驴子便上升到了井口，然后在众人惊讶的表情中快步地跑开了！

任务实施

一、明确组员分工

任务实施过程中要明确分工任务，组长要调动组员充分表达不同意见，形成职责清晰的任务分工表。

组员姓名	任务分工	主要方法	提交任务成果的方式

二、过程监督

把总任务完成的时间划分为不同工作阶段，请各组成员在任务实施过程中做好过程记录，组长负责监督，全组共同完成进度监督表。

工作阶段	时　间	进度描述	检查情况记录	改善措施以及建议

三、各组成员记录任务实施过程中的困难及收获

困难：______________________________

小组成员想到的解决方法：______________________________

____

本次活动的收获：______________________________

____

四、制订方案

在完成上述的准备工作后，小组成员共同讨论该公司存在的问题及商量方案的制订。

五、成果展示

每个小组在完成任务后，在班上进行小组成果展示。由教师确定每组两位同学上台讲述具体的激励方案，其他小组认真聆听并适时提问。

六、评价反馈

各小组根据以下评价项目，结合各自在活动过程中的表现和实施情况进行自我评价与小组评价，教师对小组表现进行综合评价。

评价项目	评价标准	配分（分）	自我评价（20%）	小组评价（30%）	教师评价（50%）
知识准备完成情况	按完成比例给分	10			
激励的方法及运用	对激励方法的认识 5 ~ 10 分 激励方案的内容 5 ~ 10 分 展示的亮点突出 10 ~ 20 分	30			
工作过程中所做贡献	贡献最大 30 分以上 贡献较大 19 ~ 30 分 贡献很少 1 ~ 18 分 基本无贡献 0 分	40			

续 表

评价项目	评价标准	配分（分）	自我评价（20%）	小组评价（30%）	教师评价（50%）
团队合作责任意识	无团队意识扣 7～10 分 无责任心扣 7～10 分	10			
现场遵守纪律、执行 6S 情况	违反课堂纪律扣 7～10 分 着装不规范扣 3～5 分 工作组台面不整齐、地面有垃圾的扣 5～8 分	20			
合　计					

延伸阅读

欧莱雅的激励机制

欧莱雅集团是《财富》世界 500 强之一，世界著名化妆品生产厂家，创建于 1907 年。除化妆品外，该集团还经营高档消费品，并从事制药和皮肤病研究。具体包括：化妆品、染发用品、护肤品、防晒用品、彩妆、淡香水和香水、皮肤病研究、制药、高档消费品。

欧莱雅十分重视激励机制，树立诱人梦想，带来好的“收成”。当员工以“诗人”的梦想与“农民”的实干实现了一个又一个成就，欧莱雅的激励机制都会给予公平、及时的肯定，刺激员工取得更高的业绩，实现更大的梦想。欧莱雅希望员工把公司的钱当作自己的钱来经营，把欧莱雅的生意当作自己的生意来看管，让每一名欧莱雅人都成为公司的“主人翁”。

在巴黎欧莱雅总部，对刚生完孩子的女性员工，除了政府规定要给的四个半月的薪水外，欧莱雅公司还给这些职工多加一个月的薪水，并可以在两年之内的任何时候领取。欧莱雅的 8000 名经理中，2000 名已购有股权。如此优厚的员工福利，使欧莱雅的人才流失率保持在很低的水平，每名欧莱雅员工平均在公司工作 14 年。欧莱雅负责人力资源关系的副总裁 Francois Vachey 说：“员工的忠诚度对公司来说非常重要。他们来了，加入了我们，然后留了下来。”

关怀、信任、扶持人才，尤其是年轻人才，是欧莱雅保持朝气与活力的制胜之道。大大超出市场平均水平的优厚的薪资福利，灵活机动的晋升机制，全球内部员工股权认购、年终分红、利润共享的激励策略，吸引着全球各地的人才带着热情与智慧投入欧莱雅的怀抱。

欧莱雅建立了由薪资、奖金、利润分享、股权、晋身与岗位轮换、巴黎培训及与高层沟通等众多激励方式组成的激励体系。

一、薪资

在薪资方面，欧莱雅为员工提供在行业中位于中上水平、富有竞争力的薪资。薪资根据岗位责任与业绩而定。

宋·苏轼《滕县公堂记》："才有大小，故养有厚薄。"才能有大小高低，所以决定了待遇有高低厚薄。

二、年终浮动奖金、利润分享

每年年底，根据员工的业绩表现，员工会得到相应的奖励。奖金的幅度完全与业绩挂钩，表现突出奖金也多，表现差的员工甚至拿不到奖金。同时，每年公司还有利润分享计划，拿出一定比例的收益与每一位欧莱雅员工分享。

三、股权

股权也是一种很重要的激励方式，得到股权奖励的员工也意味着将有更多的机会在海外从事工作或培训。

四、晋升与岗位轮换

表现优秀的员工，毫无疑问将优先得到职位晋升的机会。欧莱雅有着众多的品牌与事业部以及各种产品线，当公司中某个职位出现空缺时，欧莱雅会优先考虑留给公司内部表现突出的员工，让员工感到欧莱雅用人的灵活性。

五、培训机会

欧莱雅人视能够被派往法国巴黎总部培训为一种很大的激励。能够被选送到巴黎培训不仅仅是去学习某项技能以及建立内部工作关系，更是一种荣誉，只有表现最突出的经理人才能得到去巴黎总部学习的机会。

六、与高层沟通

欧莱雅高层与员工的沟通也起到很好的激励作用。例如，创造欧莱雅神话的 CEO 欧文于 2003 年年初访问中国，与欧莱雅中国员工进行面对面的沟通，表扬他的爱将盖保罗，激励中国的欧莱雅人，为欧莱雅（中国）的"诗人"们带来了新的梦想与激情。欧莱雅（中国）公司的总裁盖保罗是一名很活跃的意大利人，他会利用各种机会在各种场合与员工沟通，每一次的新员工培训，他都要亲自参加，向新人介绍欧莱雅，激励他们在欧莱雅实现梦想。

巩固拓展

一、选择题（不定项选择）

1. 将目前的危机状况告诉全体员工，目的在于使员工有大难临头的危机感，属于（ ）激励方法。

A. 关爱　　B. 公平

C. 危机　　D. 尊重

2. 行为激励法是用（ ）在某些方面的有意行为来激发下级的激励方法就是行为激励法。

A. 企业员工　　B. 企业领导者

C. 职场经理　　D. 企业文化

二、分析题

请用所学的激励常用方法解释企业为员工举办生日 party 的现象。

三、实训题

求生的欲望

古希腊有个大哲学家苏格拉底，哲学在当时是很崇高的职业，因此很多年轻人来找苏格拉底学习。一个年轻人来了，想学习哲学，苏格拉底一言不发，带着他来到一条河边。忽然用力把他推到河里，年轻人起先以为苏格拉底在跟他开玩笑，并不在意，结果苏格拉底也跳到水里，并且拼命地把他往水里按。这下子，年轻人真的慌了，求生的本能使他拼尽全力将苏格拉底掀开，爬上岸。

年轻人不解地问苏格拉底为什么要这样，苏格拉底回答说："我只想告诉你，做任何事情必须有绝处求生那么大的决心，才能获得真正的成就。"

【问题与思考】

阅读以上故事，你对企业的激励方法有什么启发？

项目九 有效沟通

项目目标

1. 了解沟通的内涵和作用
2. 掌握管理沟通的过程
3. 学会不同的沟通方法
4. 了解沟通的障碍
5. 掌握克服沟通障碍的方法

项目子任务

任务 1 认识沟通
任务 2 掌握沟通的方法
任务 3 学会克服沟通的障碍

项目引例

春秋战国时期，耕柱是一代宗师墨子的得意门生，不过，他老是挨墨子的责骂。有一次，墨子又责备了耕柱，耕柱觉得自己真是非常委屈，因为在许多门生之中，大家都公认耕柱是最优秀的人，但又偏偏常遭到墨子指责，让他很没面子。一天，耕柱愤愤不平地问墨子："教师，难道在这么多学生当中，我竟是如此的差劲，以至于要时常遭您老人家责骂吗?"墨子听后，毫不动肝火："假设我现在要上太行山，依你看，我应该要用良马来拉车，还是用老牛来拖车?"耕柱回答说："再笨的人也知道要用良马来拉车。"墨子又问："那么，为什么不用老牛呢?"耕柱回答说："理由非常简单，因为良马足以担负重任，值得驱遣。"墨子说："你答得一点也没有错，我之所以时常责骂你，也是因为你能够担负重任，值得我一再地教导与匡正你。"

项目提要

以上案例说明，沟通是两个人的沟通，如果单单只是一个人在沟通，那么误解和沟通过程中的困难难免会产生，这样对双方的理解都会产生一定的障碍。在企业平时的管理沟通中，管理者应该和下属员工多进行工作上的沟通，下属员工应多向上级管理者传达自己的意见和对工作的想法。沟通是做好工作的前提，沟通也是工作进行的最直接手段，确保公司上下信息沟通顺畅，才能保持员工较高的工作效率。同时，良好的沟通氛围能使员工工作更开心，公司的凝聚力更强。通过本项目的学习，能了解沟通的内涵和作用、沟通的过程、沟通的不同方法，并对如何克服沟通的障碍进行了探讨。

任务1　认识沟通

任务描述

周红是一位人力资源专业毕业的本科生，通过面试顺利进入启明灯饰有限公司，担任人力资源专员一职。周红怀着对公司和岗位的美好憧憬开始第一天上班，到公司报到后，坐在办公桌前，面对陌生的环境，不知从何下手，偶尔浏览下网页，偶尔看看手机，看见办公室里每一位同事都忙得不可开交，自己却无所事事地坐着，但是领导始终没有安排任何工作给她，就这样一天时间过去了。第二天，领导拿来一份资料给她，上面写着公司各部门的办公室位置，并对周红说："小周，你今天的任务就是让公司各部门的领导都认识你，同时，你也要去收集各部门人力资源的基本情况并形成文字材料。"听完后，周红一筹莫展，不知如何开展这项工作。

问题一：周红第一天上班为什么会没事情做？如果是你，碰到这种情况怎么办？

问题二：如果你是周红，你将如何开展这项工作？

任务领取

1. 以小组为单位完成任务，4～6 人为一组，选出一名组长，负责安排组员工作，并进行监督。

2. 查阅资料或课本，了解沟通的含义、过程等相关知识点。

3. 讨论周红第一天上班没事情做的原因，并提出解决方案。

4. 通过角色扮演的形式进行情景模拟。

5. 最终形成各部门人力资源基本情况的文字材料。

知识储备

“企业管理过去是沟通，现在是沟通，将来还是沟通。”松下幸之助的这句话告诉我们沟通在企业管理中占据着重要的地位，有的人甚至把管理等同于沟通，这样的说法未免夸大，但沟通的重要意义不可忽视。法约尔指出管理分为五大职能，即计划、组织、指挥、协调和控制，事实上沟通贯穿于管理活动的全过程，管理的五大职能都与沟通分不开。由此可见，沟通对于企业来说至关重要，企业管理活动的每一件事都包含着沟通的任务。

一、沟通的含义

沟通是人类社会交往的基本行为过程，人们具体沟通的方式、形式也多种多样。美国学者一项研究结果表明，对于什么是沟通，各家有各家的说法，关于沟通的定义竟然达一两百种之多。应该说，每种定义都从某个角度揭示了沟通的部分真理。

“决策学派”管理学家西蒙认为，沟通“可视为任何一种程序，借此程序，组织中的每一成员，将其所决定的意见或前提，传递给其他有关成员”。

中国学者苏勇在其编著的《管理沟通》中，从管理的角度，特别是从领导工作职能特性的要求出发，吸收了信息学的研究成果，将沟通定义为“沟通是信息凭借一定符号载体，在个人或群体间从发送者到接受者进行传递，并获取理解的过程”。他说的沟通实际上是一般沟通。

美国学者桑德拉·黑贝尔斯、里查德·威沃尔在其最新的《有效沟通》一书中，则将沟通进一步定义为“沟通是人们分享信息、思想和情感的任何过程。这种过程不仅包含口头语言和书面语言，也包含形体语言、个人的习气和方式、物质环境——赋予信息含义的任何东西”。

综合以上所述，本书认为：沟通是指为达到一定的目的，将信息、思想和情感在个人或群体间进行传播与交流，并获得理解的全过程。具体来说，可从以下三方面进行理解：

（1）沟通时双方的行为。沟通必须有信息的发送者和接收者。其中，双方既可以是个人，也可以是群体或组织。

（2）具备信息内容。在沟通的过程中，这种信息内容不像有形物品一样由发送者直接传递给接收者，一般信息的传递都是通过一些符号来实现的。例如，语言、身体动作和表情等，这些符号经过传递，往往都附加了发送者和接收者一定的态度、思想和情感。

(3) 沟通是一个传递和理解的过程。如果信息没有被传递到对方，则意味着沟通没有发生，而信息在被传递之后还应被理解。

管理智慧树

美国普林斯顿大学对一万份人事档案进行了分析，结果是：智慧、专业技术、经验只占成功因素的25%，其余75%决定于良好的人际沟通。

美国哈佛大学调查结果显示：在500名被解职的男女中，因人际沟通不良而导致工作不称职者占82%。

福特公司的董事长亨利·福特曾说："作为福特公司的董事长，我告诫自己，必须与各界确立和谐关系，不可在沟通上无能为力。"

二、沟通的作用

沟通是自然科学和社会科学的混合物，是企业管理的有效工具。沟通还是一种技能，是一个人对本身知识能力、表达能力、行为能力的发挥。无论是企业管理者还是普通的职工，都是企业竞争力的核心要素，做好沟通工作，无疑是企业各项工作顺利进行的前提。有效沟通在企业管理中的重要性主要表现在以下方面。

(一) 准确理解公司决策，提高工作效率

公司决策需要一个有效的沟通过程才能施行，沟通的过程就是对决策的理解传达的过程。决策表达得准确、清晰、简洁是进行有效沟通的前提，而对决策的正确理解是实施有效沟通的目的。在决策下达时，决策者要和执行者进行必要的沟通，以对决策达成共识，使执行者准确无误地按照决策执行，避免因为对决策的曲解而造成执行失误。

(二) 化解管理矛盾，增进了解

由于不同的人群对信息感知存在差异性，就需要进行有效的沟通来弥合这种差异性，以减小由于人的主观因素而造成的时间、金钱上的损失。准确的信息沟通无疑会提高我们的工作效率，使我们舍弃一些不必要的工作，以最简洁、最直接的方式取得理想的工作效果。在信息的流动过程中必然会产生各种矛盾和阻碍因素，只有在部门之间、职员之间进行有效的沟通才能化解这些矛盾，使工作顺利进行。

(三) 从表象问题过渡到实质问题的手段

企业管理讲求实效，只有从问题的实际出发，实事求是才能解决问题。而在沟通

中获得的信息是最及时、最前沿、最实际、最能够反映当前工作情况的。在企业的经营管理中出现的各种各样的问题，如果单纯地从事物的表面现象来解决问题，不深入了解情况，接触问题本质，会给企业带来灾难性的损失。个人与个人之间、个人与群体之间、群体与群体之间开展积极、公开的沟通，从多角度看待一个问题，那么在管理中就能统筹兼顾，未雨绸缪。

（四）激励员工的有效途径

人具有自然属性和社会属性，在实际的社会生活中，在满足其生理需求时还要满足其精神需求。每个人都希望得到别人的尊重、社会的认可和自我价值的实现。一个优秀的管理者，就要通过有效的沟通影响甚至改变职员对工作的态度、对生活的态度。在有效沟通中，企业管理者要对职工按不同的情况划分为不同的群体，从而采取不同的沟通方式。如按年龄阶段划分为年轻职工和老职工，对年轻的、资历比较浅的职工采取鼓励认可的沟通方式，在一定情况下让他们独立承担重要工作，并与他们经常在工作生活方面沟通，对其工作成绩认可、鼓励，激发他们的创造性和工作热情，为企业贡献更大的力量。对于资历深的老同志，企业管理者应重视并尊重他们，发挥他们的经验优势，与他们经常接触，相互交流，给予适当的培训，以调动其工作积极性。

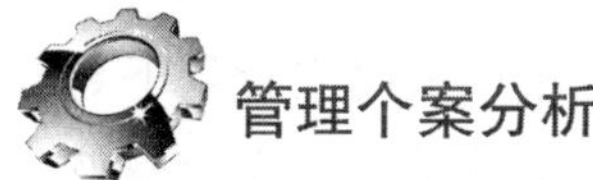

管理个案分析

麦当劳快餐店创始人雷·克罗克，是美国社会最有影响的十大企业家之一。他不喜欢整天坐在办公室里，大部分工作时间都用在“走动管理”上，即到各公司、部门走走、看看、听听、问问。麦当劳公司曾有一段时间面临严重亏损的危机，克罗克发现其中一个重要原因是公司各职能部门的经理有严重的官僚主义，习惯躺在舒适的椅背上指手画脚，把许多宝贵时间耗费在抽烟和闲聊上。于是克罗克想出一个“奇招”，将所有经理的椅子靠背锯掉，并立即照办。开始很多人骂克罗克是个疯子，不久大家开始悟出了他的一番“苦心”。他们纷纷走出办公室，深入基层，开展“走动管理”。及时了解情况，现场解决问题，终于使公司扭亏为盈。著名的管理学大师彼得·德鲁克（Peter Drucker）说：“人无法只靠一句话来沟通，总是得靠整个人来沟通。”

【互动天地】麦当劳公司在与员工沟通中采取了什么措施？达到了什么效果？

三、沟通过程的八要素模型

沟通过程就是发送者将信息通过一定的渠道传递给接收者的过程。沟通过程离不开沟通主体（发送者）、沟通客体（接收者）、信息（包含中性信息、理性的思想与感性的情感）、信息沟通渠道等基本沟通要素。一个完整的沟通过程包括了主体/发送者、编码、渠道（媒介）、解码、客体/接受者、反馈、噪声与背景。任何简单或复杂的沟通都遵循这个沟通过程的八要素模型。

①主体/发送者，即信息源与沟通发起者，这是沟通的起点。

②编码，即组织信息，把信息、思想与情感等内容用相应的语言、文字、图形或其他非语言形式表达出来就构成了编码过程。

③渠道，即媒介、信息的传递载体，除了语言面对面的交流外，还可借助电话、传真、电子邮件、手机短信等媒介传递信息。

④解码，即译码，接收者对所获取的信息（包括了中性信息、思想与情感）的理解过程。

⑤客体/接收者，即信息接收者、信息达到的客体、信息受众。

⑥反馈，接收者获得信息后会有一系列的反应，即对信息的理解和态度，接收者向发送者传送回去的那部分反应即反馈。

⑦噪声，上述六个环节在进行过程中，不可避免地会遇到各种各样的干扰，统称噪声，它存在于沟通过程的各个环节，并有可能造成信息损耗或失真。常见的噪声源来自以下方面：发送者的目的不明确、表达不清、渠道选择不当，接收者的选择性知觉、心理定式，发送者与接收者的思想差异、文化差异、忽视反馈。

⑧背景，即沟通过程所处的背景环境，同样的一次沟通在不同的时空背景下导致的沟通效果是不一样的，正是因为沟通双方的人际关系是动态变化的，从而使得彼此之间的沟通效果也是动态变化的。

管理沟通的过程，如图 4 -7 所示。

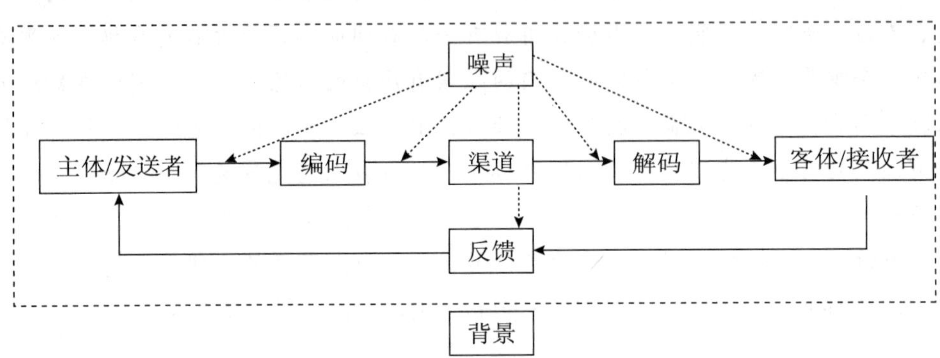

图 4 -7　管理沟通的过程（八要素模型）

发送者把意图编码成信息，通过媒介物——渠道传送至接收者；接收者对接收到的信息加以解码，并对发送者做出相应的反应，称为反馈；在沟通过程中不可避免地会存在各种噪声干扰，导致沟通效果缺憾，同时由于每次沟通都处于一定的环境背景当中，不同的时空背景下，沟通效果也会大相径庭。

根据管理沟通的要素分析，管理者要实现有效的沟通，应该从管理沟通的八要素入手，系统全面地考虑管理沟通的策略。针对上面沟通过程模型的八个要素，在本书模块四将分别介绍管理沟通主体策略、管理沟通客体策略、管理沟通的编码与解码策略、管理沟通的信息与渠道策略。

管理个案分析

美国知名主持人林克莱特一天访问一名小朋友，问他说：“你长大后想要当什么呀?”小朋友天真地回答：“嗯……我要当飞机的驾驶员!”林克莱特接着问：“如果有一天，你的飞机飞到太平洋上空所有引擎都熄火了，你会怎么办?”小朋友想了想：“我会先告诉坐在飞机上的人绑好安全带，然后我挂上我的降落伞跳出去。”当在现场的观众笑得东倒西歪时，林克莱特继续注视着这孩子，想看他是不是自作聪明的家伙。没想到接下来孩子的两行热泪夺眶而出，这才使得林克莱特发觉这孩子的悲悯之情远非笔墨所能形容。于是林克莱特问他说：“为什么要这么做?”小孩的答案透露出一个孩子真挚的想法：“我要去拿燃料，我还要回来!”

【互动天地】请用沟通的过程分析该案例。

任务实施

一、明确组员分工

任务实施过程中要明确分工任务，组长要调动组员充分表达不同意见，形成职责清晰的任务分工表。

组员姓名	任务分工	主要方法	提交任务成果的方式

二、过程监督

把总任务完成的时间划分为不同工作阶段，请各组成员在任务实施过程中做好过程记录，组长负责监督，全组共同完成进度监督表。

工作阶段	时　间	进度描述	检查情况记录	改善措施以及建议

三、各组成员记录任务实施过程中的困难及收获

困难：____

小组成员想到的解决方法：____

____

本次活动的收获：____

____

四、制订方案

在完成上述的准备工作后，小组成员共同商量对策，寻找周红与部门沟通的最好方法。

五、成果展示

每个小组在完成任务后，在班上进行小组成果展示。可以通过角色扮演、情景模拟等不同形式把周红与公司部门进行沟通的情景演示出来，并形成文字材料上交。

六、评价反馈

各小组根据以下评价项目，结合各自在活动过程中的表现和实施情况进行自我评价与小组评价，教师对小组表现进行综合评价。

评价项目	评价标准	配分（分）	自我评价（20%）	小组评价（30%）	教师评价（50%）
知识准备完成情况	按完成比例给分	10			
沟通的含义和沟通过程的要素	对沟通含义的理解 5 ~ 10 分 沟通的要素 5 ~ 10 分 展示的亮点突出 10 ~ 20 分	30			

续 表

评价项目	评价标准	配分（分）	自我评价（20%）	小组评价（30%）	教师评价（50%）
工作过程中所做贡献	贡献最大30分以上 贡献较大19～30分 贡献很少1～18分 基本无贡献0分	40			
团队合作责任意识	无团队意识扣7～10分 无责任心扣7～10分	10			
现场遵守纪律、执行6S情况	违反课堂纪律扣7～10分 着装不规范扣3～5分 工作组台面不整齐、地面有垃圾的扣5～8分	20			
合 计					

延伸阅读

摩托罗拉公司在中国的沟通

摩托罗拉公司于1992年在天津经济开发区破土兴建它的第一家寻呼机、电池、基站等5个生产厂，成为摩托罗拉公司在其本土之外最大的生产基地，投资额比原来最初的投资增加了9倍，工人数从不到100人增加到了8000多人。年产值达28亿美元，这是一个在华投资成功的企业。

在摩托罗拉公司，每一个公司的高级主管都被要求与普通操作工形成介乎于同事与兄弟姐妹之间的关系——在人格上千方百计地保持平等。“对人保持不变的尊重”是公司的个性。最能体现其个性的是它的“Open Door”。“我们所有管理者办公室的门都是绝对敞开的，任何职工在任何时候都可以直接推门进来，与任何级别的上司平等交流。”

每个季度第一个月的1日到21日，中层干部都要同自己的手下和自己的主管进行一次关于职业发展的对话，回答“你在过去三个月里受到尊重了吗”之类的6个问题。这种对话是一对一和随时随地的。

摩托罗拉的管理者们为每一个下层的被管理者预备了11条这种“Open Door”式表达意见和发泄抱怨的途径：

(1) I Recommend（我建议）。书面形式提出对公司各方面的意见和建议，“全面参与公司管理”。

（2）Speak out（畅所欲言）。保密的双向沟通渠道，如果员工要对真实的问题进行评论和投诉，应诉人必须在3天之内对隐去姓名的投诉信给予答复，整理完毕后由第三者按投诉人要求的方式反馈给本人，全过程必须在9天内完成。

（3）G. M Dialogue（总经理座谈会）。每周四召开座谈会，大部分问题可以当场答复，7日内对有关问题的处理结果予以反馈。

（4）Newspaper and Magazines（报纸和杂志）。公司给自己内部报纸起的名字叫《大家庭》。

（5）DBS（每日简报）。方便快速地了解公司和部门的重要事件与通知。

（6）Town－hall Meeting（员工大会）。由经理直接传达公司的重要信息，有问必答。

（7）Education Day（教育日）。每年重温公司文化、历史、理念和有关规定。

（8）Notice Board（墙报）。

（9）Hot Line（热线电话）。当你遇到任何问题时都可以向这个电话反映，昼夜均有人值守。

（10）ESC（职工委员会）。职工委员会是员工与管理层直接沟通的另一个桥梁，委员会主席由员工关系部经理兼任。

（11）589 Mail Box（589信箱）。当员工的意见尝试以上渠道后仍无法得到充分、及时和公正解决时，可以直接写信给天津市589信箱，此信箱钥匙由中国区人力资源总监亲自掌握。

巩固拓展

一、选择题（不定项选择）

1. 沟通是指为达到一定的目的，将（　　）、思想和情感在个人或群体间进行传播与交流，并获得理解的全过程。

A. 信息　　B. 知识

C. 语言　　D. 智力

2. 以下不属于沟通过程八要素的是（　　）。

A. 发送者　　B. 接收者

C. 效果　　D. 环境

二、分析题

请用沟通的相关知识分析“对牛弹琴”这句成语。

三、实训题

沟通能力自我测试

以下题目请凭第一感觉选择答案，最后算出总分，即可测试你的沟通能力。

1. 你上司的上司邀请你共进午餐，回到办公室后，你发现你上司对此颇为好奇，此时你会：

A. 告诉他详细内容

B. 粗略描述，淡化内容的重要性

C. 不透露蛛丝马迹

2. 当你主持会议时，有一位下属一直以不相干的问题干扰会议，此时你会：

A. 告诉该下属在预定的议程结束之前先别提出其他问题

B. 要求所有的下属先别提出问题，直到你把正题讲完

C. 纵容下去

3. 当你跟上司正在讨论事情，有人打长途电话来找你，此时你会：

A. 告诉对方你正在讨论重要的事情，待会再回电话

B. 接电话，而且该说多久就说多久

C. 告诉上司的秘书说不在

4. 有位员工连续四次在周末向你要求他想提早下班，此时你会说：

A. 你对我们相当重要，我需要你的帮助，特别是在周末

B. 今天不行，下午四点钟我要开个会

C. 我不能再容许你早退了，你要顾及他人的想法

5. 你刚好被聘为部门主管，你知道还有几个人关注这个职位，上班的第一天，你会：

A. 把问题记在心上，但立即投入工作，并开始认识每一个人

B. 忽略这个问题，并认为情绪的波动很快会过去

C. 找个别人谈话，以确认哪几个人有意竞争此职位

6. 有位下属对你说，“有件事我本不应该告诉你的，但你有没有听到……”你会说：

A. 谢谢你告诉我怎么回事，让我知道详情

B. 跟公司有关的事我才有兴趣听

C. 我不想听办公室的流言

7. 你认为你的文字和口头表达能力强吗？

A. 是　　　　B. 一般　　　　C. 很差

8. 你能很好地运用肢体语言表达你的意思吗？

A. 是　　　　B. 一般　　　　C. 很差

9. 一个陌生的人你能很容易地认识他吗？

A. 是　　B. 有时　　C. 否

10. 你能影响别人接受你的观点吗？

A. 是　　B. 有时　　C. 不能

11. 与人交谈时你能注意到对方所表达的情感吗？

A. 是　　B. 有时　　C. 不能

12. 你是否能用简单的语言来表述复杂的意思？

A. 是　　B. 一般　　C. 否

13. 朋友评价你是个值得信赖的人吗？

A. 是　　B. 一般　　C. 不是

14. 你能积极引导别人把思想准确地表达出来吗？

A. 是　　B. 有时　　C. 不能

15. 你是否善于听取别人的意见，而不将自己的意见强加于人？

A. 是　　B. 有时　　C. 不能

测试标准：选择 A 得 2 分，选择 B 得 1 分，选择 C 得 0 分，然后将各题所得的分数相加。

测试结果：

（1）总得分为 22～30 分，沟通能力很强，是沟通高手，口头表达能力强，说话简明扼要，很容易让对方接受你的观点。

（2）总得分为 15～21 分，沟通能力中等，你的沟通能力发挥得不稳定，有时会引起沟通障碍，要想提升自己的沟通能力就要努力锻炼。

（3）总得分为 14 分及以下，沟通能力差，想要表达的意思常常被别人误解，给别人留下不好的印象，甚至无意中对别人造成伤害。

任务 2　掌握沟通的方法

任务描述

陈兵在某家上市公司工作了十几年，终于有机会被提拔当销售部经理。而原先的销售部经理已经在这个岗位工作了好几个年头，现在已经晋升为总监了。有次陈兵了解到，总监越过他而直接同他的两位部门副经理进行了沟通。这两位部门副经理向陈兵的上司报告了几件对陈兵不利的事情，并由此使陈兵受到了轻微的责备。陈兵有些惊讶，因为尽管他们所说的是事实，但他们并没有向陈兵的上司全面地说明情况。陈兵的上司两天后要来视察，他想当面向上司解释以消除误会。

问题一：如果你是陈兵，你会采取什么方式与上司沟通？

问题二：对于两位副经理的做法，陈兵应如何处理？

任务领取

1. 以小组为单位完成任务，4 ~6 人为一组，选出一名组长，负责安排组员工作，并进行监督。
2. 查阅资料或课本，了解沟通的分类和方法等相关知识点。
3. 讨论陈兵应该采取什么方式与上司沟通。
4. 通过角色扮演的形式进行情景模拟。

知识储备

一、沟通的分类

在沟通过程中，根据沟通符号的种类分别有语言沟通与非语言沟通，语言沟通又包括口头沟通与书面沟通；根据是否是结构性和系统性的，沟通分为正式沟通和非正式沟通；根据在群体或组织中沟通传递的方向分为自上而下沟通、自下而上沟通和平行沟通；根据沟通中的互动性分为单向沟通与双向沟通。

（一）语言沟通与非语言沟通

沟通包括语言沟通和非语言沟通，最有效的沟通是语言沟通和非语言沟通的结合。语言沟通包括书面沟通和口头沟通，非语言沟通包括声音语气（比如音乐）、停顿与肢体动作（比如手势、舞蹈、武术、体育运动等）。

1. 语言沟通

语言本身就是力量，语言技巧是我们最强有力的工具。语言可以帮助你去获得他人的理解，并使与他人的沟通变成了可能。你对语言的驾驭使他人对你产生印象——你所处的状态和接受的教育。

2. 非语言沟通

根据美国加州大学洛杉矶分院（UCLA）研究者发现，在面谈中，信息的55%来自身体语言，38%来自语调，而仅有7%来自真正的语言。在影响他人时，本身也不断地从外界接收信息，接收信息的渠道有：视觉83%、听觉11%、味觉1%、嗅觉3.5%、触觉1.5%，视觉是接收信息最多的渠道。

由此可见，表达能力绝不只是你的“口才”，非语言表达方式和语言同样重要，有时作用甚至更加明显。通过非语言沟通，人们可以更直观、更形象地判断你的为人、做事的能力，看出你的自信和热情，从而获得十分重要的“第一印象”。

管理智慧树

西方人和中国人的思维方式有很大的不同，这与彼此的语言系统不同可能有较大的关系。汉语是二维空间，比英语大一个量级，具有抽象的逻辑性。西方的拼音文字，比如英语，是一维线型的。如果西方人对你说，明天我请你吃饭，你基本就可以等他明天请你了。如果一个中国人说了同样的话，可能仅仅是客气的场面话。因为我们是二维空间的动物，在X轴上说“我请你吃饭”，同时在Y轴上说“No”。

（二）口头沟通与书面沟通

按照语言载体的不同，语言沟通又有口头沟通与书面沟通两种形式。

1. 口头沟通

最常用的信息传递方式是口头沟通。在生活中可以通过面谈、小组讨论、演讲、电话、电话会议等方式与人进行口头沟通，也可以通过电视、电影、录像来获得信息。

口头沟通的优点在于快速传递和快速反馈。在这种方式下，信息可以在最短的时间中进行传送，并在最短的时间内得到对方的回复。如果接收者对信息不确定，迅速的反馈可以使发送者及时检查其中不够明确的地方，从而及早地发现错误，使信息准确传递。尽管有“及时”的优势，但口头沟通失真的潜在可能性很大。当信息经过多人传送时，卷入的人越多，信息失真的潜在可能性就越大。

2. 书面沟通

书面沟通包括信函、各种出版物、传真、平面广告、浏览网页、电子邮件、即时通信、备忘录、报告和报表等任何传递书面文字或符号的手段。

选择书面沟通是因为它有形而且可以核实。如果书面沟通比较容易保存，使沟通的双方都拥有沟通记录，沟通的信息就可以无限期地保存下去。如果对信息的内容有疑问，可以查询记录。书面沟通还可使人更周密地思考。书面的形式往往会更为严谨、逻辑性强，而且条理清楚。

管理智慧树

ISO 9001:2000的要求中第4.2.4条，关于“记录控制”的要求是应建立并保持记录，以提供符合要求和质量管理体系有效运行的证据。记录应保持清晰、易于识别和检索。应编制形成文件的程序，以规定记录的标识、储存、保护、检索、保存期限和处置所需的控制。ISO 内审员资格培训很重要的一句话是“没有记录等于没有发生”。这句话绝大部分有企业管理经验的人都知道，但是，真正在意这句话对于企业管理的影响的人却并不多。

一些成长型的企业存在执行力不强的原因就是信息沟通不顺畅，而导致信息沟通不顺畅的原因居然是没有养成书面语言沟通的习惯。

（三）正式沟通与非正式沟通

1. 正式沟通

所谓正式沟通，就是按照组织结构所规定的路线和程序进行的信息传递与交流，如组织间的信函往来、组织内部的文件传达、汇报制度等。一般将官方、有组织或书面的沟通视为正式沟通，它具有精确、内敛、技术性和逻辑性强、内容集中、有条理、信息量大、概括性强、果断、着重于行动、重点突出、力度大等特点。

2. 非正式沟通

所谓非正式沟通，就是运用组织结构以外的渠道所进行的信息传递与交流，如员工私下交谈，朋友聚会时的议论以及小道消息等。一般地，随意、口头或即兴的沟通被视为非正式沟通。非正式沟通具有迅速、交互性强、反馈直接、有创造力、开放、流动性强、较灵活等特点，可以提供正式沟通难以获得的“内幕新闻”。其缺点是沟通难以控制，传递信息不确切，容易失真，而且还有可能导致小集团、小圈子的滋生，影响组织的凝聚力和向心力。

管理个案分析

宋朝时，宋太祖对一个大臣说：“鉴于你对国家做出的杰出贡献，我决定升你做司徒（古代官名）。”这个大臣等了好几个月也不见任命下来，可是又不能当面向皇帝询问，因为这会伤及皇帝的面子，但如果不问，升官的事情就可能告吹了，怎么办呢？

大臣有一天故意骑了一匹奇瘦的马从宋太祖面前经过，并惊慌下马向皇帝请安。宋太祖就问：“你的马为什么如此之瘦？”那个大臣回答：“我答应给它一天三斗粮，可是实际我却没有给它吃这么多。”

宋太祖马上明白了这个大臣的意思，第二天就下旨任命这个大臣为司徒。

【互动天地】以上案例你受到什么启示？

（四）向上沟通、向下沟通和平行沟通

按信息流动的方向来分，沟通可以分为向上沟通、向下沟通和平行沟通。

1. 向上沟通

向上沟通是指居下者向居上者陈述实情、表达意见，即人们通常所说的下情上达，如臣对君、子对父、下属对上司等。在向上沟通中，“下”应是主体。积极地向上沟通可以提供员工参与管理的机会，减少员工因不能理解下达的信息而造成的失误，营造开放式氛围，提高企业的创新能力，缓解工作压力。

2. 向下沟通

向下沟通与向上沟通正好相反，是居上者向居下者传达意见、发号施令等，即通常所说的上情下达。向下沟通时，“上”应是主体。要想沟通顺畅，上司要降低自己的姿态，不要一副高高在上的样子，使下属畏惧，产生不愿意沟通的反感。

中国人重视身份地位，所谓的“大人不计小人过”，就是“大人”不愿意放下身份去同“小人”斤斤计较。所以，越是位高权重的人，越会表现出平易近人的样子，同下属说话的时候就如同仁慈长者，多数是谆谆教导的口吻。凡是那些动不动就大发雷霆、咄咄逼人的上司，一般是火候没到，还不懂得中国人的“为官之道”。

3. 平行沟通

平行沟通是指与同阶层人员的横向联系，如公司内部同级部门之间都需要平行沟通，以促进彼此的了解、加强合作，免得产生隔阂、影响团结。平行沟通的目的是交换意见，以求心意相通。

（五）单向沟通与双向沟通

按照是否进行反馈，沟通可分为单向沟通和双向沟通，两者各有优缺点，应学会在不同的情况下选择合适的沟通方式。

1. 单向沟通（见图4－8）

单向沟通是指在沟通过程中，信息发送者负责发送信息，信息接收者负责接收信息，信息在全过程中单向传递。单向沟通没有反馈，如做报告、发指示、下命令等。

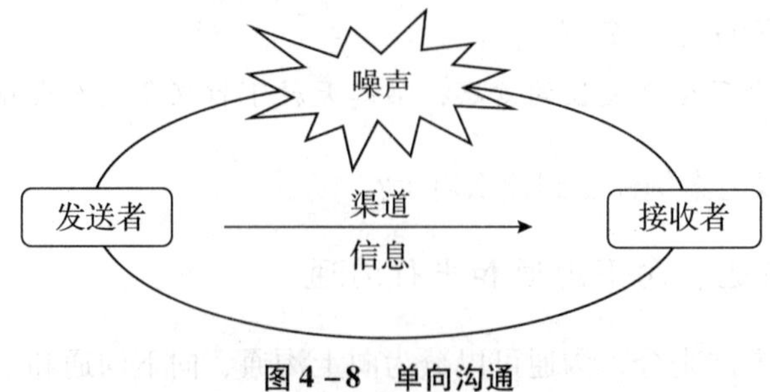

图4－8　单向沟通

2. 双向沟通（见图4－9）

双向沟通是指信息发出者和接收者之间进行双向信息传递与交流。在沟通中双方位置不断变换，沟通双方往往既做发送者同时又是接收者。双向沟通中的发送者以协商和讨论的姿态面对接收者，信息发出以后还需及时听取反馈意见，必要时双方可进行多次重复商谈，直到双方共同明确和满意为止。

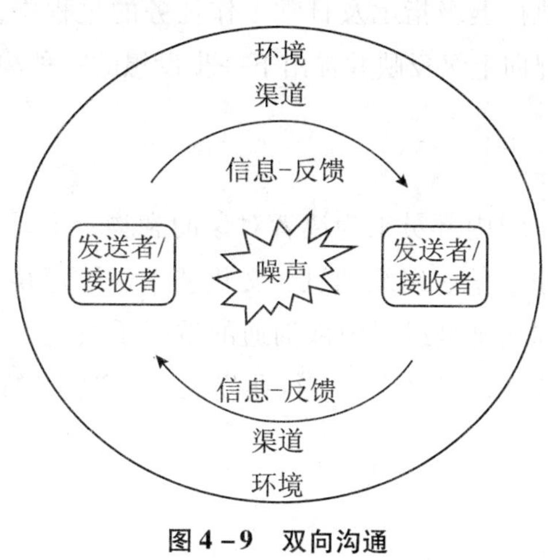

图4－9　双向沟通

二、沟通的常用方法

（一）发布指示

指示是上级对下级指导工作时常用的一种沟通方法，它具有强制性与权威性。通常它是由上级发布，由下级服从并执行，同时指示中明确规定了上下级之间的关系以及各自的职责。为了使下级更好地接受指示，服从命令，上级在发布指示之前必须进行调查研究，征求各方面的意见，并对下级进行必要的指导，这样才能保证上级的指示正确并使下级能够贯彻执行。

（二）召开会议

人与人之间的沟通是思想、情感交流的过程，而会议会给人们提供交流的场所和机会。会议是组织日常的重要活动内容之一，如汇报会、总结会、表彰会、座谈会等。通过开会，可以听取大家的意见和建议，解决工作中存在的问题。召开会议是最直接、最直观的沟通方式，是任何沟通方式都无法替代的。

（三）个别访谈

个别访谈是组织内部为了收集信息或了解工作进展情况而向员工进行访问谈话的沟通方式。这种沟通方式能够拉近组织成员之间的情感距离。由于它是一对一、面对面的直接沟通，因而能够有效地消除人们沟通中的心理压力，所获得的信息可信性也相对较强。

（四）请示汇报

请示是下级向上级表达想法和要求的一种常用沟通方法，它可采用书面与口头两种方式。汇报是下级在执行上级指示及日常工作任务的过程中，将其所遇到的困难与问题、工作的进展等情况向上级反映并提出下一步设想的一种沟通方式。

（五）内部刊物

内部刊物主要是以组织内部员工为读者对象的刊物，主要有报纸、杂志、电子读物等形式，内容包括时事通信、组织消息、文化艺术、体育娱乐等。内部刊物一般是定期或不定期发行，内部刊物是组织内部沟通的重要手段之一。员工可通过内部刊物了解组织的近况，发展战略，组织活动，行业发展的情况，增进员工对组织的了解和认同。

通用电气公司董事长杰克·韦尔奇最擅长的沟通方式就是提起笔来写便笺。他写的便笺，有给直接负责人的，也有给小时工的，无一不语气亲切而发自内心，蕴含了无比强大的影响力。每次韦尔奇从董事长文具夹中拿起黑色圆珠笔，过了一会儿后就有便笺通过传真直接传给雇员。

任务实施

一、明确组员分工

任务实施过程中要明确分工任务，组长要调动组员充分表达不同意见，形成职责清晰的任务分工表。

组员姓名	任务分工	主要方法	提交任务成果的方式

二、过程监督

把总任务完成的时间划分不同工作阶段，请各组成员在任务实施过程中做好过程记录，组长负责监督，全组共同完成进度监督表。

工作阶段	时 间	进度描述	检查情况记录	改善措施以及建议

三、各组成员记录任务实施过程中的困难及收获

困难：____

小组成员想到的解决方法：________________________________

____

本次活动的收获：______________________________________

____

四、制订方案

在完成上述的准备工作后，小组成员分别扮演不同的角色，演绎陈兵与上司沟通的情景。

五、成果展示

每个小组在完成任务后，在班上进行小组成果展示。可以通过角色扮演、情景模拟等不同形式把陈兵与上司进行沟通的情景演示出来。

六、评价反馈

各小组根据以下评价项目，结合各自在活动过程中的表现和实施情况进行自我评价与小组评价，教师对小组表现进行综合评价。

评价项目	评价标准	配分（分）	自我评价（20%）	小组评价（30%）	教师评价（50%）
知识准备完成情况	按完成比例给分	10			
沟通的分类和方法	对沟通分类的理解 5～10 分 沟通方法的理解 5～10 分 展示的亮点突出 10～20 分	30			
工作过程中所做贡献	贡献最大 30 分以上 贡献较大 19～30 分 贡献很少 1～18 分 基本无贡献 0 分	40			
团队合作责任意识	无团队意识扣 7～10 分 无责任心扣 7～10 分	10			
现场遵守纪律、执行 6S 情况	违反课堂纪律扣 7～10 分 着装不规范扣 3～5 分 工作组台面不整齐、地面有垃圾的扣 5～8 分	20			
合　计					

延伸阅读

知名企业特殊的沟通方式

（1）讲故事。波音公司在 1994 年以前遇到一些困难，总裁康迪上任后，经常邀请高级经理们到自己的家中共进晚餐，然后在屋外围着个大火坑讲述有关波音的故事。康迪请这些经理们把不好的故事写下来扔到火里烧掉，以此埋葬波音历史上的“阴暗”面，只保留那些振奋人心的故事，以此鼓舞士气。

（2）聊天。奥田是丰田公司第一位非丰田家族成员的总裁，在长期的职业生涯中，奥田赢得了公司内部许多人士的深深爱戴。他有 1/3 的时间在丰田城里度过，常常和公司里的多名工程师聊天，聊最近的工作，聊生活上的困难。另有 1/3 的时间用来走访 5000 名经销商，和他们聊业务，听取他们的意见。

（3）帮员工制订发展计划。爱立信是一个“百年老店”，每年公司的员工都会有一次与人力资源经理或主管经理的个人面谈时间，在上级的帮助下制订个人发展计划，以跟上公司业务发展，甚至超越公司发展步伐。

（4）动员员工参与决策。福特公司每年都要制订一个全年的“员工参与计划”，动员员工参与企业管理。此举引发了职工对企业的“知遇之恩”，员工投入感、合作性不断提高，合理化建议越来越多，生产成本大大减少。

（5）培养自豪感。美国思科公司创业时，工资并不高，但员工都很自豪。该公司经常购进一些小物品如帽子，给参与某些项目的员工每人发一顶，使他们觉得工作有附加值。当外人问该公司的员工：“你在思科公司的工作怎么样?”员工都会自豪地说：“工资很低，但经常会发些东西。”

（6）口头表扬。表扬被认为是当今企业中最有效的激励办法。日本松下集团很注意表扬人，创始人松下幸之助如果当面碰上进步快或表现好的员工，他会立即给予口头表扬，如果不在现场，松下还会亲自打电话表扬下属。

巩固拓展

一、选择题（不定项选择）

1. 以下内容属于正式沟通的有（　　）。

A. 信函往来　　B. 文件传达

C. 汇报制度　　D. 小道消息

2. （　　）是指信息发出者和接收者之间进行双向信息传递与交流。

A. 单向沟通　　B. 双向沟通

C. 正式沟通　　D. 非正式沟通

二、分析题

在公司里经常流传着一种“小道消息”，而且员工们都对这种消息趋之若鹜，请用沟通的相关知识对“小道消息”进行分析。

三、实训题

实训题目：“让我们谈谈”。

实训情景：2 人一组，时间为 2 ~ 3 分钟，交谈内容不限；点评语言表现；继续交谈，但不能用肢体语言。

实训目标：考核与训练口头沟通的文字语言、声音语言、肢体语言的有效组合运用。实训设施：学员、桌子椅子。

实训步骤：交谈 2 ~ 3 分钟→停下，每组学员分别说明有哪些肢体语言表现→继续交谈 2 ~ 3 分钟，不得有肢体语言。

【问题与思考】

1. 有没有意识到自己的肢体动作?

2. 有没有令对方不快或心烦意乱?

3. 被迫不得用肢体语言交谈时有什么感觉?与先前一样沟通有效吗?

4. 对你有什么启发?

任务3　学会克服沟通的障碍

任务描述

假定你是一家大型全国性公司的一个分支机构的经理，你对地区事业部经理负责。你的分支机构有120名员工，在他们与你之间有两个层次的管理人员——作业监督人员和部门负责人。你所有下属人员都在本分支机构的所在地工作。最近，分支机构即将推出一项新的加班制度。过去作业监督人员在确定加班人选时，是当面或通过电话并按工龄长短的次序征求个人意见后确定。这样，资历较长的工人便享有加班工作的优先权。这种做法已被证明为慢而低效，因为过去几年内不少资深的工人已经减少了加班时间投入。而新的制度将在加班任务安排方面给各位作业监督人员以更大的变通性，即可提前1个月征得工人们对加班的允诺。你发现部门负责人和作业监督人员都明确赞成这项新的制度，且大多数的工人也都会喜欢的，但一些资历较深的工人可能对此有意见。请针对描述的情形制订出有效的沟通对策方案，并说明你的理由。

问题一：你会采取什么方式化解资深工人的意见?

问题二：并说明你的理由。

任务领取

1. 以小组为单位完成任务，4~6人为一组，选出一名组长，负责安排组员工作，并进行监督。

2. 查阅资料或课本，了解沟通的障碍和克服的方式等相关知识点。

3. 讨论应该采取什么方式与资深工人沟通。

4. 通过角色扮演的形式进行情景模拟。

知识储备

在管理的全过程中，沟通都是不可或缺的，无论计划、组织、决策、领导、监督、协调等管理职能，都需以有效的沟通作为前提。沟通中遇到障碍是在所难免的。通过找出障碍的成因，就能对症下药，帮助我们克服沟通中存在的一些问题，提高组织和团队的工作成效。

一、个人障碍

1. 语言的表达和理解的障碍

语言是人们交流思想最重要的工具。但语言不是思想，而是表达思想的符号系统。人的语言修养不同，同一思想有的人能表达清楚，有的人则表达不清楚。如果一个领导者不能清楚地传达上级决策的内容和要求，下属听了以后模糊不清，自然会影响沟通效率。另外，听众不能正确地理解上级的意图和精神，也会造成沟通上的障碍。误解和曲解上级领导者的意图常是造成这种沟通障碍的原因。误解可能是信息发出者表达不清，也可能是信息接收者听错了、理解错了。曲解可能是随着时间的流逝，记忆模糊不清了，或者有意无意地断章取义，使原来的意义变形。

2. 人们的判断和思维能力差别

由于同样的词语对于不同人员可能具有不同的“语义”，因而对“同样的语言”容易给予不同的信息加工或在编码与解码之间不兼容，从而造成沟通偏差。当发送者与接收者在知识经验水平上相距太大时，有些在发送者看来很简单的内容，接收者却由于知识经验、水平太低而理解不了。因为双方没有“共同的经验区”，接收者不能理解发送者的信息含义，所以无法沟通信息。

3. 知觉的选择性障碍

人们在沟通中倾向于表现出某种“选择性倾听”，以至于阻碍新的似乎有所冲突性的信息加工，并且在上行沟通中起到“过滤”的作用。例如，下属对上级保留不利信息。各级员工不同的选择性注意和知觉水平会在很大程度上制约沟通者对于信息的选择、筛选、搜寻、加工和反馈，也会由于经验不同，对于相同沟通信息做出不同的解释。

4. 个人经验的影响

感觉经验是人们在实践过程中，通过自己的感官直接接触客观外界而获得的对客观事物的表面现象的认识。过去的经验就常常使我们心理上产生依赖感，而不是根据具体情况，根据事物的发展和变化来进行沟通处理事情，从而造成沟通的障碍。

5. 态度

人们的态度、观点、信念等会造成沟通过程中的障碍。例如，上行沟通中，发送者往往会有“打埋伏”的现象，报喜不报忧，夸大成绩，缩小缺点等。下行沟通传达指示时，接收者对于这些指示会做出各自的加工，符合心愿的就传达、贯彻、执行，不符合心愿的就封锁、扣压，后患无穷。说明人们在沟通信息时，往往会把自己的主观态度掺杂进来，影响了沟通的质量。

6. 个性

人们的个性因素也会极大地影响信息沟通的模式。每个人都有自己的人格特征，人格差异常常也是意见沟通的障碍。例如，善于抽象思维的人与善于形象思维的人在互相交流与沟通时就可能发生障碍。以自我为中心，优越感强的人，很少主动地与他人沟通。如果经理或厂长具有以自我为中心的人格特征，不愿意听取职工意见，不让别人把话讲完，就指手画脚地发议论、做指示，职工也就不想对他反映什么情况，从而造成沟通上的障碍。

7. 情绪

情绪所涵盖的不只是精神层面，其所影响的也不只是个人感受的问题而已，还影响认知思考、行为表现。有人将情绪、行为、认知比作等边三角形的三个角，三者必须配合而非抗衡，才能使个人身心状态处于平衡状态。你与别人沟通的时候，最容易受到情绪上的干扰，因为人都有脾气，尤其是做到总经理时，压力大，心情常常不好，如此，就迫使稳定状态的情绪等边三角形变成了不等边三角形。

管理智慧树

唐太宗时期，魏徵作为谏议大夫，经常在皇帝不对的时候当面提意见，有时候毫不顾忌唐太宗的脸面。作为皇帝，唐太宗听了经常会很不舒服，但是他还是容忍了。有时候为了排除苦闷，皇帝就会去散步，有人问原因，唐太宗回答说：“我怕我会杀了他。”

二、组织障碍

（一）地位的差异

地位的差异造成心理的沟通障碍，特别是组织中上下级之间非常明显。根据行政沟通的方向性，分为向下、向上和平行三个方向。一般来说向上沟通在实际中有不少障碍，心理研究表明，下级在向上级汇报工作或主动沟通中，常常带有担心说错、怕承担责任、焦虑等心理，形成沟通障碍。而在向下沟通的过程中，主动沟通的是上级，虽然会受到欢迎拥护，但毕竟有时会居高临下，造成下属的压迫感和紧张，也会形成沟通障碍。平行的沟通虽然地位的差距不大，但并不会有地位完全相等的两个人，位置职务的重要与否、职称的高低、资历深浅、组织中成员的认可度等，都会形成地位的优越感、重要感或压迫感、低下感，从而引发心理障碍，造成沟通的不畅。

（二）时间压力

在时间的压力下，很容易做出仓促的决定，即管理学上的“芝麻绿豆原理”。对于重要的事情两三天就下决定了，而对于芝麻绿豆的小事情却拖了两个月都没有下决定，在沟通中经常会发生这种情况。

（三）信息泛滥

组织内部会有很多的信息来源，这样领导就会得到一大堆的信息资料。但是收到的资料中很有可能一大部分都是无用的，真正有用的只占小部分。信息的泛滥造成绝大部分的内容都是垃圾信息，但就是这种无用的信息经常会耽误和干扰正常的工作，把有用的信息淹没在信息的海洋中。

管理个案分析

1941 年 12 月，日本偷袭了珍珠港，结果 1942 年，罗斯福总统在档案里面突然间发现一件事情，说：“哎呀，中国在去年 4 月就通知我们，日本人可能偷袭珍珠港。”第一个知道日本可能偷袭珍珠港的是中国情报部，根据情报，日本人可能要发动太平洋战争，偷袭珍珠港便是其中之一，没有想到这么重要的一条信息却淹没在了一大堆的档案里面，等到罗斯福在第二年 4 月看到的时候，珍珠港偷袭事件已经过去了五个月。

【互动天地】以上案例你得到什么启示？

（四）缺乏反馈

如果沟通之后没有得到反馈，那么沟通的效果就会大打折扣。在沟通过程中，因为对方没有及时的反馈，你会认为对方已经很清楚沟通的内容，不再进行解释，很有可能对方一直没有明白你所表达的意思，或者误解你的意思。所以在沟通中，应该及时反馈，才能使沟通顺利进行。

（五）组织氛围

对不同的意见，我们总是抱着负面的看法，所以很多人对主管和上层不敢讲负面的意见，因为组织的氛围不允许存在这种负面的意见，认为负面就是不好的。在现实中，我们也常常看到，不管做什么报告，一定会先讲第一句话——取得了良好的成果。这从一个侧面证明了，我们最不喜欢听的就是负面的意见。存在不同的意见在所难免，但是不同的意见常常可以改善决策。如果领导喜欢听取大家的建议，就会听到更多对公司发展有利的意见，组织氛围就会更加融洽，也会增进领导和下属的感情，促进公司的发展。

三、克服沟通障碍的方法

（一）对于信息发送者

1. 提高表达能力

对于信息发送者来说，无论是口头交谈还是采用书面交流形式，都要力求准确地表达自己的意思。为此，要了解信息接收者的文化水平、经验和接受能力，根据对方的具体情况来确定自己表达的方式和用词等；选择准确的词汇、语气、标点符号；注意逻辑性和条理性，对重要的地方要加上强调性的说明，借助于手势、动作、表情等来帮助思想上和感情上的沟通，以加深对方的理解。

2. 选择合适的时机

由于所处的环境、气氛会影响沟通的效果，所以信息交流要选择合适的时机。对于重要的信息，在办公室等正规的地方进行交谈，有助于双方集中注意力，从而提高沟通效果；而对于思想上或感情方面的沟通，则适宜于比较随便、独处的场合下进行，这样便于双方消除隔阂，要选择双方情绪都比较冷静时进行沟通；当大家都理解，但感情上不愿意接收时，信息发送者身体力行可能是最好的沟通方式。

3. 注重双向沟通

由于信息接收者同意从自己的角度来理解信息而导致误解，因此信息发送者要注重反馈，提倡双向沟通，请信息接收者重述所获得的信息或表达他们对信息的理解，从而检查信息传递的准确程度和偏差所在。因此，信息发送者要善于体察别人，鼓励他人不清楚就问，注意倾听反馈意见。

4. 积极地进行劝说

由于每个人都有自己的情感，为了使对方接受信息，并按发送者的意图行动，信息发送者常有必要进行积极的劝说，从对方的立场上加以开导，有时还需要通过反复的交谈来协商，甚至采取一些必要的让步或迂回。为此，交谈时间应尽可能地充分，以免过于匆忙而无法完整地表达意思；要控制自己的情绪，不要采取高压的办法，而导致对方的对抗；尽可能开诚布公地进行交谈，耐心地说明事实和背景，以求得对方的理解；耐心地聆听对方的诉说，不拒绝对方任何有意义的建议、意见和提问。

（二）对于信息接收者

1. 学会聆听

关键的沟通技巧是积极聆听。以前人们常常只注重说写能力的培养，而对于倾听的能力则不那么重视。事实上，倾听的技术对于进行有效的沟通来说同样是非常重要的。有效的倾听能增加信息交流双方的信任感，这是克服沟通障碍的重要条件。要提高倾听的技能，可以从八个方面去努力：使用目光接触；展现赞许性的点头和恰当的面部表情；避免分心的举动或手势；要提出意见，以显示自己不仅在充分聆听，而且在思考；复述，用自己的话重述对方所说的内容；要有耐性，不要随意插话；不要妄加批评和争论；使听者与说者的角色顺利转换。

管理个案分析

一位汽车推销员有一次向顾客推荐一种新型车，他热诚地接待，并详尽地为客人介绍了车子的性能、优点。客人很满意，准备办理购买手续。岂料，从展厅到办公室，短短几分钟，客人的脸色却越来越难看，突然决定不买了，眼看就要成交的生意就这样黄了。

这位顾客为什么突然变卦？推销员辗转反侧，不能入眠。他回忆着自己的每一句话，并没有发现讲错的地方，也没有冒犯顾客的地方，真是百思不得其解。于是他忍不住给那位顾客拨了电话，询问原因。

顾客告诉他："今天你并没有用心听我说话。就在我签字之前，我提到我儿子即将进入密歇根大学就读，我还跟你说到他喜欢赛车和将来的抱负，我以他为荣。可你根本没听我说这些话！你只顾推销自己的汽车，根本不在乎我说什么。我不愿意从一个不尊重我的人手里买东西！"

原来，那位客人的儿子考上了名牌大学，全家人异常高兴，并决定凑钱买辆跑车送给儿子。客人谈话中数次提及儿子、儿子、儿子，而他却一味强调：车子、车子、车子！

【互动天地】顾客为什么突然变卦？这位推销员在沟通中存在什么问题？

2. 缩短信息传递链

拓宽沟通渠道，保障信息的双向沟通。信息传递链过长，会减慢流通速度并造成信息失真。因此，要减少组织机构重叠，拓宽信息渠道。此外，管理者应激发团队成员自下而上地沟通。在利用正式沟通渠道的同时，可以开辟非正式的沟通渠道，在人际沟通过程中，双方之间的距离有一定的含义。一般来说，关系越密切，距离越近。

管理智慧树

人类学家 E. 霍尔（1966 年）把人际距离分为亲密的、个人的、社会的和公众的四种。他认为，父母与子女之间、爱人之间、夫妻之间的距离是亲密距离，一般为 0.15～0.45 米，可以感觉到对方的体温、气味和呼吸。个人距离指朋友之间的距离，大约为0.4～1.22米。社会距离是认识的人之间的距离，一般是1.22～3.66米，多数交往发生在这个距离内。公众距离指陌生人之间、上下级之间的距离，一般是3.66～7.62米。坦诚、开放、面对面的沟通会使员工觉得领导者理解自己的需要和关注，可以取得事半功倍的效果。

任务实施

一、明确组员分工

任务实施过程中要明确分工任务，组长要调动组员充分表达不同意见，形成职责清晰的任务分工表。

组员姓名	任务分工	主要方法	提交任务成果的方式

二、过程监督

把总任务完成的时间划分为不同工作阶段，请各组成员在任务实施过程中做好过程记录，组长负责监督，全组共同完成进度监督表。

工作阶段	时　间	进度描述	检查情况记录	改善措施以及建议

三、各组成员记录任务实施过程中的困难及收获

困难：________________

小组成员想到的解决方法：________________

____

本次活动的收获：________________

____

四、制订方案

在完成上述的准备工作后，小组成员选择正确处理沟通矛盾障碍的方式。

五、成果展示

每个小组在完成任务后，在班上进行小组成果展示。可以通过角色扮演、情景模拟等不同形式把与资深工人进行沟通的情景演示出来。

六、评价反馈

各小组根据以下评价项目，结合各自在活动过程中的表现和实施情况进行自我评价与小组评价，教师对小组表现进行综合评价。

评价项目	评价标准	配分（分）	自我评价（20%）	小组评价（30%）	教师评价（50%）
知识准备完成情况	按完成比例给分	10			
沟通的障碍和克服的方法	对沟通障碍的理解 5～10 分； 克服沟通障碍的理解 5～10 分； 展示的亮点突出 10～20 分	30			
工作过程中所做贡献	贡献最大 30 分以上； 贡献较大 19～30 分； 贡献很少 1～18 分； 基本无贡献 0 分	40			
团队合作责任意识	无团队意识扣 7～10 分； 无责任心扣 7～10 分	10			
现场遵守纪律、执行 6S 情况	违反课堂纪律扣 7～10 分； 着装不规范扣 3～5 分； 工作组台面不整齐、地面有垃圾的扣 5～8 分	20			
合　计					

延伸阅读

福特公司的变革沟通

20世纪70年代到90年代，日本汽车大举打入美国市场，势如破竹。1978—1982年，福特汽车销量每年下降47%，1980年出现了34年来第一次亏损，这也是当年美国企业史上最大的亏损。1980—1982年，三年亏损总额达33亿美元。与此同时，工会也是福特公司面临的另一大难题，之前，工会工人举行了一次罢工，使当时的生产完全瘫痪。面临这两大压力，从1982年开始，福特公司在管理层大量裁员，并且在生产、工程设备及产品设计等方面都开始了巨大的变革。

值此危难之际，亨利二世起用贝克当总经理，以期改变公司职工消极怠工的局面。贝克上任后果然身手不凡，首先他以友好的态度与职工建立联系，虚心听取工人们的意见，使他们消除了怕被"炒鱿鱼"的顾虑，并积极耐心地解决一个个存在的问题。但真正使老福特脱胎换骨、重焕生机的是贝克和工会主席一道制订了一项《雇员参与计划》，并在各车间成立了由工人组成的"解决问题小组"。工人们有了发言权，公司上下能够相互沟通，充分调动了广大工人的积极性、主动性和创造性，当年就使福特汽车扭亏为盈。

"雇员参与计划"的精髓就两条：一是尊重每一位职工，这个宗旨就像一条看不见的线，贯穿于福特公司管理企业的活动中，同时也贯穿于企业领导的头脑中。二是全员参与生产与决策，这是福特公司在职工管理方法中最突出的一点。公司赋予了职工参与决策的权力，缩小了职工与管理者的距离。职工的独立性和自主性得到了尊重与发挥，积极性也随之高涨。这项制度的设立架起了员工和管理层沟通的桥梁。

从福特公司的案例中可以看到，积极有效的沟通会产生巨大的效果。这里总结三条在沟通中应注意的原则：①要使职工真正感觉到自己是重要的；②要认真倾听职工意见；③对每一位职工都要真诚相待，信而不疑。

巩固拓展

一、选择题（不定项选择）

1. 以下不属于沟通中的组织障碍的是（　　）。

A. 地位差异　　　　B. 时间压力

C. 信息泛滥　　　　D. 情绪

2. 对于信息接收者来说，克服沟通障碍的方法包括（　　）。

A. 学会聆听　　B. 双向沟通

C. 缩短信息传递链　　D. 劝说

二、分析题

想一想，“倾听 = 听”吗？结合倾听的含义谈谈你对繁体字“聽”的理解。

三、实训题

某商人刚关上店里的灯，一男子来到店堂并索要钱款，店主打开收银机，收银机内的东西被倒了出来而那个男子逃走了，一位警察很快接到报案。

仔细倾听上段故事，在此基础上回答问题，在“正确”“错误”，或“不知道”中做出选择，画圈。

请不要耽搁时间：	正确	错误	不知道
1. 店主将店堂内的灯关掉后，一男子到达	T	F	?
2. 抢劫者是一男子	T	F	?
3. 来的那个男子没有索要钱款	T	F	?
4. 打开收银机的那个男子是店主	T	F	?
5. 店主倒出收银机中的东西后逃离	T	F	?
6. 故事中提到了收银机，但没说里面具体有多少钱	T	F	?
7. 抢劫者向店主索要钱款	T	F	?
8. 索要钱款的男子倒出收银机中的东西后，急忙离开	T	F	?
9. 抢劫者打开了收银机	T	F	?
10. 店堂灯关掉后，一个男子来了	T	F	?
11. 抢劫者没有把钱随身带走	T	F	?
12. 故事涉及三个人物：店主，一个索要钱款的男子，以及一个警察	T	F	?

参考文献

[1] 周三多. 管理学 [M]. 北京：高等教育出版社，2007.

[2] 荣晓华. 管理学原理 [M]. 大连：东北财经大学出版社，2010.

[3] 李庆海，朱双月. 中小企业管理实务 [M]. 北京：北京师范大学出版社，2012.

[4] 朱吉玉. 管理心理学 [M]. 大连：东北财经大学出版社，2011.

[5] 王利平. 管理学原理 [M]. 北京：中国人民大学出版社，2003.

[6] 朱双月，张雅琳. 管理学基础与实训 [M]. 北京：北京师范大学出版社，2014.

[7] 秦志华. 人力资源管理 [M]. 北京：中国人民大学出版社，2006.

[8] 刘兆信. 现代企业管理 [M]. 北京：北京交通大学出版社，2010.

[9] 任浩. 现代企业组织设计 [M]. 北京：清华大学出版社，2005.

[10] 崔佳颖. 组织的管理沟通 [M]. 北京：中国发展出版社，2007.

[11] 陈荣秋. 领导学理论与实践 [M]. 北京：清华大学出版社，2007.

[12] 姚裕群. 现代人力资源开发与管理 [M]. 北京：中国人事出版社，2007.

[13] 张国才. 团队建设与领导 [M]. 厦门：厦门大学出版社，2008.

[14] 孙健敏. 管理中的激励 [M]. 北京：企业管理出版社，2004.

[15] 曲建国. 现代企业管理 [M]. 北京：清华大学出版社，2009.

[16] 张桂喜，马立平. 预测与决策概论 [M]. 北京：首都经济贸易大学出版社，2009.

[17] 单凤儒. 管理学基础 [M]. 北京：高等教育出版社，2003 .

[18] 王利平. 管理学原理 [M]. 北京：中国人民大学出版社，2003 .

[19] 王世良. 生产与运作管理教程——理论、方法、案例 [M]. 杭州：浙江大学出版社，2002 .

[20] 蔡树堂. 企业战略管理 [M]. 北京：石油工业出版社，2001.

[21] 郑晓明. 现代人力资源管理导论 [M]. 北京：机械工业出版社，2002 .

[22] 董速建，董群惠. 现代企业管理 [M]. 北京：经济管理出版社，2002.

[23] 杨玄烨. 管理学基础 [M]. 武汉：武汉理工大学出版社，2009.

[24] 余世维. 打造高绩效团队 [M]. 北京：北京大学出版社，2009.

[25] 刘兴倍. 管理学原理教学案例库 [M]. 北京：清华大学出版社，2005.

[26] 倪杰. 管理学原理 [M]. 北京：清华大学出版社，2007.

[27] 胡魏. 沟通管理——案例 101 [M]. 济南：山东大学出版社，2005.

[28] 金观涛. 管理就是决策 [M]. 北京：中国商业出版社，2004.

[29] [美] 斯蒂芬·罗宾斯. 管理学 [M]. 北京：中国人民大学出版社，2008.

[30] [美] 彼得·德鲁克. 管理的实践 [M]. 北京：机械工业出版社，2006.

[31] [美] 斯蒂芬·P. 罗宾斯. 组织行为学 [M]. 北京：中国人民大学出版社，2002.

[32] [美] 弗雷德·R. 戴维. 战略管理 [M]. 北京：经济科学出版社，2001.

[33] [美] 彼得·圣吉. 第五项修炼——学习型组织的艺术与实务 [M]. 上海：上海三联出版社，2000.